REICHTUM, DEN DU MIT GELD NICHT KAUFEN KANNST

Robin Sharma

Millionen-Bestsellerautor von *Der Mönch, der seinen Ferrari verkaufte* und *The 5AM Club*

Die 8 geheimen Gewohnheiten
für dein erfülltes Leben

REICHTUM, DEN DU MIT GELD NICHT KAUFEN KANNST

Robin Sharma

Millionen-Bestsellerautor von *Der Mönch, der seinen Ferrari verkaufte* und *The 5AM Club*

Bibliografische Information der Deutschen Nationalbibliothek
Die Deutsche Nationalbibliothek verzeichnet diese Publikation in der Deutschen Nationalbibliografie. Detaillierte bibliografische Daten sind im Internet über http://dnb.d-nb.de abrufbar.

Für Fragen und Anregungen:
info@m-vg.de

Wichtiger Hinweis
Ausschließlich zum Zweck der besseren Lesbarkeit wurde auf eine genderspezifische Schreibweise sowie eine Mehrfachbezeichnung verzichtet. Alle personenbezogenen Bezeichnungen sind somit geschlechtsneutral zu verstehen.

1. Auflage 2024

Türkenstraße 89
80799 München
Tel.: 089 651285-0

Die englische Ausgabe erschien 2024 bei HarperCollins unter dem Titel *The Wealth Money Can't Buy*

Projektleitung: Georg Hodolitsch und Isabella Steidl
Übersetzung: Hans Freundl und Antoinette Gittinger
Redaktion: Matthias Höhne
Korrektorat: Christine Rechberger
Umschlaggestaltung: in Anlehnung an das Cover der Originalausgabe von Pete Garceau, Sabrina Pronold, München
Satz: ZeroSoft, Timisoara
Druck: GGP Media GmbH, Pößneck
Printed in Germany

ISBN Print 978-3-95972-784-6
ISBN E-Book (PDF) 978-3-98609-533-8
ISBN E-Book (EPUB, Mobi) 978-3-98609-534-5

Ich widme dieses Buch in größtem Respekt und inniger Liebe meinen Eltern. Euch verdanke ich nicht nur das Geschenk des Lebens, sondern auch die brennende Leidenschaft, es in seiner ganzen Fülle zu leben. Dafür bin ich euch zutiefst dankbar.

INHALT

DIE ZWEITE ART DES REICHTUMS

Gesundsein: Die Gewohnheit, die eigene Gesundheit stetig zu optimieren

DIE DRITTE ART DES REICHTUMS

Familie: Die Grundregel: glückliche Familie, glückliches Leben

DIE VIERTE ART DES REICHTUMS

Arbeit: Die Gewohnheit, Arbeit als Plattform für die Formulierung von Zielen zu nutzen

DIE FÜNFTE ART DES REICHTUMS

Geld und Wohlstand: Die Gewohnheit, Wohlstand als Triebkraft der Freiheit zu nutzen

DIE ACHTE ART DES REICHTUMS

Wirksamkeit: Die Gewohnheit, in diesem kurzen Leben hilfsbereit und gütig zu sein

Eine persönliche Nachricht von Robin Sharma

Ich schreibe Ihnen diese Nachricht aus dem Bauernhaus, in dem ich lebe. Durch das Fenster des Raumes, in dem ich arbeite, kann ich den Olivenhain und die Weinberge sehen und den dichten Nebel, wie er über den Hügeln schwebt, die bis zum Himmel zu reichen scheinen. Es wäre schön, wenn Sie hier bei mir wären, damit ich Ihnen persönlich alles erzählen könnte, was ich Ihnen über ein reiches und erfülltes Leben mitteilen möchte. Vielleicht können wir das in der Zukunft irgendwann nachholen. Schauen wir mal.

Mein aufrichtiger Wunsch ist es, dass ich mehr und mehr Ihr Vertrauen gewinnen kann im Laufe dieses Buches, das Ihnen dabei helfen soll, die höchste Vision von Ihrem Leben meisterhaft in die Praxis umzusetzen. Und ich hoffe ebenso, dass ich Ihr Begleiter, Ihr Freund und Ihr Mentor werden kann.

Ich danke Ihnen in aller Bescheidenheit und Aufrichtigkeit dafür, dass Sie an den Wert der Ideen und Konzepte glauben, die Sie gleich entdecken werden. Diese werden es Ihnen ermöglichen, ein Leben zu führen, das mit wahrem Erfolg und echtem Reichtum erfüllt ist – und nicht mit der verfälschten Variante, die so vielen rechtschaffenen Menschen einprogrammiert wurde. Ich hoffe, dass dieses Buch, an dem ich so intensiv gearbeitet habe, Ihnen helfen wird, mehr Schönheit und Glück, mehr Mut und Eingebundenheit in Ihrem Leben zu erfahren und einen inneren Frieden, der keine Grenzen kennt.

Bitte beachten Sie, dass sich meine Philosophie dessen, was ein großartiges und erfülltes menschliches Leben ausmacht – und auf ihr beruht dieses Werk –, sehr von jener in anderen Büchern zum Thema persönliche Weiterentwicklung und Selbstverbesserung unterscheidet. Ich bitte Sie lediglich darum, bei der Lektüre offen zu bleiben und den Wert der erhaltenen Informationen an den tatsächlichen Ergebnissen zu messen, die sie in Ihrem Alltag liefern.

Gut, dann lassen Sie uns beginnen.

Es gibt eine alte Geschichte von einem kleinen Jungen auf dem Lande: Er verbringt seine Abende damit, den Sonnenuntergang über einem wunderschönen, vollkommenen Haus auf einem weit entfernten Hügel zu beobachten, dessen Fenster aus Gold zu bestehen scheinen. Er ist völlig von der Idee besessen, diesen Ort irgendwann einmal zu besuchen und dort, so hofft er, auch leben zu können. Denn das würde ihm das Glück bringen, das er sich so sehr ersehnt.

Eines Tages, als er etwas älter ist, macht er sich auf den Weg, um seinen Traum zu verwirklichen. Er reist viele Tage und lange Nächte und lebt allein von der Freundlichkeit der Fremden, die ihn ermutigen, weiterzugehen, wenn sie von seinem Wunsch hören, das vollkommene Haus mit Fenstern aus purem Gold zu besuchen. Schließlich kommt der Junge erschöpft an seinem Ziel an.

Aber natürlich ist es ganz und gar nicht so, wie er es sich vorgestellt hat. Das Haus ist alles andere als vollkommen, sondern eine heruntergekommene Scheune. Und die Fenster sind nicht aus reinem Gold, sondern alt, schmutzig und rissig. Ihm wird klar, dass die Lage der Scheune auf dem hohen Berg durch die Entfernung eine optische Täuschung hervorgerufen hat: Der Lichteinfall auf die Fenster erzeugte den Anschein, sie seien aus Edelmetall gefertigt. Doch was er aus der Ferne gesehen hatte war ein Trugbild, eine Lüge.

Oh, in was für einer Welt leben wir! Wir sind darauf trainiert, unseren Erfolg daran zu messen, wie viel Geld wir angehäuft haben, wie groß unser Besitz ist und wie geschickt wir unsere besten Tage genutzt haben, um Ruhm, Reichtum und Einfluss zu erlangen. Dies führt dazu, dass sich zu viele von uns tief in ihrem Inneren schlecht fühlen, traurig sind über sich selbst und wütend darüber, dass die Träume, an die wir einst so sehr geglaubt haben, zerstört wurden – einen stillen Tod gestorben sind, während wir sie durch die Verantwortlichkeiten des Erwachsenseins, den Stress des Lebens und menschliche Konflikte ersetzt haben.

Zweifellos, Geld ist wichtig. Ein angemessener Betrag ermöglicht es uns, ein einfacheres Leben zu führen, nach unseren eigenen Vorstellungen zu leben und den Menschen, die uns nahestehen, etwas Gutes zu tun. Genügend Geld zu haben, eröffnet uns mehr Handlungs- und mehr Wahlmöglichkeiten. Doch Geld ist nur eine Art von Reichtum – es gibt noch sieben weitere Arten, auf die ich Sie aufmerksam machen möchte, damit Sie ein Leben führen können, das Sie als wirklich reich und lebendig empfinden. Das so ist, wie Sie es sich einmal ersehnt haben. Ich werde Ihnen, so gut ich es vermag, dazu eine sehr wirkungsvolle Methode aufzeigen, während wir gemeinsam voranschreiten.

Manchmal sind wir so sehr damit beschäftigt, darauf zu schauen, was andere besitzen, dass wir all die Segnungen vergessen, die wir selbst genießen dürfen. Und damit meine ich nicht nur materielle Dinge. Ich befasse mich vielmehr mit den wesentlichen Elementen eines gut gelebten und schönen menschlichen Lebens. Dinge, die in dieser schnellen, überaus komplexen und verwirrenden Welt, in der wir uns heute befinden, nur allzu leicht vernachlässigt werden können. Dinge, die momentan vielleicht unwichtig erscheinen mögen, sich aber am Ende Ihres Lebens als das Wichtigste überhaupt herausstellen können.

Ich habe *Reichtum, den du mit Geld nicht kaufen kannst* nicht zuletzt deshalb geschrieben, weil so viele Menschen – überall auf diesem Planeten – Leid zu ertragen haben. Sie leiden unter der Überzeugung oder dem Gefühl, dass sie nicht genug haben. Nicht genug Geld. Nicht genug materielle Besitztümer. Nicht genug Likes oder Follower und nicht genug sozialen Status. Das wiederum führt zu dem, was ich in meiner Coaching-Tätigkeit das Leiden der Unwürdigkeit nenne. Zu viele Menschen haben das tief sitzende Gefühl, dass sie einfach nicht wichtig sind, dass sie nicht erfolgreich sind und dass ihr Leben zu klein und zu unbedeutend ist, verglichen mit jenem Leben, das uns als vollkommen und großartig verkauft wird.

In Wirklichkeit ist es aber so: Sie sind absolut, Sie sind einzigartig und Sie sind unbestreitbar genug. Sie haben so viele Gaben, Talente und so viel Güte. Und so vieles, wofür Sie dankbar sein können, gerade jetzt. Und doch spüren so viele von uns eine Art Leere in sich. Das ist die Falle: Wir drängen uns selbst gnadenlos dazu, immer mehr äußere Dinge zu suchen, um diese Leere zu füllen. Wir reden uns ein, dass wir eines Tages, wenn wir wirklich viel Geld, protzige Autos, modische Kleidung und Heerscharen von Online-Followern haben, auf wunderbare Weise aufwachen und uns endlich gut fühlen werden. Und dauerhaft glücklich. Doch Sie und ich wissen, dass dieser Tag nie kommen wird. Denn nichts in der äußeren Welt wird jemals dazu führen, dass man sich im Inneren besser fühlt. Wie auch die alte Zen-Weisheit besagt: »Wo immer du hingehst, da bist du.«

Was ist also die Lösung? Ganz einfach, Sie müssen das Folgende begreifen: Was Sie in diesem kollektiven Streben danach, den Gipfel des Erfolgs zu erklimmen, erreichen werden – und dazu hat uns die Gesellschaft erzogen –, wird nicht zu wahrem Erfolg führen. Denn den Gipfel des Geldes zu erreichen, dort aber mit einem Gefühl der Leere, der Einsamkeit und der Unzufriedenheit anzukommen, ist kein Erfolg. Es ist ein Verlieren. Sie wollen nicht so sein wie der Junge in der Geschichte, die ich vorhin erzählt habe, der einem Ideal nachjagt, nur um zu erfahren, dass es eine Lüge, eine Täuschung war.

»Erfolg findet in der Privatsphäre der Seele statt«, schrieb der berühmte Musikproduzent Rick Rubin einmal. Weltlicher Erfolg ohne ein freudiges Herz ist das Gold der Narren. Mein aufrichtiger Wunsch ist, dass Sie beides erleben. Das Buch in Ihren Händen ist mein Angebot, das es Ihnen ermöglichen wird, die wahren Siege, die hoch fliegende Fröhlichkeit und den Zauber – ja, den Zauber – zu erleben, die ein menschliches Leben großartig machen. Ich habe mein Wissen, mein Herzblut und meinen Geist in dieses Werk gesteckt. Ich hoffe, es dient Ihrem Aufstieg auf wundervolle Art und Weise.

Einleitung

Neulich saß Elle abends neben mir auf dem Sofa, im Wohnzimmer unseres Bauernhauses auf dem italienischen Land. Wir sind vor ein paar Jahren hierhergezogen, mit den wichtigsten Besitztümern meines Lebens, die in drei Koffern verstaut waren. Ich wollte etwas Neues anfangen, also verkaufte ich mein Haus, gab viele meiner Sachen weg und verließ das Land, in dem ich fünfundfünfzig Jahre lang gelebt hatte. Nachdem wir in Rom gelandet waren, warteten wir am Gepäckband, freudig und aufgeregt, weil nun unser neues Leben beginnen sollte. Wir warteten und warteten, die Zeit wurde immer länger, und dann erfuhren wir: Unser Gepäck war verloren gegangen. Das Universum hat einen urkomischen Sinn für Humor, nicht wahr?

An diesem Abend in dem Landhaus, von dem ich gerade sprach, saß Elles kleine Hündin Holly, die mittlerweile auch zu meiner kleinen Hündin geworden ist, weil sie so gut wie immer in meiner Nähe bleibt, auf meinem Schoß – und schnurrte wie eine Katze (obwohl sie eigentlich ein Hund ist). Ich nenne Holly »SuperChum« (wörtlich: »Superkumpel«), denn genau das ist sie für mich.

Als ich durch das alte Fenster nach draußen schaute, sah ich den feurigen, wundervollen Sonnenuntergang mit seinen roten und orangefarbenen Schattierungen. Es war Magie in ihrer reinsten Form. Das macht Italien mit einem. Ein Freund sagte kürzlich zu mir: »Man weint zweimal, wenn man hier lebt. Zuerst bei der Ankunft, weil es nicht gerade der effizienteste Ort der Welt ist. Und dann weint man ein zweites Mal, wenn man abreisen muss.« Ja, genau so ist es.

Elle hatte ein sanftes Lächeln auf den Lippen. Und manchmal ein paar Tränen in den Augen. Sie las das Manuskript dieses Buches zum ersten Mal.

Die ganze Szene war völlig schnörkellos und schlicht. Und absolut vollkommen. Ich dachte still bei mir: Das ist wahrer Reichtum.

Ich möchte keineswegs behaupten, dass mein Leben ideal sei oder es jemals gewesen wäre. Ganz und gar nicht. Ich habe dramatische Schwierigkeiten erlebt und auch wirklich harte Zeiten durchgestanden. Ich habe Niederschläge erlitten, wurde herumgeschubst, betrogen und bitter enttäuscht.

Und ich möchte auch nicht, dass Sie denken, ich sei eine Art Guru, der alles weiß. Das bin ich nicht.

Aber ich habe herausgefunden, wie man Rückschläge in Stärken, Wunden in Weisheit und Probleme in Wohlstand verwandeln kann. Ich habe mir viele Erkenntnisse darüber, was ein gutes und ein schönes Leben ausmacht, hart erarbeitet, und diese Lektionen möchte ich auf den folgenden Seiten mit Ihnen teilen.

Ich hatte einmal einen Skilehrer, der mir half, besser Skifahren zu lernen (denn das ist es, was Skilehrer tun). Als wir eines Tages mit dem Lift auf den Berg fuhren, sagte er: »Weißt du, Skilehrer sind nicht reich, aber wir haben ein reiches Leben.« Und dieser Mann – mit den von Sonne und Kälte stets geröteten Wangen, einer Frau, die er liebte, Kindern, die er wertschätzte, und seinem Leben auf einem Berg, dessen Aussicht mir den Atem raubte –, dieser Mann war der reichste Mensch, der mir je über den Weg gelaufen ist.

Genau darum geht es in *Reichtum, den du mit Geld nicht kaufen kannst*: um den wahren Reichtum, der oft direkt vor unserer Nase liegt, den wir aber nicht beachten, weil wir darauf programmiert wurden, ihn nicht zu schätzen. Dazu fällt mir folgendes Zitat von Dale Carnegie ein: »Wir alle träumen von einem zauberhaften Rosengarten am Horizont, anstatt uns an den Rosen zu erfreuen, die heute vor unseren Fenstern blühen.« Stimmt doch, oder?

Ich möchte Sie etwas fragen: Warum verehrt unsere Kultur den Milliardär, aber nicht den Lehrer, der Woche für Woche eine Klasse von zwanzig Kindern begeistern kann? Oder den Feuerwehrmann, der mit seinem heldenhaften Einsatz dafür sorgt, dass wir in unseren Gemeinden und Häusern sicher sind? Oder die Gärtnerin, die die Straße durch ihre unermüdlichen Bemühungen, Blumen und Sträucher zu pflanzen, zu hegen und zu gießen, noch wunderbarer macht?

In diesem Buch geht es um eine völlig neue Philosophie und eine Methode, Erfolg und Reichtum zu erlangen, die uns von niemandem beigebracht oder nahegelegt wird. Aber es ist eine Methode, die Ihnen nachhaltiges Glück, persönliche Freiheit und dauerhaften inneren Frieden bringen wird.

Wie ich bereits erwähnt habe, glaube ich durchaus, dass Geld wichtig ist. Wir alle haben Rechnungen zu bezahlen, müssen Verpflichtungen erfüllen und Unternehmungen tätigen, die Geld kosten. Und wer über solide Rücklagen und finanziellen Reichtum verfügt, kann mit weniger Stress, mehr Freiheit und einem Gefühl der persönlichen Souveränität leben (es ermöglicht einem, zu tun, was man will, wo man will, wann man will – zusammen mit den Menschen, die man liebt). Geld ist also ein wesentliches Element und eine Grundlage, die ein reiches Leben ermöglicht. Das muss ich ganz klar sagen. Es ist etwas Wichtiges, aber nicht das Wichtigste.

Wie Sie in dem Lernmodell sehen werden, das ich Ihnen hier vorstellen werde (und das ich meinen privaten Klienten seit vielen Jahren mit ausgezeichneten Ergebnissen vermittle), ist finanzieller Wohlstand nur eine der acht Arten von Reichtum. Ich habe in den fast drei Jahrzehnten meiner Zusammenarbeit mit Titanen der Geschäftswelt, mit Superstars des Profisports, mit Filmikonen und Personen, die Dinge in Bewegung bringen, vielen Menschen als Mentor zur Seite gestanden. Und ich kann Ihnen sagen, dass für sehr viele von ihnen Geld das Einzige ist, was sie haben. Sie sind reich an Geld, aber arm an Leben.

Sie müssen jede der acht Arten des Reichtums erlangen, um sich als wirklich erfolgreich bezeichnen zu können und als ein Mensch, der tatsächlich in Fülle lebt. Und der ein schönes Leben hat.

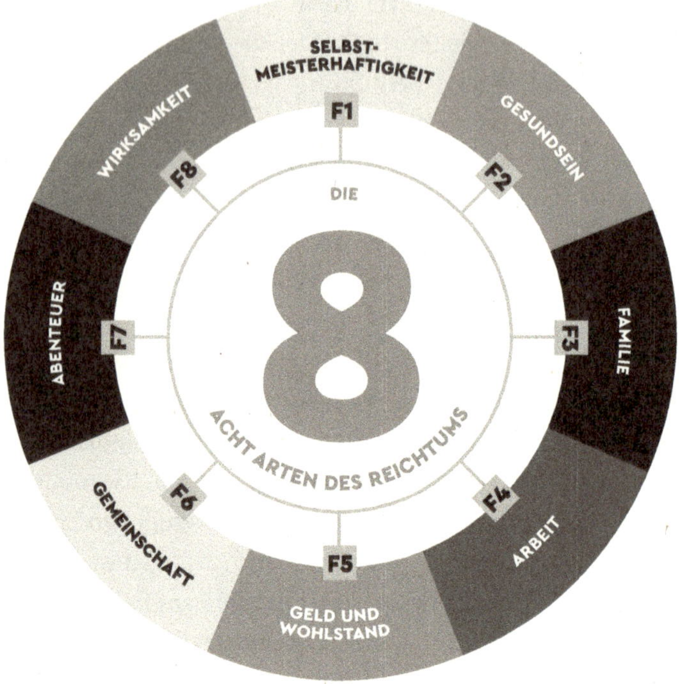

Auf den folgenden Seiten werden wir jede der acht oben dargestellten Arten des Reichtums ausführlich betrachten, auf eine Art und Weise, die leicht nachzuvollziehen ist, die Spaß macht und einen Unterschied in Ihrem Leben bewirken wird. In kurzen Kapiteln, die als persönliche tägliche Mentoring-Sitzungen konzipiert sind, werde ich Ihnen Ideen, Vorschläge, Anleitungen und inspirierende Geschichten an die Hand geben, damit Sie jede dieser Formen des Reichtums in Ihrem Leben besser zum Tragen bringen können. Und wenn Sie das tun, werden Sie sehen, dass der Lohn all dessen Ihr reichstes Leben ist. Das Lernmodell der »Acht Arten des Reichtums« beruht auf acht verborgenen (weil nicht so häufig beachteten) Gewohnheiten, die Sie sich unbedingt aneignen sollten:

Selbst-Meisterhaftigkeit: *Die Gewohnheit der täglichen Selbstverbesserung.* Diese Gewohnheit beruht auf der Einsicht, dass wir Menschen am glücklichsten und wirklich wohlhabend sind, wenn wir unsere persönlichen Gaben und ursprünglichen Talente beständig verwirklichen. Das regelmäßige Streben nach persönlichem Wachstum ist eines Ihrer wertvollsten Güter.

Gesundsein: *Die Gewohnheit, die eigene Gesundheit stetig zu optimieren.* Diese Angewohnheit beruht auf Ihrer Erkenntnis, dass höchste geistige, emotionale, körperliche und spirituelle Vitalität und ein langes Leben voller Energie, Wohlbefinden und Freude eine wesentliche Voraussetzung dafür sind, wahrhaftigen Reichtum zu erlangen.

Familie: *Die Grundregel: glückliche Familie, glückliches Leben.* Diese Gewohnheit knüpft an die Erkenntnis an, dass alles Geld und jeder materielle Erfolg der Welt wertlos ist, wenn man allein ist. Wertschätzen und bereichern Sie also die Beziehungen zu den Menschen, die Sie lieben. Und füllen Sie Ihr Leben mit fantastischen Freunden, die Ihr Glück erhöhen.

Arbeit: *Die Gewohnheit, Arbeit als Plattform für die Formulierung von Zielen zu nutzen.* Diese Gewohnheit beruht auf der konsequenten Praxis, Ihre Arbeit als edles Ziel und als Gelegenheit zu sehen, nicht nur mehr von Ihrem Genie zum Tragen zu bringen, sondern auch unsere Welt zu verbessern. Meisterhaftigkeit ist eine Währung, in die es sich zu investieren lohnt.

Geld und Wohlstand: *Die Gewohnheit, Wohlstand als Triebkraft der Freiheit zu nutzen.* Diese Gewohnheit beruht auf dem Grundsatz, dass finanzieller Überfluss keineswegs schlecht ist, sondern auch eine Notwendigkeit für ein großzügiges, faszinierendes und originelles Leben darstellt.

Gemeinschaft: *Die Grundregel: Sie sind Ihr soziales Netzwerk.* Diese Gewohnheit setzt an der wissenschaftlichen Tatsache an, dass das Denken und Fühlen, das Verhalten und die Tätigkeit eines Menschen durch seine Beziehungen, Gespräche und Mentoren tiefgreifend beeinflusst werden. Um ein großartiges Leben zu führen, sollten Sie den Kreis der Personen um Sie herum mit großartigen Menschen füllen.

Abenteuer: *Die Grundregel: Freude entsteht durchs Erforschen, nicht durch Besitz.* Diese Gewohnheit setzt an der Erkenntnis an, dass es nicht materielle Güter sind, die große Freude machen, sondern magische Momente, in denen wir Dinge tun, die uns mit Gefühlen der Dankbarkeit, des Staunens und der Ehrfurcht erfüllen. Bereichern Sie Ihre Tage damit, und Ihr Leben wird sich in ein ganz neues Universum der Inspiration erheben.

Wirksamkeit: *Die Gewohnheit, in diesem kurzen Leben hilfsbereit und gütig zu sein.* Diese Gewohnheit beruht auf der altehrwürdigen Erkenntnis, dass das Hauptziel eines erfüllten Lebens darin besteht, das Leben anderer zu verbessern. Wenn Sie sich einer Sache verschreiben, die über Sie selbst hinausweist, werden Sie nicht nur Ihr bestes Selbst finden, sondern zugleich die Welt erhellen. Und Sie werden Schätze entdecken, die weit über die Grenzen von Geld, Besitz und öffentlichem Status hinausgehen.

Gut. Nochmals vielen Dank für Ihr Vertrauen in meine Arbeit und dafür, dass Sie mich begleiten wollen. Lassen Sie uns nun beginnen. Füllen wir Ihre Tage mit dem Reichtum, den man mit Geld nicht kaufen kann.

Die erste Art des Reichtums

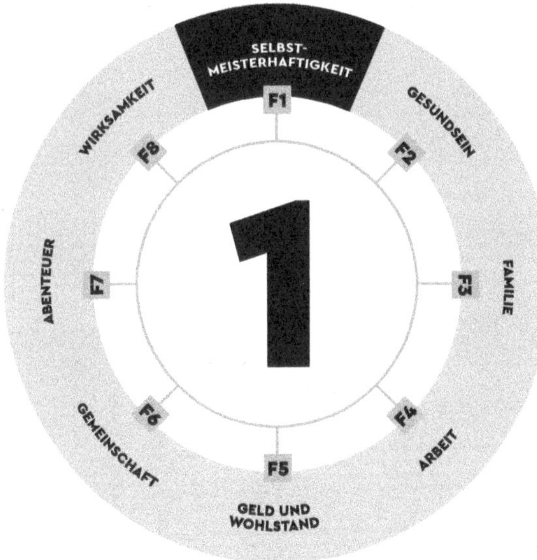

SELBST-MEISTERHAFTIGKEIT

Die Gewohnheit der täglichen Selbstverbesserung

»Der Reichtum in dir, der Kern
deines Wesens, das ist dein Reich.«
Rumi

Die erste Art des Reichtums

Selbst-Meisterhaftigkeit | Ein kurzer Überblick

Sich zu dem zu entwickeln, was in einem angelegt ist, dieser Preis ist viel wertvoller als alles, was sich mit Geld kaufen lässt. Selbst-Meisterhaftigkeit ist eine Währung, die Sie wahrhaft wohlhabend machen wird. Und Ihre klügste Investition ist es, sich selbst zu dem zu machen, was Sie sein können.

Ihre unbewussten Ängste zu erforschen, hinderliche und destruktive Begrenzungen zu überwinden, sich in die unbekannten Bereiche Ihres angeborenen Potenzials vorzuwagen und sich bewusst zu werden, wie weise, stark, begabt, widerstandsfähig und liebevoll Sie sind, wird mehr Zauber in Ihr Leben bringen als all der Ruhm, das Vermögen und der weltliche Erfolg, die Sie jemals erlangen könnten.

Inneres Wachstum und tägliche persönliche Weiterentwicklung sind eine sehr reale Art von Reichtum, auch wenn unsere Gesellschaft sie im Allgemeinen nicht sonderlich schätzt. Vielmehr wird in unserer heutigen Zeit der milliardenschwere Finanzmagnat auf die Titelseite gesetzt und der berühmte Sport-Superstar auf ein Podest gestellt, statt desjenigen, der die Entwicklung eines klaren Verstandes, die Bildung eines reichen Herzens, den Aufbau eines bedeutenden Charakters und das Wachsen eines aufstrebenden Geistes zu seiner obersten Priorität gemacht hat. Für mich ist der innere Sieg um so vieles wichtiger als der Sieg in der Welt. Ersterer ist beständig. Der zweite ist flüchtig.

Doch nur weil unsere Kultur die Selbstverbesserung und die ständige Verwirklichung Ihrer natürlichen Kräfte und Ihres ursprünglichen Genies nicht ganz oben auf die Liste jener Dinge setzt, die für ein gutes

Leben am wichtigsten sind, heißt das nicht, dass Sie nicht danach streben sollten. Sie sollten es sogar unbedingt tun.

Mahatma Gandhi sagte einmal: »Die einzigen Teufel auf dieser Welt sind die, die wir im Herzen tragen. Und genau da müssen wir unsere Schlachten schlagen.« Und bitte glauben Sie mir: Sobald Sie erkannt haben, wie wertvoll es ist, Ihr persönliches Wachstum zu vertiefen, wird sich alles für Sie ändern. Denn ein herausragendes äußeres Leben beginnt mit einem schönen inneren Leben. Und Sie werden nie etwas Höheres erschaffen, produzieren, entwickeln und genießen können als das, was Sie sind.

Also gut, neuer Freund, neue Freundin, lassen Sie uns nun gemeinsam die erste Art des Reichtums erforschen.

1

Nehmen Sie Ihre Grösse an

Eine schlichte Idee, die viel zu oft vernachlässigt wird: Sich selbst Hochachtung zu erweisen. Für alles, was Sie durchgemacht haben und was Sie geworden sind. Für all die Ängste, denen Sie begegnet sind und die Sie überwunden haben. Für die Träume, die Sie nicht nur geträumt haben, sondern die zu verwirklichen Sie auch den Mut hatten. Für all die Menschen, denen Sie geholfen haben, und für all das Gute, das Sie getan haben. Sie sind wichtiger, als Sie denken. Bitte messen Sie Ihren Wert nicht daran, was Sie laut der Mehrheit sein, tun und haben sollten.

Dass Sie hier bei mir sind, ist ganz und gar kein Zufall. Irgendetwas in Ihnen – in einer Kultur, in der viel zu viele rechtschaffene Menschen die wertvollsten Stunden ihres Lebens in einem digitalen Schlummer verbringen – sucht nach Höherem. Ich spüre, dass Sie Ihre Hoffnung noch nicht verloren haben, obwohl das Leben manchmal grausam sein kann. Sie haben sich Ihren Optimismus bewahrt, dass eine bessere Zukunft möglich ist, und vertrauen auf den Ruf Ihrer Seele, Ihre hehren Ziele in der Lebenszeit, die Ihnen verbleibt, in vollem Umfang zu verwirklichen.

Das macht Sie in meinen – mittlerweile etwas in die Jahre gekommenen – Augen zu einem Helden. Sie haben eine Menge durchgemacht. Sie hätten aufgeben können. Und abgestumpft, zynisch, nörglerisch und verbittert werden können.

Stattdessen aber sind Sie hier. Bereit, nach oben zu streben, entschlossen, voranzukommen, und voller Engagement, innerlich zu wachsen – mithilfe der Anleitung, die Sie durch mich als Ihren Mentor erhalten. Es ist wirklich ein Akt großen Mutes, sich bereit zu erklären, loszulassen, wer Sie gestern waren, um morgen ein noch besserer, weiserer, gesünderer und glücklicherer Mensch zu werden.

Oh, und ich sollte noch betonen, dass die Arbeit an der persönlichen Entwicklung die beste Arbeit ist, die man je verrichten kann. Viele Menschen kichern oder rollen mit den Augen (oder beides), wenn sie den Begriff »Selbstverbesserung« hören. Doch was ist mutiger und sinnvoller, als sich beständig und intensiv um persönliche Weiterentwicklung zu bemühen, um dadurch alltägliche menschliche Unsicherheit in Selbstvertrauen, persönliche Grenzen in außergewöhnliche Fähigkeiten und ein durchschnittliches Leben in eine atemberaubende Reise zu verwandeln, die das Versprechen einlöst, in das Sie hineingeboren wurden? »Die wichtigste Investition, die man tätigen kann, ist die in sich selbst«, erklärte der bekannte Investor Warren Buffett einmal. Und die beste Strategie, um die Welt zu verbessern, ist die, sich selbst zu verbessern, nicht wahr?

Wenn Sie Ihr inneres Universum überarbeiten, emporheben und neu ausrichten, wird sich zwangsläufig Ihre Beziehung zu dem vertiefen, was ich in meiner Mentoring-Methode Ihr Heroisches Selbst nenne (welches das Gegenteil Ihres Egoistischen Selbst ist, des falschen, fehlerbehafteten, eingeschränkten und ängstlichen Teils von Ihnen, der geformt wurde durch die negativen Überzeugungen und menschlichen Verletzungen, die Sie in Ihrer Vergangenheit erlitten haben). Und wenn sich Ihre primäre Beziehung zu Ihrem besten Selbst vertieft, wird sich auch *jede* andere Beziehung in Ihrem Leben verbessern.

Bauen Sie ein besseres Wissen über Ihr Heroisches Selbst und eine größere Vertrautheit mit diesem auf (durch die Lehren und die Werkzeuge, die ich Ihnen vorstelle), und Ihre Beziehung zu Ihrer Familie, Ihre Vitalität, Ihre Arbeit, Ihr Wohlstand, Ihre sozialen Beziehungen, Ihre Abenteuer und Ihr Dienst an anderen werden sich verbessern.

Übrigens, Sie sollten auch wissen, dass ich selbst aus bescheidenen Verhältnissen stamme. Ich bin nicht mit einem goldenen Löffel im Mund geboren worden. Ich bin in Afrika auf die Welt gekommen. Meine Eltern waren Einwanderer. Vor zwei Jahren nahm ich meine

Lebensgefährtin Elle mit, um ihr das Haus zu zeigen, in dem ich aufgewachsen bin. Der jetzige Besitzer war gerade dabei, den Rasen zu wässern, als wir ankamen. Ich sagte ihm, dass ich vor über fünfzig Jahren in seinem Haus gewohnt habe. Also hat er uns hereingebeten. Ein netter Mann. Er lächelte viel.

Nachdem wir gegangen waren, bemerkte Elle: »Das ist das kleinste Wohnhaus, das ich je gesehen habe.« Mir ging es genauso.

Als ich aufwuchs, hatte ich mit allerlei Misslichkeiten zu kämpfen – wie alle Menschen. An vielem herrschte Knappheit oder Mangel, ich litt unter Gefühlen der Unsicherheit und der Schüchternheit und musste Dinge tun, die meine Talente in Ketten legten, meinen Optimismus dämpften und meine Freiheit erstickten.

Doch eines hat mich gerettet – und verändert: eine grenzenlose (und manchmal zwanghafte) Liebe zu persönlichem Wachstum. Wenn ich nicht wusste, wie ich etwas verbessern konnte, konnte ich lernen, es zu tun. Alles, was ich erreichen wollte, und alles, wovon ich träumte, konnte ich erreichen, indem ich mein Wissen und mein Verständnis vertiefte. Natürlich *können auch Sie das tun*. Deshalb freue ich mich so sehr für Sie.

Während ich dies schreibe, muss ich an folgende Worte der Philosophin und Schriftstellerin Ayn Rand denken:

> Lasst euer Feuer nicht, einen unersetzlichen Funken nach dem anderen, in den hoffnungslosen Sümpfen des Nicht-ganz, des Noch-nicht und des Überhaupt-nicht erlöschen. Lasst das Heroische in eurer Seele nicht aus einsamer Verzweiflung darüber zugrunde gehen, dass ihr das Leben, das ihr verdient habt, niemals erreichen konntet. ... Die Welt, die ihr euch gewünscht habt, ist erreichbar, sie existiert, sie ist wirklich, sie ist möglich, sie gehört euch.

Das sind meine Wünsche für Sie.

2

Leben Sie das Gesetz, dass die äussere Veränderung der inneren Veränderung folgt

Während ich Ihnen diese Mentoring-Botschaft schreibe, hoffe ich, dass Sie guter Dinge sind, voller Enthusiasmus (was für ein großartiges Wort!) und auf der Jagd nach einem großartigen Leben, auf das Sie stolz sein werden, wenn Sie alt sind. Und wenn Sie schon zu den Älteren gehören, dann hoffe ich, dass Sie bereits stolz auf Ihr bisheriges Leben sind.

Ich bin heute um drei Uhr nachts aufgestanden (ich bin kurz nach einundzwanzig Uhr eingeschlafen), um zu meditieren, ein paar Visualisierungsübungen zu machen und zu beten. Dann bin ich auf meinen Ellipsentrainer gestiegen. Das ist mein liebstes Trainingsgerät, es sei denn, ich zähle mein treues Mountainbike dazu. Das ist für mich das Allerbeste. Als ich Elle kennenlernte – bei unserem zweiten Date, um genau zu sein –, war das Erste, was ich ihr bei einem Besuch in meinem Haus zeigte, mein Mountainbike. Später hat sie mir anvertraut, dass sie das ein bisschen seltsam fand. Aber all die Jahre später ist sie immer noch mit mir zusammen. Ich denke also, es war die richtige Entscheidung.

Nun, wie auch immer, ich möchte Ihnen eine Geschichte erzählen. Eines Abends saß ein Vater in seinem Lieblingssessel und las in der Zeitung. Sein kleiner Sohn saß neben ihm. »Papa, lass uns spielen!«, rief der Junge fröhlich. Aber der Mann war zu sehr damit beschäftigt, sich erwachsen zu verhalten, und studierte weiter seine Zeitung.

»Papa, lass uns spielen! Lass uns Spaß haben!«, wiederholte der kleine Junge. Doch der Vater schenkte ihm keine Beachtung. Er fuhr mit seiner Lektüre fort.

Das Kind ließ nicht locker, aber der Mann ignorierte es. Schließlich hatte der Vater eine Idee. In der Zeitung war ein Bild der Weltkugel, also riss er die Seite heraus, zerriss sie in Dutzende von kleinen Fetzen und reichte sie seinem Sohn mit den Worten: »Hier, setz das wieder zusammen«, weil er dachte, das Kind würde lange dafür brauchen.

Doch oft sind Kinder bereits höher entwickelt als Erwachsene, um uns die Lektionen beizubringen, die wir lernen müssen. Und nach nur wenigen Minuten kam der Junge mit der perfekt zusammengesetzten Weltkugel zurück.

»Wie hast du das geschafft, mein Sohn?«, fragte der Vater erstaunt.

»Ganz einfach, Papa. Auf der anderen Seite des Globus war ein Mensch. Und als ich die Person zusammenhatte, war die Welt wieder in Ordnung.«

Starker Gedanke, nicht wahr? Wenn Sie sich zusammenreißen, wird auch *Ihre* Welt wieder in Ordnung sein – und mehr als das. Fantastisch sogar, wenn Sie die Lehren, Methoden, Routinen und Taktiken anwenden, die ich gerne mit Ihnen teilen möchte (nichts davon funktioniert für jemanden, der nicht bereit ist, dafür auch etwas zu tun, oder?).

Einer der Merksätze, die ich gerne mit meinen Zuhörern teile, wenn ich in irgendeiner Stadt auf diesem kleinen Planeten eine Keynote, eine Grundsatzrede halte, lautet: »Opfer suchen nach Ausreden; Führungskräfte liefern Ergebnisse.« Eine Führungspersönlichkeit zu sein, bedeutet nicht, dass man einen Titel, eine Position, Autorität oder eine Menge Geld besitzen muss. Nein, überhaupt nicht.

Führung ist genau das Gegenteil der Opferrolle. Und Menschen, die ihre Macht ungenutzt lassen, wunderbare Ergebnisse zu erzielen, indem sie jammern, anderen die Schuld geben und erwarten, dass andere die Dinge für sie anpacken, das sind Menschen, die in einer Falle sitzen, die sie dazu bringt, das Opfer zu spielen.

Neulich war ich in einer Fahrgemeinschaft mit einem coolen jungen Fahrer unterwegs. Im Gespräch erzählte er, dass er als Einwanderer mit 260 Dollar in der Tasche ins Land gekommen sei. Das war alles, was er an Geld besaß. Doch durch seine Zielstrebigkeit, durch harte

Arbeit und sein unermüdliches Streben danach, sich zu verbessern, konnte er genug sparen, um ein Haus zu kaufen und nun elf (ja, elf!) Familienmitglieder zu ernähren. Er hätte sich über seine entbehrungsreiche Vergangenheit beklagen, die Schuld auf seine schlimme Kindheit schieben und darauf warten können, dass irgendetwas außerhalb seiner selbst sein Leben verbessern würde. Aber das tat er nicht. Er fing klein an, steigerte sich täglich und veränderte und verbesserte seine Situation mit der Zeit. Dieser Mann lieferte Ergebnisse, anstatt nach Schuldigen zu suchen. Und er erzählte mir, dass sein wahres Geheimnis darin bestand, dass er sich der ständigen Selbstverbesserung verschrieben habe, bei der es im Grunde um persönliches Wachstum geht – die erste Art des Wohlstands.

Aus irgendeinem Grund erinnert mich die Geschichte dieses Mannes an die Worte des ketzerischen Dichters Charles Bukowski: »Kannst du dich daran erinnern, wer du warst, bevor die Welt dir sagte, wer du sein solltest?«

Damit sollten wir dieses Kapitel beenden. Denn ich brauche eine Pause vom Schreiben, und mein vertrautes Mountainbike wartet auf mich.

3

Werden Sie nicht zum *Grollsammler*

Jemand schaut uns schief an. Jemand, der uns nahesteht, lässt uns im Stich. Jemand, dem wir vertraut haben, lügt uns an. Solche Dinge gehören zum Leben. Wir können sie nicht vermeiden, sosehr wir es auch versuchen.

Wenn wir nicht so behandelt werden, wie wir behandelt werden möchten, ist es leicht, wütend zu werden. Oder sich zurückzuziehen. Oder einen heimlichen Groll zu hegen.

Wenn wir durch das Leben gehen und mit anderen Menschen interagieren, ist es einfach, immer weiter aufzustocken, was ich den Stapel des Grolls nenne. Man wird immer wieder entmutigt oder enttäuscht, und anstatt die aus diesen Erfahrungen entstehenden Gefühle des Schmerzes, der Frustration und des Ärgers zu verarbeiten, um sich von ihnen zu befreien, schluckt man sie einfach hinunter. Und suhlt sich in ihnen. Und lässt den Groll wie eine große klaffende Wunde eitern (die jeden Moment, den Sie erleben, befleckt und Ihre Kreativität, Ihre Produktivität, Ihren Wohlstand und Ihre Gelassenheit beeinträchtigt).

Sie sind klug und nicht auf den Kopf gefallen, und Sie suchen sich wirklich gute Mentoren aus, daher wissen Sie: Das ist nicht die beste Art zu leben. Unverheilte Wunden führen zu ungenutztem Potenzial und zehren an Ihrer Energie – an der Energie, die Sie nutzen könnten, um großartige Ergebnisse zu erzielen und dieses großartige Geschenk und die Entdeckungsreise, die Ihr Leben ist, zu genießen.

Und bedenken Sie auch: Je größer Ihr Stapel des Grolls und der Ressentiments wird, desto mehr färbt er auf Ihre Sicht der Dinge ab.

Sie fangen an, Kränkungen zu sehen, die es gar nicht gab. Sie argwöhnen, dass Menschen gemeine Dinge tun, die sie aber nicht wirklich getan haben. Man fängt an zu glauben, dass dieses manchmal schwierige, aber auch höchst erstaunliche Universum, in dem wir leben, ein sehr beängstigender Ort ist. Wir sehen die Dinge nicht so, wie sie sind, sondern wie *wir selbst* sind, nicht wahr?

Während ich hier an meinem frischen Pfefferminztee mit etwas Ingwer nippe, Kolby Coopers bezauberndem Country-Song »Fall« lausche und draußen ein laut krähender Hahn die Welt aufweckt, möchte ich Ihnen dringend ans Herz legen, ein *Meister des Loslassens* zu werden. Natürlich müssen Sie sich schützen und haben ein Recht darauf, gut behandelt zu werden. Das versteht sich von selbst, und wir machen den Menschen auch deutlich, wie sie uns behandeln sollen. Sie dürfen niemals zulassen, dass jemand über Sie hinweggeht. Aber ich empfehle auch, dass Sie Ihr Mitgefühl für andere steigern. Wir wissen nicht, welchen Kampf sie gerade führen. Und jeder um uns herum tut wirklich sein Bestes. (Selbst wenn es letztlich schiefgeht.)

Das bedeutet zwar nicht, dass die anderen für ihre Taten nicht zur Rechenschaft gezogen werden sollten, aber sie verdienen auch unser Verständnis. Stellen Sie sich nur einmal vor, wie hell und schön das menschliche Leben sein wird, wenn Sie die seltene Fähigkeit besitzen, den Segen in den Menschen zu sehen, die Sie zu verdammen versuchen. Das ist das Verhalten der größten Seelen der Geschichte. Und wahrhaft reicher Menschen.

»In meinen jüngeren und verletzlicheren Jahren gab mir mein Vater einen Rat, der mir seither immer wieder in den Kopf kommt. Wann immer du jemanden kritisieren willst, denke daran, dass alle Menschen auf dieser Welt nicht die Vorteile hatten, die du hattest«, sagte Nick Carraway, der Erzähler in F. Scott Fitzgeralds eindrucksvollem Roman *Der große Gatsby.*

Wenn Sie diese eine Sache richtig machen, werden Ihre tägliche Freude und Ihr allgemeiner Seelenfrieden exponentiell zunehmen. Und durch das Leben, das Sie führen, werden Sie auf subtile Weise dazu beitragen, überall auf der Welt den Frieden zu fördern.

4

Es ist in Ordnung, schludrig zu sein

»Sei perfekt« und »Sei superordentlich« und »Bemühe dich um eine gute Figur« hämmert uns die Gesellschaft ein. Was für ein Blödsinn!

Ist es nicht ein Zeichen großer Weisheit, ein *ausgewogenes* Leben zu führen? Es gibt Zeiten, in denen man höchstmögliche Willenskraft und heroische Selbstdisziplin an den Tag legen muss (zum Beispiel bei der Durchführung eines ambitionierten Arbeitsprojekts, bei der Verfolgung eines wichtigen körperlichen Fitnessziels oder bei der Verwirklichung eines spirituellen Vorhabens, das einen weiterbringt). Dann gibt es aber auch Zeiten, in denen man sich zurücklehnt und ausruht, in denen man wenig tut und einfach nur Mensch ist.

Und wenn ich im Titel dieses Kapitels sage, dass es in Ordnung ist, in bestimmten Phasen der Lebensreise schludrig zu sein, dann meine ich damit nicht nur, dass man sein Bett nicht macht, wenn einem nicht danach ist, oder seinen Terminkalender leer hält, um so die Freiheit zu erlangen, sich auch einmal zu langweilen. Ich meine auch, dass es in Ordnung ist, weniger als perfekt zu sein, wenn es um Ihr Innenleben geht. Selbstbeherrschung und persönliches Wachstum dürfen niemals zu einer Plackerei ausarten. Das entzieht sonst dem ganzen Unterfangen seinen Zauber.

Gestern Abend habe ich im Internet ein Video gesehen, in dem ein Mann sagte, wir sollten uns gewissermaßen wie eine Felsplatte behandeln und uns bis an unsere äußersten Grenzen treiben lassen, um etwas Schönes hervorzubringen. Der Mann legte eine intensive, aggressive und wütend wirkende Energie an den Tag.

Ich verstehe, was er meint. Wir können nicht ständig Impulsen der Schwäche nachgeben und trotzdem hoffen, ein vortreffliches, befriedigendes und bewunderungswürdiges Leben zu führen. Ich verstehe, worauf das hinausläuft. Schicken Sie mir doch ein T-Shirt mit dem entsprechenden Logo darauf. Einige der Botschaften der »Hustle and Grind Culture«[1] haben durchaus einen wahren Kern. Glück widerfährt jenen Menschen, die unbequeme Dinge tun.

Doch für mich muss eine glorreiche menschliche Erfahrung auch etwas Chaos beinhalten. Auch Zeiten »strategischer Faulheit« gehören dazu. Ein paar atemberaubende Tage, an denen man sich einfach gehen lässt. An denen wir es uns erlauben, das Bett ungemacht, den Anruf unbeantwortet und das Geschirr ungespült zu lassen. Wir sind keine Maschinen, wir sind Menschen.

Ich möchte Ihnen einfach ans Herz legen, dem Fluss mehr zu vertrauen. Hören Sie auf, sich Ihren natürlichen Rhythmen zu widersetzen. Akzeptieren Sie die Zeiten, in denen scheinbar nicht viel passiert, so wie der Bauer die Brache und die Erntezeiten akzeptiert, weil er weiß, dass ohne die erste das spektakuläre Wachstum der zweiten nicht möglich wäre. Würdigen Sie die Tage, an denen Sie alle Kraft der Welt haben. Und ruhen Sie sich aus an jenen Tagen, an denen Sie sich kraftlos fühlen.

1 In etwa: »Schuften und ranklotzen«, ein besonders in den sozialen Medien geprägter Trend, sich selbst kontinuierlich zu Höchstleistungen anzutreiben und besonders hoch gesteckte Ziele anzustreben. [Anm. d. Red.]

5

PRÄGEN SIE SICH DAS *EULAM-PRINZIP* EIN

Haben Sie sich schon einmal gefragt, wie Sie zu der Person geworden sind, die Sie sind?

Haben Sie schon einmal darüber nachgedacht, was Sie zu dem gemacht hat, was Sie sind? (Wobei Sie im Übrigen der einzige Mensch auf diesem Planeten sind, der genauso ist wie Sie.)

Meine Antwort lässt sich mit einem Akronym aus fünf Buchstaben zusammenfassen: EULAM.

Ja, das ist meine Antwort.

Ihre Grundüberzeugungen, Ihre grundlegenden Verhaltensweisen, Ihre täglichen Gewohnheiten und Ihre allgemeine Lebensweise wurden von den fünf Kräften hervorgebracht, für die das Akronym EULAM steht.

Das »E« steht für Ihre *Eltern*. Sicher, Ihre Eltern hatten höchstwahrscheinlich gute Absichten, aber Tatsache ist, dass sie auch ihre fehlerhaften Prägungen und Überzeugungen an Sie weitergegeben haben. Sie haben ihr Bestes getan, beruhend auf dem, was sie wussten und was *ihre* Eltern ihnen beigebracht haben. Wenn sie sich mit Geld schwertaten und finanzieller Wohlstand in ihrem Denken eher als unerreichbar galt, haben Sie diese Einstellung ebenfalls übernommen (denn ein Kind übernimmt die Denkweise und modelliert unbewusst die Verhaltensweisen der Bezugspersonen, die ihm beibringen, wie die Welt funktioniert). Wenn Ihre Eltern glaubten, dass das Leben tragisch sein sollte, dass die meisten Menschen gemein sind und dass der Mensch keinen Einfluss darauf hat, wie sich die Dinge entwickeln, haben auch Sie diese Überzeugungen akzeptiert und diese Gewohnheiten übernommen. Sie haben sie so oft eingeübt, dass sie zu Ihrer Wahrheit und Ihrer Realität wurden. Selbst wenn sie falsch waren.

Das »U« steht für Ihr *Umfeld*. Ihr Ökosystem hat einen starken Einfluss darauf, wie Sie sich jeden Tag zeigen. Wenn Sie unwürdige

Einflüsse wie gewalttätige Fernsehsendungen, toxische Nachrichten und die Botschaften narzisstischer Online-Influencer in Ihre persönliche Sphäre eindringen lassen, werden diese Kräfte mit der Zeit Ihre Positivität, Ihre Leistungsfähigkeit und Ihre Freude beeinträchtigen. Auch das Umfeld, in dem Sie in Ihren prägenden Jahren aufgewachsen sind, hat einen großen Einfluss darauf, wer Sie heute in der Welt sind.

»L« steht für *Land*. Wenn Sie in einem Kriegsgebiet oder in einem Land aufgewachsen sind, das unter sozialer Unbeständigkeit leidet, wird dies Ihre Sicht der Dinge stark beeinflussen. Wenn Sie aus einer wohlhabenden, stabilen und sicheren Nation stammen, wird auch dies Ihre Sichtweise darauf prägen, was für Sie persönlich möglich ist. Und wer Sie in Zukunft werden können.

»A« steht für Ihre *Assoziationen*. Mit wem Sie Zeit verbringen, beeinflusst stark, wie Sie denken, fühlen und handeln. Ihr Freundeskreis ist zum Beispiel ein aussagekräftiger Indikator für Ihr Einkommen, Ihren Lebensstil und Ihre Stellung im Leben. Wenn Sie Beziehungen zu hysterischen oder chaotischen Menschen eingehen, werden Sie im Laufe der Zeit tiefgreifend von diesen Einflüssen geprägt werden.

»M« steht für *Medien*. Jeden Tag, egal wo Sie leben, werden Sie von zahlreichen Medien mit Informationen, Lockangeboten und Beeinflussungsversuchen überflutet. Dazu gehören Werbung, die Sie dazu bringen soll, Produkte zu kaufen, Empfehlungen, welche Werte im Leben wichtig sind, und subtile Ratschläge, wie man leben sollte, um sich der Masse anzupassen. All dies infiziert im Laufe der Zeit Ihre Selbstidentität und beeinflusst die Art und Weise, wie Sie mit Chancen umgehen.

EULAM. Diese Buchstaben erklären, wie Sie zu dem Menschen geworden sind, der Sie sind. Bitte denken Sie über sie nach. Sprechen Sie darüber mit einem Freund. Und meditieren Sie allein darüber. Denn je mehr Sie sich dieser fünf Kräfte bewusst werden, die Sie geformt haben, desto besser beherrschen Sie sich selbst. Und Sie werden stärker befähigt, bessere Entscheidungen zu treffen, die mit Sicherheit zu sensationellen Ergebnissen führen werden.

6

Die beste Art zu beginnen besteht darin, einfach anzufangen

Ich schreibe dieses Kapitel in meinem Hotelzimmer in Barcelona, denn ich bin momentan für eine Reihe von Präsentationen vor Top-Führungspersönlichkeiten und hochkarätigen Unternehmern unterwegs. Ich bin umgeben von den Büchern, die ich auf diese Reise mitgenommen habe (darunter *Der Prophet* von Khalil Gibran, *The Stories of My Life* von James Patterson, *Fegefeuer der Eitelkeiten* von Tom Wolfe, *The Great Crashes* von Linda Yueh, *Jellyfish Age Backwards* von Nicklas Brendborg, *The Art of Learning* von Josh Waitzkin und *Why I Write* (*Warum ich schreibe. Die großen Essays*) von George Orwell; ja, in meinem Koffer hat einiges Platz). Auf dem Tisch liegt auch mein Morgentagebuch, und daneben steht eine Kanne mit bestem Kaffee. Gestern hatte ich einen intensiven Tag voller Medienrummel für mein Buch *Manifest eines Alltagshelden*, das kürzlich hier in Spanien veröffentlicht wurde. Morgen werde ich auf einer Bühne vor sechstausend Menschen stehen. Ich spüre vor solchen Auftritten immer noch Angst oder Aufregung. Denn auch nach all den Jahren ist mir das immer noch sehr, sehr wichtig.

Vorhin stellte mir eine Interviewerin eine Frage, die ich oft höre, nachdem sich jemand ein wenig mit meiner Philosophie beschäftigt hat und mit meiner Methodik zu den Themen Führung, außergewöhnliche Leistungsfähigkeit und ein Leben in wahrhaftem Wohlstand, auf das man am Ende stolz sein kann: »Wo sollen wir anfangen?«

Sie fügte hinzu: »Ich möchte auch ein Buch schreiben und frage mich, wo soll ich anfangen?«

Meine Antwort war: »Legen Sie einfach los.«

Es ist wirklich nicht so schwer und es gibt keinen Grund, die Dinge zu verkomplizieren, wenn Sie beginnen wollen, mehr von dem Genie zu verwirklichen und zu optimieren, in das Sie hineingeboren wurden. *Sie fangen einfach an, indem Sie anfangen.* Oft ist es ein hinderliches Symptom der Angst, wenn man zu viel darüber nachgrübelt, wie man loslegen soll. In Wirklichkeit sträuben Sie sich dagegen, voranzukommen, weil Sie Angst haben: Angst vor Erfolg, vor Misserfolg, davor, sich lächerlich zu machen, aus Ihrer Peergroup herauszustechen.

Wie beginnt man ein Buch? Sie schreiben die erste Seite. Und morgen die zweite. Und am nächsten Tag die dritte. Und dann machen Sie so lange weiter, bis das Ganze fertig ist. Ja, so einfach ist das (schwierig ist nur, die Verpflichtung, die Sie sich damit auferlegt haben, tatsächlich umzusetzen).

Sie müssen unbedingt die Versprechen einhalten, die Sie sich selbst gegeben haben. Alles andere würde Ihre Selbstachtung zerstören und der Welt den Zauber vorenthalten, für den Sie hier auf der Erde sind. Ja, machen Sie um jeden Preis weiter! Bezwingen Sie die Selbstzweifel und das Gefühl, dass die Arbeit schlecht ist, und widerstehen Sie all den schillernden Verlockungen der digitalen Ablenkungen. Überwinden Sie den verführerischen Wunsch, es möge einfacher sein (die schönsten Dinge im Leben entstehen immer, wenn man unbequeme Dinge tut, nicht wahr?).

Wie fangen Sie an, sich fit zu machen? Sie stehen morgen früh auf und machen die ersten paar Liegestütze. Dann mehr am nächsten Tag und noch mehr am übernächsten. Bis es Ihnen leichtfällt, eine große Zahl von Liegestützen zu machen. Weil Sie sich stark gemacht haben.

Ja, mein Freund. Man fängt an, indem man einfach anfängt. Keine Ausreden. Keine Rationalisierungen. Kein Aufschieben. Keine Klagen. Sie nutzen einfach Ihren menschlichen Willen, um diesen ersten Schritt zu tun. Und dann den nächsten. Und so weiter und so fort, bis Sie schließlich ein Meister darin sind, die Dinge, die Ihnen wichtig sind, zu erledigen.

Und wie ich im *Manifest eines Alltagshelden* geschrieben habe: »Jede Veränderung ist am Anfang schwer, in der Mitte chaotisch und am Ende großartig.«

Also legen Sie los! Ich bitte Sie. Ihr reichstes Leben wartet. Und nichts passiert, solange Sie nicht anfangen.

7

Ängste sind Geistergeschichten

Sie sagen also, Sie glauben nicht an Gespenster.

Wirklich nicht? Wir alle tun es doch.

- Wir sagen, dass wir in beängstigenden Situationen nicht mutig sein können, dass wir nicht ausreichend vorbereitet oder nicht gut genug sind, um eine großartige Gelegenheit wahrzunehmen.
- Wir verkaufen uns selbst die Idee, dass wir nicht in der Lage sind, unbeirrt weiterzumachen, wenn uns eigentlich nach Aufgeben zumute ist.
- Wir reden uns ein, dass es zu schwer sei, jener Mensch zu werden, der wir immer sein wollten.
- Wir befassen uns mit unseren Schwächen, sind besessen von unseren Herausforderungen und üben uns dann in Ausreden, um unsere Unsicherheiten zu überspielen, anstatt unsere Größe zu leben.
- Wir geben uns der Illusion hin, dass Menschen, die positiv, kreativ, erfolgreich und tiefgründig sind, aus einem anderen Holz geschnitzt sind. Und dass sie Gaben besitzen, die wir nicht haben.

Die meisten unserer Ängste sind große Lügen. Reine Illusionen. Offenkundige Unwahrheiten. Geistergeschichten. Sie verstehen, was ich meine.

Der Philosoph Osho erzählte einmal eine Geschichte über einen Mann, der vom Gipfel eines hohen Berges herunterkam. Er war den ganzen Tag hinabgestiegen, und die Sonne ging gerade unter. Er tat jeden Schritt mit Bedacht, weil der Himmel dunkler und dunkler wurde. Plötzlich verlor der Bergsteiger den Halt und klammerte sich in seiner Angst, Tausende von Metern in den Abgrund zu stürzen, an einen Ast.

Die ganze Nacht hing der Mann in quälender Angst an diesem Ast und dachte, dass er in den Tod stürzen würde, wenn er losließe. Die ganze Nacht rief er um Hilfe. Doch niemand hörte seine Schreie. Er dachte an all die Dinge, die er in seinem Leben noch nicht getan hatte, an das Potenzial, das er ungenutzt gelassen hatte, an das innere Wachstum, das er nicht erfahren hatte, an die menschlichen Talente, die er nie kennengelernt hatte, und an seine Familie, die er so sehr liebte – all das würde er verlieren, wenn er fiele.

Doch als die Sonne aufging, enthüllte das frühe Licht eine Wahrheit, die den Kletterer erschreckte: Nur wenige Zentimeter unter ihm befand sich ein breiter Vorsprung. In der Dunkelheit hatte er ihn nicht sehen können. Er begann zu lachen, erst leise, dann aus vollem Hals. Der Mann erkannte, dass seine Angst nur fünfzehn Zentimeter tief reichte. Darunter befand sich Sicherheit.

Ändern Sie also *Ihr* Narrativ. Weigern Sie sich, die Märchen für bare Münze zu nehmen, die Ihnen die Geistergeschichten verkaufen. Denn sie verdienen es nicht, Ihren Verstand mit Beschlag zu belegen oder Ihren Erfolg, Ihr Glück und Ihre Gelassenheit einzuschränken. Sie sind wirklich nur wenige Zentimeter tief.

8

Hören Sie auf, diese vier schrecklichen Wörter zu sagen

- Wenn Sie jemandem sagen, er solle das Buch lesen, das Ihr Leben verändert hat, antwortet er oft mit vier Wörtern, die man meiner Meinung nach als Ausflüchte einstufen muss.
- Wenn Sie Ihrem besten Freund empfehlen, jenen Dokumentarfilm anzuschauen, durch den Sie gelernt haben, wie Sie Ihre Fähigkeiten entwickeln, Ihr Können verbessern und Ihre Produktivität maximieren, wird er vielleicht auch diese Wörter benutzen.
- Schlagen Sie jemandem, der Ihnen wichtig ist, vor, eine Wunde zu heilen, einen Makel zu beheben oder ein leidiges Problem in eine befriedigende Lösung zu verwandeln, und Sie werden vielleicht auch diese Wörter zu hören bekommen.

Wie lauten diese vier Wörter, die zusammen eine Sinfonie der Negativität ergeben und Ihr Engagement für persönliches Wachstum ernsthaft behindern – zumindest nach meinem Dafürhalten?

»Ich werde es versuchen.«

Oje, oje.

- »Ich werde es versuchen« bedeutet, dass Sie sich nicht verpflichten wollen.
- »Ich werde es versuchen« heißt, dass Sie sich nicht wirklich engagieren.
- »Ich werde es versuchen« bedeutet, dass Sie sich selbst nicht zur Verantwortung ziehen.
- »Ich werde es versuchen« heißt, dass Sie nicht ernsthaft interessiert sind.

»Ich werde es versuchen« bedeutet meistens, dass Sie davor zurückschrecken, die notwendigen Veränderungen vorzunehmen, um das Leben führen zu können, das Sie anstreben. Und bedenken Sie, dass Sie nicht die Welt haben können, die Sie sich wünschen, ohne die Dinge zu tun, die dafür erforderlich sind.

»Ich werde es versuchen« ist eine an ein Ausweichmanöver grenzende Begründung, mit der sich die meisten Menschen aus der Verantwortung stehlen. Diese Phrase entehrt Ihre Talente. Und respektiert Ihr Genie nicht.

»Ich werde es versuchen« ist ein gewalttätiger Räuber des menschlichen Potenzials, ein Dieb außergewöhnlicher Leistungen und ein eiskalter Killer Ihrer größten natürlichen Träume.

»Tue es oder tue es nicht. Es gibt kein Versuchen«, erklärte der berühmte Meister Yoda in *Star Wars*. Ich glaube, er hatte recht.

9

Seien Sie der Erwachsene im Raum

Neulich hatte ich ein tiefsinniges Gespräch mit einer Frau, mit der ich seit dreißig Jahren befreundet bin.

Sie erzählte, dass ihr Vater kürzlich verstorben sei und ihre Mutter kurz vor ihm, was ihren Bruder zu der Aussage veranlasste: »Ich glaube, wir sind jetzt die Erwachsenen im Raum.«

Hmmm. Die Erwachsenen im Raum?

Ich weiß nicht, wie es Ihnen geht, aber obwohl ich mittlerweile fast sechzig bin, fühle ich mich noch genauso wie damals, als ich ein Kind war, zumindest in mancher Hinsicht. Seltsam, nicht wahr?

Äußerlich sehe ich älter aus und die Leute glauben, dass ich heute mehr weiß. Und natürlich habe ich eine Menge gelernt und viel erlebt in meinem Leben.

Dennoch bemühe ich mich immer noch, viele Dinge zu verstehen. Ich bin immer noch verwirrt darüber, wie sich manche Ereignisse entwickeln, frage mich, warum bestimmte Leute meinen Weg gekreuzt haben, und denke darüber nach, ob sich das Leben gemäß einem vorbestimmten Schicksal entfaltet oder ob die ganze Lebensreise eine zufällige Aneinanderreihung von Situationen ist, die keine wirkliche Bedeutung haben (was ich bezweifle).

Die Erzählung meiner Freundin erschien mir sehr tiefgründig. *Sei der Erwachsene im Raum.*

Sie erinnerte mich daran, dass man sein Leben nur selbst verbessern kann, niemand sonst. Es gibt keine Hilfe auf diesem Weg, und kein Retter in schimmernder Rüstung wird auf wundersame Weise auftauchen und uns einen silbernen Löffel in den Mund stecken (und eine Krone auf das Haupt setzen). Keine Brigade von Helfern und keine Kavallerie von Rettern ist unterwegs, um aus Ihnen all das zu machen, was Sie als Mensch schon immer werden wollten, und Ihre Realität zu etwas Besonderem, Aufregendem und Erfüllendem werden zu lassen.

Dabei muss ich an einen jungen Mann denken, den ich auf einer meiner vielen Reisen nach Südafrika in einem Restaurant in Kapstadt kennengelernt habe. Er hatte viele Jahre in einer sehr gefährlichen Bande verbracht, sich dann aber eines Tages entschlossen auszusteigen. Der Besitzer des Restaurants wollte ihm helfen und gab ihm einen Job als Tellerwäscher. Der junge Mann nutzte die Gelegenheit, um beruflich voranzukommen, und entdeckte dabei die Kochkunst als seine neue große Liebe. Schließlich wurde er zu einem der Spitzenköche des Lokals. Oh, und das Lokal schaffte es auf die Liste der *World's 50 Best Restaurants*. Und es wurde zum besten Restaurant in Afrika gekürt.

Ich unterhielt mich mit ihm beim Mittagessen. Ich fragte ihn, was ihn bewogen habe, sein altes Leben aufzugeben. Einen Augenblick schwieg er und antwortete dann: »Ich habe zu viele meiner Freunde sterben sehen. Ich wollte nicht sterben. Also musste ich mich ändern. Mir wurde klar, dass das niemand für mich tun würde, also musste ich es selbst tun.« Genau. Sie müssen wirklich selbst derjenige sein, der Ihnen hilft. Und die vollumfängliche persönliche Verantwortung dafür übernehmen, wie Ihr Leben aussieht (und für die Verbesserungen, die es reicher machen werden). Denn im Raum des Lebens sind Sie jetzt der Erwachsene.

10

Bedenken Sie, dass kleine Schritte zu grossen Erfolgen führen

Seit einigen Jahrzehnten vermittle ich meinen Coaching-Kunden und den Besuchern meiner Vorträge einen Merksatz, von dem mir gesagt wurde, dass er ihnen enorm geholfen habe; deshalb ist es mir ein Bedürfnis, ihn auch mit Ihnen zu teilen: *Kleine tägliche, scheinbar unbedeutende Verbesserungen führen, wenn sie über einen längeren Zeitraum hinweg konsequent umgesetzt werden, zu erstaunlichen Ergebnissen.*

Ein wirklich reiches Leben entsteht eher durch Evolution als durch Revolution. Es sind diese konstanten Siege im Kleinen, die sich, wenn sie täglich stattfinden, zu einer Flut des Triumphs entwickeln. Das bringt mich zur Großen Pyramide von Gizeh.

Vor Kurzem war ich in Kairo. Ich hatte einen freien Tag und der Veranstalter organisierte großzügig eine Führung durch dieses siebte Weltwunder. Als wir das wundervolle Monument betraten, das von den Möglichkeiten des Menschen zeugt, erfuhr ich, dass der Bau der Großen Pyramide zwanzig Jahre gedauert hatte. Es wurden zweieinhalb Millionen Steine benötigt, und fast fünfzigtausend Arbeiter waren mit dem Bau beschäftigt. Über dreitausend Jahre lang, bis zur Fertigstellung des Eiffelturms im Jahr 1889, war dieses faszinierende Monument das höchste von Menschenhand geschaffene Bauwerk.

Wie lautete die Formel für den Bau dieses Wunderwerks? Das Monument wurde gebaut, indem man einen Steinblock auf einen anderen Steinblock setzte und einen weiteren Block auf diesen Block, immer und immer wieder. Der Schwerpunkt lag nicht auf der Pyramide, sondern auf dem ständigen Aufeinandersetzen der Blöcke. Im Vordergrund stand der Prozess, nicht das Ziel. Bitte nehmen Sie sich einen Moment Zeit, um über diesen Punkt nachzudenken.

Wir leben in einer Zeit, in der so viele von uns ihre Träume sofort verwirklicht sehen wollen. Zu viele von uns haben die Kraft der Geduld, die Magie der Beständigkeit und das Wunder der kleinen Triumphe vergessen, die wir täglich bei dem Projekt erzielen, das uns am meisten inspiriert – sei es ein Gesundheitsprogramm oder die Pflege einer Liebesbeziehung, ein finanzielles Ziel oder eine spirituelle Angelegenheit.

Ihre Tage sind Ihr Leben in Miniatur, und so wie Sie jeden einzelnen Tag gestalten, so gestalten Sie auch Ihr Leben. Beständigkeit ist wirklich die Mutter der Meisterhaftigkeit, und die kleinen Dinge, die Sie täglich tun, sind so viel wichtiger als die großen Dinge, die Sie vielleicht einmal im Jahr tun.

Ich meine also, dass Sie Ihren Erfolg nicht am Endergebnis messen sollten, sondern an der Tiefe Ihres Engagements auf dem Weg dahin, auf dem Sie kleine Schritte in Richtung Ihrer größten Ideale machen (und daran, was für eine Person Sie werden, wenn Sie auf dem Weg bleiben, dem Sie sich verpflichtet haben). Wer sich Tag für Tag schrittweise verbessert, hat meiner Meinung nach schon gewonnen. Die Vollendung des Projekts ist nur das Sahnehäubchen auf dem Kuchen, nicht die eigentliche Trophäe.

Dazu fallen mir die Worte des schottischen Schriftstellers Robert Louis Stevenson ein, der einmal sagte: »Beurteile einen Tag nicht danach, welche Ernte du am Abend eingefahren hast, sondern danach, welche Samen du gesät hast.«

Manchmal sieht es nicht so aus, als ob Ihre regelmäßigen, aber nebensächlichen Handlungen, mit denen Sie Dinge voranzubringen versuchen, irgendeinen Fortschritt bewirken. Doch sie tun es, glauben Sie mir. Das Wachstum ist oft unsichtbar, wie Samen, die unter der Erde keimen und sich irgendwann zu hohen Bäumen entwickeln werden. Bleiben Sie einfach konzentriert, engagiert und geduldig bei der Sache und leben Sie in dem Bewusstsein, dass Ihre winzigen täglichen Triumphe sich im Laufe der Zeit zu bemerkenswert großen Erfolgen summieren werden.

Oh, und wenn Menschen um Sie herum, die Sie nicht verstehen (oder nicht wirklich daran interessiert sind, Sie zu unterstützen), Sie kritisieren oder sich über Sie lustig machen, erinnern Sie sich an die Worte des bekannten Autors Dale Carnegie: »Jeder Dummkopf kann kritisieren, verdammen und sich beschweren – und die meisten Dummköpfe tun dies.«

11

Ehren Sie Ihre Wunden

Sie sind nicht kaputt, Sie sind nur ein Mensch. Sie sind nicht dysfunktional. Sie sind einfach nur lebendig.

Wenn Sie bereit sind, sich auf das Spiel einzulassen, Ihren angeborenen Mut zu beweisen und Risiken einzugehen, um Ihre Zukunftsvision zu leben, werden Sie Schmerzen erfahren. Je höher der Berg, desto größer die Gefahr. Es ist nicht verkehrt, wenn Sie nach den Sternen greifen (und versuchen, unter den Göttern zu wandeln). Nein – es ist sogar richtig. Es bedeutet, dass Sie der Held Ihres Lebens sind, dass Sie den Mut haben, Risiken einzugehen, und an Ihre mächtige Mission glauben. Was ist die Alternative? Ein Untoter zu sein.

Wie schön, dass Sie noch an sich glauben! Und wie selten (in einer Kultur, in der so viele rechtschaffene Menschen ihre Kindheitshoffnungen aufgegeben, sich mit dem Gewöhnlichen abgefunden haben und bedauerlicherweise ihre besten Tage als Cyberzombies vor Bildschirmen verbringen).

Sie sind verletzt worden. Und ja, Sie haben Narben davongetragen. Ich verstehe Sie. Ich habe das auch erlebt.

Doch darf ich in aller Bescheidenheit vorschlagen, dass Sie Ihre Narben preisen? Ehren Sie Ihre Wunden. Denn sie haben Ihnen wunderbar gedient. Sie füllen Ihr Leben mit unsichtbaren Gaben, mit verborgenen Schätzen der Weisheit, des Verständnisses, der Widerstandsfähigkeit, des Mitgefühls und mit einer größeren Vertrautheit mit Ihrer Einzigartigkeit. Das Leben entfaltet sich zu Ihrem Besten, niemals zu Ihrem Schlechten. Vertrauen Sie seinen seltsamen Wegen. Und machen Sie weiter. Segnungen, die Sie noch nicht erahnen können, werden Sie erwarten. Ihre Zukunft ist (so) hell und strahlend.

12

Der Mensch, der viel liest, gehört zu den Gewinnern

Mehr Bücher anhäufen, als man bis ans eigene Lebensende überhaupt lesen kann.

Ja. Ich bekenne es freimütig: Das ist mein wunderbares Leiden.

Ich kaufe mehr Bücher, als ich jemals werde lesen können. Und ich habe das Gefühl, dass es Ihnen ähnlich geht.

Denn ein Buch zu lesen bedeutet, ein Gespräch mit dem Autor zu führen. Und das richtige Gespräch könnte Ihr Leben in eine völlig neue Richtung lenken. Es braucht nur eine neue Idee, um Ihre Welt zu revolutionieren, oder?

Und wenn man das richtige Buch zur richtigen Zeit findet, färbt der Sternenstaub des Autors auf einen ab.

Und die Hand, die das Buch schließlich weglegt, ist eine grundlegend andere Hand.

Als ich aufgewachsen bin, hat mein Vater immer gesagt: »Kauft weniger Sachen. Esst weniger. Aber lest mehr Bücher.«

Ein Staatsoberhaupt, das an einem meiner Leadership-Seminare im Nahen Osten teilnahm, sagte mir einmal: »Robin, wir essen dreimal am Tag, um satt zu werden. Ich lese dreimal am Tag, um weise zu werden.« Ich fragte: »Wann lesen Sie?« Er entgegnete: »Wann lese ich *nicht*?«

Mein Haus? Voll mit Bücherstapeln.

- über Kreativität
- über Produktivität
- zu Geschichte
- zu Psychologie
- zum Thema Geschäftsleben
- über Wirtschaft

- über Kommunikation
- über Vitalität
- zum Thema Langlebigkeit
- zum Thema Charakterbildung
- über Metaphysik

Die Stapel von Weisheiten, die mich umgeben, trösten mich. Sie geben mir ein Gefühl der Sicherheit in einer manchmal grausamen, gleichwohl aber meist außerordentlich interessanten Welt. Sie sprechen zu mir von der Verheißung glücklicherer Tage und von der Herrlichkeit, die demjenigen zuteilwird, der danach strebt.

Ich bin immer noch auf der Suche nach dem einen Buch, das meine Grenzen sprengt, meine inneren Konflikte auflöst und mich in neue Höhen persönlicher Meisterhaftigkeit und geistiger Freiheit emporhebt. Und auch wenn ich in meinem Alter sicher nicht mehr alle Bücher werde lesen können, die ich mir angeschafft habe, werde ich meine Bibliothek (ein schönes Wort, nicht?) meinen Kindern vererben. Als mein Vermächtnis.

Tägliches Lesen erweitert den Wissensschatz und ermöglicht es, schwierige Situationen zu meistern, weniger Fehler zu machen und Prognosen über die Zukunft abzugeben. (Vor allem, wenn man Geschichte studiert; Mark Twain wird der Satz zugeschrieben: »Die Geschichte wiederholt sich nicht, aber sie reimt sich.«) In einer Welt, die von Ihnen verlangt, dass Sie wie die Mehrheit denken, handeln und sein sollen, werden Sie durch fleißiges Lesen zu einem Menschen, der selbständig denkt. Wie viel ist Ihnen das wert?

Und jeden Tag, wirklich jeden Tag praktiziere ich die 45/15-Leseregel: Ich lese (mindestens) 45 Minuten lang (meistens aber eine Stunde) und schreibe dann in 15 Minuten eine Zusammenfassung dessen, was ich gelernt habe, in mein Lernheft, damit ich das Konzept besser verstehe und in meinem Alltag anwenden kann. Eine Idee ohne Ausführung wird zu einem Trugbild.

Also, lieber Bücherwurm ...

... in einer Welt, die von der digitalen Invasion und süchtig machenden trivialen Ablenkungen überschwemmt wird, sollten Sie Ihre große Liebe zu Büchern neu entfachen. (Am besten Bücher in schriftlicher Form, aber auch Hörbücher eignen sich wunderbar.) Und verbringen Sie jeden Tag eine schöne Zeit mit den Seiten und Ideen legendärer Denker, die Sie daran erinnern, was alles möglich ist. Lassen Sie Ihre verborgene Neugierde wieder zum Vorschein kommen.

Denn der Mensch, der viel liest, gehört zu den Gewinnern.

13

Echtes Wachstum soll sich sonderbar anfühlen

Jede Veränderung ist am Anfang schwer, in der Mitte chaotisch und am Ende großartig. Jede Veränderung ist am Anfang schwer, in der Mitte chaotisch und am Ende großartig. Jede Veränderung ist am Anfang schwer, in der Mitte chaotisch und am Ende großartig. Schon gut, ich höre auf, den Satz zu wiederholen, wenn Sie mir versprechen, dass Sie ihn nie vergessen werden.

Intensive persönliche Veränderungen und die durchgreifende menschliche Umgestaltung sollen anfangs beängstigend, schwierig und verwirrend sein. Sonst wäre es keine echte Veränderung. Und es hätte auch keinen Wert.

Wussten Sie, dass das Space-Shuttle in den ersten sechzig Sekunden nach dem Start mehr Treibstoff verbrauchte als während seiner gesamten Reise um den Erdumfang?

Das liegt daran, dass es zu Beginn die ungeheuer starken Gravitationskräfte überwinden musste, die es auf dem Boden halten wollten. Es brauchte also eine Menge Energie und ein hohes Maß an Arbeit, um die Raumfähre in diesem frühen Stadium immer höher zu schieben, bis die »Fluchtgeschwindigkeit« erreicht war. Die Schwerkraft war dann überwunden. Die Raumfähre war frei. Sie konnte aufsteigen.

Wenn es darum geht, die Veränderungen vorzunehmen, die Sie vornehmen müssen, um Ihr angestrebtes Leben zu führen, sind Sie so ähnlich wie die Raumfähre. Sie müssen eine Menge Energie aufwenden und harte Arbeit leisten, um Ihre bisherige Funktionsweise zu überwinden. Sie müssen die Gravitationskräfte hinter sich lassen (die Ihre ursprüngliche Größe eingeschränkt haben).

Am Anfang ist es also sehr schwer. Das bedeutet nicht, dass daran etwas verkehrt sei. Es bedeutet nur, dass die Veränderungen, die Sie vornehmen, lohnend, wertvoll und reich sind. Alles, was Ihnen jetzt leichtfällt, das fiel Ihnen früher schwer, nicht wahr?

Die neuen Gewohnheiten, Fertigkeiten und Verhaltensweisen werden im Laufe der Zeit immer leichter umzusetzen sein – seien Sie sich dessen sicher. Mit etwas Übung wird es immer einfacher. Und nur weil Sie gestern etwas nicht geschafft haben, heißt das nicht, dass Sie es heute auch nicht schaffen können. Sie sind einen Tag besser. Und vierundzwanzig Stunden stärker.

14

Erwarten Sie das Beste von den Menschen (und Sie werden es in der Regel bekommen)

Es ist mir ein wenig peinlich, diese Geschichte zu erzählen, aber ich muss Ihnen gegenüber aufrichtig sein. Also, los geht's.

Kürzlich war ich in einem rustikalen Restaurant, das ich nicht oft besuche, in dem ich mich aber immer wohlfühle, wenn ich dort bin.

Es liegt in einer kleinen Schweizer Stadt und serviert exquisites »geschnetzeltes Kalbfleisch an Rahmsauce mit Cognac verfeinert mit Rösti«.

Ich war mit einer guten Freundin unterwegs, wir genossen ein köstliches Mittagsmahl und unterhielten uns über Filme, Familie und die Zukunft. Es war sehr angenehm. Auf eine unkomplizierte Art und Weise.

Als am Ende die Rechnung kam und ich wusste, dass ich am nächsten Tag abermals eine Reservierung in diesem Restaurant hatte, fragte ich die Besitzerin, ob es möglich wäre, einen ruhigen Tisch an der Seite zu bekommen, wenn ich wiederkäme. Ich wollte an dem Manuskript dieses Buches in einem gemütlichen Raum arbeiten, der meine Inspiration anregt.

Die Inhaberin war höflich, aber etwas schroff und erklärte mir, das sei nicht möglich, »denn wir sind morgen voll, und es wird sehr schwer sein, Ihnen einen Tisch in diesem Raum zu geben.«

Das fand ich ein wenig seltsam.

Ich verstand natürlich, dass das Restaurant ausgebucht war, aber ich hatte eine Reservierung (die schon Wochen zuvor gemacht worden war) und verstand nicht wirklich, warum sie keinen einzigen ruhigen Platz finden konnte, der vielleicht auch in einer Nische lag, da der Raum, in dem wir uns befanden, viele Ecken und Nischen hatte.

Und ich muss zugeben, dass ich mich noch eine Weile, nachdem meine Freundin und ich das Restaurant verlassen hatten, unwohl fühlte, über die Ablehnung nachgrübelte und mir Geschichten darüber ausdachte, warum die Frau so abweisend reagiert hatte und leicht arrogant sowie unterschwellig gemein gewesen war. Es tut mir leid, aber als Ihr Mentor aus der Ferne muss ich Ihnen das gestehen.

Am nächsten Morgen wachte ich früh auf, absolvierte im Fitnessstudio auf dem Ellipsentrainer meine Übungen, trank meinen Kaffee, schrieb in mein Tagebuch und las Teile dieses Buches noch einmal durch. Dann machte ich mich auf den Weg zu besagtem Restaurant, um zu Mittag zu essen. Diesmal allein.

Als ich mich dem Restaurant näherte, sah ich draußen einen Mann stehen, der einen Lederrock, eine dicke Pelzjacke und eine farbenfrohe Kleidung trug, wie sie vielleicht ein Wikinger anhätte. Hmm. Interessant. (Sie wissen, dass ich mir so etwas nicht ausdenken kann.)

Als ich eintrat, sah ich, dass der gesamte Hauptraum voller Wikinger war – oder was auch immer diese guten Leute darstellen mochten. Sie lachten laut, klatschten ausgelassen, stampften mit den Füßen auf und gaben brüllend Reden zum Besten. Ich vermutete, dass es sich um eine Art Zunftversammlung oder eine Veranstaltung zu Ehren traditioneller Bräuche in der Region handelte.

Der Hauptraum war nicht nur voll mit diesen Krawallmachern, sie schütteten auch begeistert ungewöhnlich große Mengen dunklen Biers in sich hinein.

Gott sei Dank musste ich nicht in diesem Raum sitzen! Ich wäre der einzige Nicht-Wikinger dort gewesen, und der Lärm hätte mir Kopfschmerzen verursacht und damit jede Chance zerstört, während meines Solo-Mittagessens etwas Brauchbares zu schreiben oder meine ausgezeichnete Mahlzeit zu genießen.

Es kommt aber noch besser.

Dieselbe Frau, die mich gestern hatte abblitzen lassen, führte mich höflich an den rüpelhaften Wikingern mit ihren Pelzmänteln und dem dunklem Bier vorbei in einen sehr ruhigen und eigentlich recht heimeligen kleinen Raum, in dem ich noch nie gewesen war. Auf den Tischen standen Blumen und Kerzen, die sorgfältig auf weißem Leinen aufgestellt waren. Engel in weißen Umhängen spielten Harfen, während Pudelwelpen dazu tanzten. (Okay, der letzte Satz ist nicht wahr, aber der Raum war wirklich absolut fantastisch.)

Aber es wird noch besser. Die Inhaberin des Restaurants wies mir dann einen schönen Eckplatz zu. Mit niemandem neben mir und nur wenigen Leuten um mich herum. Sie lächelte breit. Und sagte herzlich: »Ich wünsche Ihnen ein wunderschönes Mittagessen, Sie fescher Bursche.« (Okay, das mit dem »feschen Burschen« ist nicht wahr, aber der Rest stimmt wirklich.)

Mein Eindruck, dass ich abgewiesen worden sei, war also Einbildung gewesen. In Wahrheit hatte die Frau versucht, mich vor den ungehobelten Wikingern zu schützen.

Was kann man daraus lernen? Nicht alles dreht sich um uns. Hören Sie auf, alles persönlich zu nehmen. Die meisten Menschen sind unglaublich gut und ausgesprochen anständig. Je mehr wir das Beste von anderen erwarten, desto mehr werden sie ermutigt, es uns zu zeigen.

Johann Wolfgang von Goethe hat es viel eleganter ausgedrückt, als ich es je vermöchte: »Behandle die Menschen so, als wären sie, was sie sein sollten, und du hilfst ihnen zu werden, was sie sein können.«

Und wenn Sie dies regelmäßig tun, helfen Sie nicht nur anderen Menschen, innerlich zu wachsen, sondern auch sich selbst. Das macht Sie zu einem wirklich wohlhabenden Menschen. Einem sehr reichen Menschen, in der Tat.

15

SPEISEN SIE MÖGLICHST OFT ALLEIN

Wie kann man mutiger werden? Ganz einfach. Man tut regelmäßig Dinge, die einem Angst machen. Die Unannehmlichkeiten des Wachstums sind stets kleiner als der Kummer des Bedauerns. Und in der letzten Stunde Ihres letzten Tages auf Erden werden Ihnen nicht jene Dinge Kummer bereiten, die Sie getan haben, sondern all jene Dinge, die Sie nicht getan haben. All die Träume, die Sie nicht verfolgt haben, und all die Ängste, denen Sie sich nicht gestellt haben, all die Gelegenheiten, die Sie nicht ergriffen, und all die Reisen, die Sie nicht unternommen haben, all die Bücher, die Sie nicht gelesen, und all die Liebe, die Sie nicht gegeben haben. (Bitte lesen Sie diesen letzten Teil zweimal, denn er ist wirklich wichtig.)

Eine gute Möglichkeit, Ihr Selbstvertrauen und Ihre Furchtlosigkeit zu optimieren, ist es, allein zu speisen. Heute esse ich allein in einem einfachen italienischen Restaurant in einem Dorf nahe unserem Bauernhaus, während ich diese Mentoring-Botschaft an Sie schreibe.

Meiner Erfahrung nach essen die meisten Menschen lieber zu Hause, wenn sie allein sind, als in ein Restaurant zu gehen und allein an einem Tisch in der Öffentlichkeit zu sitzen, umgeben von anderen, die sich amüsieren.

Oder wir zücken unsere Handys, wenn wir allein ausgehen, scrollen durch unsere Feeds und schauen uns Videos von skurrilen Menschen an, die bizarre Tanzschritte vollführen. Oder von Prominenten, die in Hollywood in farbenfrohen Outfits aus Restaurants heraustreten (oder öffentliche Auftritte hinlegen), während Blitzlichtgewitter losbrechen. Oder von sogenannten Influencern, die für das neueste Schönheitsprodukt werben, während sie eine Gesichtsmaske tragen.

Aber einfach nur allein dasitzen, das kommt wirklich selten vor. Ohne ein Gerät in der Hand. Mit keinerlei Fluchtmöglichkeiten. In einem überfüllten Restaurant. Mit anderen Menschen in der Nähe, die lachen und trinken und essen und sich fröhlich unterhalten.

Zu riskieren, als nicht gut genug beurteilt zu werden, um mit einem anderen Menschen zusammen zu speisen. Sich zu trauen, als Sonderling und Exzentriker angesehen zu werden, weil man die Kühnheit besitzt, allein zu essen. Sich von Menschen anstarren zu lassen, die den Blick abwenden, wenn man sie dabei erwischt, wie sie einen anschauen. Nun, das ist das Holz, aus dem Zauberkünstler geschnitzt sind. Und ja, mein Freund, damit sind Sie gemeint.

Die Art und Weise, wie Sie eine bestimmte Sache tun, beeinflusst die Art und Weise, wie Sie alles andere tun. In einem Bereich mutig zu sein, ist eine Übung dafür, auch in allen anderen Bereichen mutig zu sein. Und Ihr mutigstes Selbst zu sein, das ist der Schlüssel zu Ihrem reichsten Leben. Wahrhaftig reich. Nicht unecht reich. Wie Frank Herbert, der Autor von *Dune*, schrieb:

> Ich darf mich nicht fürchten. Furcht tötet den Geist. Angst ist der kleine Tod, der die völlige Auslöschung bringt. Ich werde mich meiner Angst stellen. Ich werde ihr erlauben, über mich hinweg und durch mich hindurch zu gehen. Und wenn sie vorbeigegangen ist, werde ich das innere Auge wenden, um ihren Weg zu verfolgen. Wo die Angst gegangen ist, wird nichts mehr sein. Nur ich werde bleiben.

16

Es ist klug, ein Tagebuch zu führen

An den meisten Morgen der vergangenen fünfundzwanzig Jahre meines Lebens habe ich ein morgendliches Ritual durchgeführt, das für mein persönliches Wachstum, meine zunehmende Kreativität, mein berufliches Lernen und meinen spirituellen Aufstieg sehr wertvoll war: das Führen eines Tagebuches.

In *Manifest eines Alltagshelden* habe ich erzählt, wie meine privaten Tagebücher aus einem Zeitraum von zehn Jahren verschwanden – doch das ist eine andere Geschichte. Vielleicht erzähle ich sie Ihnen in Gänze, wenn wir uns irgendwann in der Zukunft persönlich treffen.

Um es einfach auszudrücken, gibt es sechs Hauptgründe, warum Sie sich die tägliche Routine des Tagebuchschreibens zu eigen machen sollten:

1. Tagebuchschreiben fördert kluges Verhalten.

Vages Denken führt zu vagen Ergebnissen. Wenn Sie in einem Notizbuch über Ihre Wünsche, Absichten und Verpflichtungen schreiben, gewinnen Sie an Klarheit, und Klarheit ist gewissermaßen die Erbsubstanz der Meisterhaftigkeit. Wenn Sie sich präzise Fragen stellen – wie etwa: »Was muss in den nächsten Stunden geschehen, damit dies ein Tag meines Lebens wird, an dem ich gut lebe?« oder: »Welche drei kleinen Erfolge werde ich heute erzielen, um die Dinge besser zu machen als gestern?« –, dann schärfen Sie Ihren Fokus und verbessern Ihre Willenskraft dramatisch, sodass Sie Ihre Ziele erreichen können. Indem Sie eingehend darüber nachdenken, was Sie schaffen wollen, wird Ihre Leistung konzentrierter und erfolgreicher. Tagebuchschreiben fördert das Einhalten von Versprechen.

2. Tagebuchschreiben steigert die Kunstfertigkeit und hält Spitzenideen fest.
Ein genialer Einfall, der nicht notiert wird, bleibt selten in Erinnerung. Wenn Sie Ihre Erkenntnisse aufschreiben, vertiefen Sie nicht nur Ihr Verständnis, sondern regen oft auch weitere Ideen an. Das Führen eines Tagebuches ist auch ein ausgezeichnetes Mittel, um hervorragende Lösungen für schwerwiegende Probleme zu finden, mit denen Sie sich auseinandergesetzt haben, und um Lebenslektionen festzuhalten.

3. Das Führen eines Tagebuches ermutigt Sie, Ihre magischen Momente festzuhalten, damit Sie sie ein zweites Mal erleben können.
Ein wundervolles Essen, ein herrlicher Sonnenuntergang oder ein Spaziergang am Meer mit einem geliebten Menschen – wenn Sie darüber schreiben, verankert sich das Erlebnis nicht nur in Ihrem Geist, Ihrem Körper, Ihrem Herzen und Ihrer Seele, sondern Sie erhalten auch die Möglichkeit, es noch einmal zu erleben. Stellen Sie sich vor, wie Ihre Energie, Ihre Dankbarkeit, Ihr Glück und Ihr Elan ansteigen, wenn Sie Ihre besten Momente regelmäßig wieder erleben. Zudem trainieren Sie damit Ihr Gehirn auf jene Situationen, in denen Sie gewinnen, statt auf die Frustrationen, mit denen Sie vielleicht konfrontiert sind.

Die bedeutende Psychologin Sonja Lyubomirsky hat in ihrer Forschung herausgefunden, dass die glücklichsten Menschen nicht diejenigen mit den leichtesten Lebensumständen sind (nur 10 Prozent des Glücks einer Person sind auf die äußere Realität zurückzuführen), sondern diejenigen, welche die größte Dankbarkeit zeigen. Und ihre Wertschätzung ist nicht zufällig und ungeordnet, sondern »bewusste Dankbarkeit«. Ihr Tagebuch ist ein hervorragender Ort, um die Segnungen in Ihrem Leben bewusst und regelmäßig festzuhalten, sodass die Negativität des menschlichen Gehirns auf unschlagbare Positivität umgestellt wird.

4. Tagebuchschreiben ist gewissermaßen ein Gebet auf Papier.
Das Gebet ist ein mächtiger Kraftmultiplikator für die Manifestation Ihrer Ideale. Jedes Gebet wird von Ihrer höheren Macht erhört, und jede Danksagung macht Sie stärker, weiser und gelassener. Schreiben Sie also auf, was Sie suchen, und halten Sie fest, wovon Sie in Ihrer Welt mehr sehen wollen. Das, worauf Sie sich konzentrieren, wächst wirklich, und das, woran Sie denken, dehnt sich aus.

5. Das Schreiben eines Tagebuches schafft Ihnen gewissermaßen ein Kloster, in dem Sie Schmerz, Kummer und andere schwierige Emotionen verarbeiten können.
In den eisigen Wintern meines Lebens – als meine Situation sehr schwierig war und Enttäuschungen sich meiner bemächtigten – war es für mich enorm heilsam, mein Leid auf einem leeren weißen Blatt zu notieren. Die Wissenschaft bestätigt dies. Verdrängter Schmerz kommt immer wieder auf unerwartete Weise zurück. Über Ihre Verletzungen in einem Tagebuch zu schreiben, bietet Ihnen einen sicheren Raum, um sie zu verarbeiten und zu heilen. Denn um eine Wunde zu heilen, müssen Sie die Wunde fühlen. Und um einen herben Schlag zu überwinden, müssen Sie die innere Arbeit tun, um ihn für sich zu klären und loszulassen.

6. Das Führen eines Tagebuches bietet Ihnen die wunderbare Möglichkeit, die Vielfältigkeit Ihres Lebens festzuhalten.
Henry Wadsworth Longfellow schrieb: »Ein Leben, das es wert ist, überhaupt aufgezeichnet zu werden, ist es auch wert, dass man es genau und wahrheitsgemäß aufzeichnet.« Kluge Worte, nicht? Ihr Leben ist wichtig, es ist einzigartig und von unermesslicher Schönheit (mit all seinen Höhen und Tiefen). Ist es also nicht wert, aufgezeichnet zu werden?

17

Dinge, die Sie verletzen, sind Ihre Helfer

Ich schreibe diesen Text für Sie in meinem spartanischen Arbeitszimmer in unserem Landhaus. Das Fenster steht offen, die Luft des Vorfrühlings erfüllt den Raum und in der Ferne höre ich Schäferhunde bellen. Ein Hahn kräht laut und stört mich in meiner Ruhe. Die Olivenbäume sehen bezaubernd aus, und die frühmorgendliche Sonne beleuchtet die Weinberge in der Ferne, während ich an einer einfachen Tasse Espresso nippe (eines der kleinen Wunder, für die ich so gerne aufwache).

Nun gut. Lassen Sie uns über die Menschen sprechen, die Sie verletzen. Jene Menschen, die mit Ihnen gespielt, Sie getäuscht und betrogen haben. Jene, die Ihr Vertrauen missbraucht, Ihnen die Freundlichkeit geraubt und vielleicht sogar dafür gesorgt haben, dass Sie ein bisschen zynisch, griesgrämig oder verschlossen geworden sind.

Ich glaube, dass diese Menschen aus einem bestimmten Grund in Ihrem Leben aufgetaucht sind.

Die Menschen, die Ihnen Schmerz zufügen, können in Wirklichkeit die gleichen sein, die Ihnen Ihre Kräfte erschließen. Und das Leid, das sie verursacht haben, kann – *wenn Sie es wollen* – den Weg zu Stärken ebnen, von denen Sie nicht wussten, dass Sie sie besitzen, bevor Ihnen das Leid zugefügt wurde.

Neale Donald Walsch, der durch seine *Gespräche mit Gott* bekannt wurde, hat auch ein kurzes Kinderbuch geschrieben, das mir unermesslich viel geholfen hat. Es heißt *Ich bin das Licht! Die kleine Seele spricht mit Gott.*

Kurz gesagt, geht es um zwei Seelen, die sich treffen.

Bevor sie schließlich zu Menschen werden.

Das mag etwas esoterisch und weit hergeholt klingen, und wenn es Ihnen seltsam vorkommt, verstehe ich das vollkommen. Aber ich halte es durchaus für möglich. Nur weil wir nicht an etwas glauben – oder ein neues Konzept nicht verstehen, das in Widerspruch zu unserer Realität steht –, heißt das nicht, dass es unwahr sein muss, oder?

Also, die beiden Seelen führen ein Gespräch über ein Versprechen. Die kleine Seele sagt zur freundlichen Seele, dass sie das ganze Ausmaß ihrer Besonderheit, ihrer Macht und ihrer Weisheit kennenlernen möchte (genau wie Sie). Darauf erwidert die zweite Seele, dass sie dabei helfen würde, indem sie der kleinen Seele zu Lebzeiten etwas Schlimmes antun würde. Die freundliche Seele wird gefragt, warum sie bereit sei, ihrer natürlichen Herrlichkeit zuwiderzuhandeln, um etwas Verletzendes zu tun, worauf sie antwortet: »Weil ich dich liebe.«

Und so werden die beiden Seelen zu Menschen. Und natürlich bereitet die freundliche Seele der kleinen Seele große Schwierigkeiten – weil sie doch wollte, dass auch die kleine Seele ihre Größe erfährt, indem sie lernt zu lieben (wenn es am schwierigsten ist, zu lieben) und zu vergeben (wenn es am schwierigsten ist, zu vergeben) und rechtschaffen zu sein (wenn es herausfordernd ist, rechtschaffen zu sein).

Und die kleine Seele stellt ihre Außergewöhnlichkeit unter Beweis, indem sie lernt, der anderen Seele ihre gemeine Tat zu vergeben. Denn sie weiß, dass die andere Seele dies aus Liebe tat. Um der kleinen Seele zu helfen, sich daran zu erinnern, wer sie wirklich war.

Ich teile dieses wunderbare Gleichnis mit Ihnen, weil es vielleicht – nur vielleicht – die Realität widerspiegelt. Was wäre, wenn Ihre Vergangenheit kein Gefängnis ist, in dem Sie eingesperrt bleiben müssen, sondern eine Schule, in der Sie lernen können? Was wäre, wenn jeder einzelne Mensch, der Ihnen irgendwie wehgetan hat – indem er Sie belogen, hintergangen oder angegriffen hat oder gemein zu Ihnen war –, dies nur getan hat, um Ihnen in irgendeiner Weise zu helfen?

Um Sie aus einem Leben ständiger Bequemlichkeit und eingeschränkten persönlichen Wachstums in ein weitaus reicheres Leben zu stoßen, in dem Sie sich dem Feuer der Entbehrungen stellen und die großen Tugenden der besten Menschen entdecken. Tugenden wie

Weisheit, Toleranz, Geduld, Widerstandsfähigkeit, Beharrlichkeit, Vergebung und Liebenswürdigkeit. Sie helfen Ihnen, der Schöpfer, der Krieger, der Anführer, der Held und der wahrhaft reiche Mensch zu werden, der zu sein sich Ihr Schicksal für Sie wünscht.

18

Wer mit Clowns herumhängt, sollte sich auf einen Zirkus gefasst machen

Ich möchte noch einmal auf einen Punkt zurückkommen, den ich in einer früheren Mentoring-Sitzung angesprochen habe, weil ich seine Bedeutung noch einmal unterstreichen möchte. Es geht darum, sich genau zu überlegen, mit wem man seine Zeit verbringt. Denn man kann ein außergewöhnlich gutes Leben führen oder mit schlechten Menschen zusammen sein, aber beides zugleich geht nicht.

Wir werden selbst zu den Menschen, mit denen wir zu tun haben, und die Gespräche, die wir mit ihnen führen, wirken sich spürbar auf die Art und Weise aus, wie wir die Welt sehen und wie wir uns in ihr zeigen. Wenn Sie Ihre Tage mit Leuten verbringen, die sich in der Opferrolle gefallen, die leugnen oder nörgeln, werden deren negative Gedanken Sie infizieren und deren emotionale Schatten Ihre Brillanz abstumpfen lassen.

Wenn Sie Ihre wertvollen Stunden (die, sobald sie vorbei sind, für immer verloren gehen) mit Menschen verbringen, die Ihre Freude trüben, Ihre Ambitionen verhöhnen und Sie mit ihrem Gift verpesten, ist das ein sicherer Weg, in einer Sackgasse stecken zu bleiben und Ihr Versprechen zu verraten, sinnvolle Dinge zu tun, echte Schönheit zu erleben und mit einem hohen Maß an Freiheit zu leben.

Vielleicht darf ich Sie also ermutigen, Menschen, die Sie in Ihren Kreis aufgenommen haben, einer mutigen und sorgfältigen Prüfung zu unterziehen und die negativen zu entfernen (oder deutlich weniger Zeit mit ihnen zu verbringen), während Sie Ihre Verbindung zu denjenigen verstärken, die Ihren Glauben an Chancen, Mut und die Möglichkeiten des Menschen teilen.

Denn wenn Sie mit Clowns herumhängen, sollten Sie sich auf einen Zirkus gefasst machen.

19

Lassen Sie nicht zu, dass Selbstfürsorge Ihren Selbstwert ruiniert

Es ist mir ein Bedürfnis, Ihnen das Folgende mitzuteilen, denn es ist von großer Bedeutung: Die grundlegende Praxis der Selbstfürsorge – bei der es unter anderem darum geht, Ihren reinsten Geist zu schützen, Ihr gutes Herz zu heilen, einen gesunden Körper zu stärken und Ihren souveränen Geist zu nähren – ist nicht zu verwechseln mit dem heroischen Ziel, ein mutiges Leben zu führen und eine schöpferische Mission zu verfolgen, die Ihren Selbstwert steigern wird.

Viele Menschen nutzen die »innere Arbeit«, um zu vermeiden, sich ihren Ängsten zu stellen und die äußere Arbeit zu verrichten, die ihr Genie Wirklichkeit werden lässt. Ich betätige mich seit über einem Vierteljahrhundert als Prediger für ein reiches inneres Leben. Als ich mit meiner Autoren- und Rednerkarriere begann, wurde ich ausgelacht, wenn ich von der Kraft eines guten Morgenrituals sprach, von täglicher Meditation als Mittel, um stark und ruhig zu bleiben, von Spaziergängen in der Natur, um die Positivität zu steigern und die Kreativität zu verbessern, von mehr Ruhe, um die Lebensspanne zu verlängern, und davon, sein Leben um eine Sache, ein zentrales Anliegen herum zu gestalten. Selbstfürsorge ist die Grundlage für ein frohes, ausgeglichenes, gesundes und friedliches Leben.

Doch wirklich erfolgreiche Menschen – und das ist ein wichtiger Punkt – benutzen das Bedürfnis nach Selbstfürsorge niemals als Ausrede dafür, den manchmal schwierigen Dingen auszuweichen, die ein menschliches Leben ebenfalls außergewöhnlich machen.

Sie verbringen ihre besten Tage nicht in einer mit Badesalz parfümierten Wanne, während frischer Kamillentee aufgebrüht wird, mystische Meditationsmusik läuft und ihnen jemand die Füße massiert.

Um Ihre Größe zum Vorschein zu bringen, müssen Sie unbedingt konzentriert, produktiv, unermüdlich und unschlagbar sein, wann immer Sie leidenschaftlich Projekte verfolgen, die es Ihnen – bei allen zeitweiligen Schwierigkeiten – ermöglichen, Ihr höchstes (und begabtestes) Selbst zu offenbaren. Die konsequente Verwirklichung scheinbar unmöglicher Dinge erschließt Ihnen Stärken, Talente und Kräfte, von denen Sie vielleicht nicht einmal wussten, dass Sie sie besitzen. Und die Umsetzung Ihrer sehnlichsten Träume in disziplinierte tägliche Ergebnisse hinterlässt eine Spur des Triumphes, die Ihr Selbstwertgefühl stärkt. Sie werden sich selbst mehr lieben, wenn Sie mehr von den Dingen tun, die Sie nicht gerne tun (aber die Sie unbedingt tun müssen). Und, glauben Sie mir, Sie werden glücklicher sein, wenn Sie produktiver werden.

Tun Sie also beides. Machen Sie gute Selbstfürsorge zu einer Top-Priorität. Ein außergewöhnliches Leben ist ein unmittelbares Spiegelbild des inneren Wohlbefindens. Schaffen Sie jedoch auch ein Gegengewicht, indem Sie kontinuierlich eine Grundlage aus höchstem Selbstwertgefühl aufbauen, das aus Spitzenleistungen, außergewöhnlichen Erfolgen und der konsequenten Schaffung von Meisterwerken resultiert.

20

Werden Sie zu einem Ja-Sager

Neulich in London – bevor ich die Bühne betrat, um vor neuntausend Führungskräften eine Keynote zu halten – hatte ich ein tolles Gespräch mit dem Sohn eines bekannten Vortragsredners.

Er erzählte mir, dass sein Vater zwar schon etwas älter sei, aber immer noch zu allem Ja sage. *Wirklich zu allem.*

Ja zu Vortragsveranstaltungen, ja zum Schreiben weiterer Bücher und ja zum Coaching junger Unternehmer. Ja zu Reisen auf viele verschiedene Kontinente, ja zum Lesen neuer Bücher und ja zu neuen Herausforderungen, ja zu neuen Freundschaften und ja zu aufregenden Abenteuern.

Ich denke, das macht ihn im besten Sinne zu einem Ja-Sager.

Und das finde ich ziemlich fantastisch. Unser winziger Planet, der sich in einem tiefgehenden Umbruch befindet, braucht mehr Menschen von seiner Sorte. Menschen, die die Weisheit besitzen, ihre digitalen Geräte wegzulegen und die Wunder des Augenblicks zu genießen. Menschen, die wirklich verstehen, dass die Illusion von Sicherheit stets gefährlicher ist als die Unannehmlichkeiten des Wachstums. Menschen, die sich weigern, das gleiche Jahr achtzig Mal zu erleben und das Leben zu nennen.

Angst, Zweifel, Unglaube, Apathie, Mittelmäßigkeit, Zynismus und Anspruchsdenken halten uns klein und versperren uns den Zugang zu Spitzenleistungen, zu Produktivität, zu Glück und zu Führungsqualitäten, die uns angeboren sind.

Die zweite Art des Reichtums

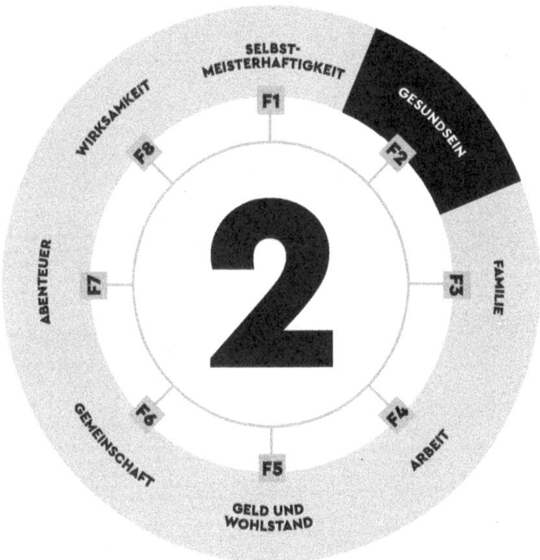

GESUNDSEIN

Die Gewohnheit, die eigene Gesundheit stetig zu optimieren

»Die Gesundheit weiß man erst dann zu schätzen, wenn man krank wird.«
Thomas Fuller, englischer Historiker

Die zweite Art des Reichtums

Gesundsein | Ein kurzer Überblick

Auch gesund zu sein ist eine Art von Reichtum. Wenn Sie sich körperlich, mental, seelisch und geistig nicht wohlfühlen, sind alles Geld, alle Besitztümer und aller Ruhm der Welt wertlos. Wenn Sie Ihr Wohlbefinden verlieren (und ich hoffe, dass Ihnen das nie widerfahren wird), dann verspreche ich Ihnen, dass Sie den Rest Ihres Lebens damit zubringen werden, es wiederzuerlangen.

In einer alten Weisheitstradition heißt es: »Als junge Menschen sind wir bereit, unsere Gesundheit für finanziellen Reichtum zu opfern, aber wenn wir alt und weise werden, sind wir bereit, all diesen Reichtum für nur einen einzigen Tag mit ausgezeichneter Gesundheit zu geben.«

Gestern unterhielt ich mich mit einem guten, treuen Freund. Sein Onkel war Milliardär und ist kürzlich verstorben. Leise erzählte mein Freund von der schweren Krankheit seines Onkels und davon, wie er gegen Ende seines Lebens oft zu seiner Familie sagte, dass er sein gesamtes Vermögen verschenken würde, wenn er dadurch sein einst selbstverständliches Wohlbefinden wiedererlangen könnte.

Es hat keinen Sinn, sich abzurackern, rund um die Uhr zu schuften und nicht zu schlafen, um seinen persönlichen Mount Everest zu erklimmen, nur um schließlich krank und hinfällig in einem sterilen Krankenhauszimmer zu enden. Mit Schläuchen im Hals, mit Nadeln in den Venen und ans Bett gefesselt. Sie wissen, was ich meine.

Und wenn ich schreibe, dass Sie Ihre Gesundheit schützen sollten, so gut es geht, dann muss ich betonen, dass ich mich dabei nicht nur auf die körperliche Seite beziehe. Um Ihr bestmögliches Leben zu führen, müssen Sie auch die Gesundheit Ihres Geistes nähren, das Wohlbefinden Ihres emotionalen Universums bewahren und Ihr spirituelles Leben kontinuierlich und sorgfältig pflegen. Nur dann fühlen Sie sich dauerhaft glücklich und finden Ihren inneren Frieden. Denn wie kann man von sich behaupten, reich zu sein, wenn man kein Leben führt, das erfüllt ist von einer positiven Einstellung, von Staunen und Seelenfrieden?

21

Nehmen Sie ein Bad im Wald

Okay, vielleicht nicht im wörtlichen Sinn (aber wenn Sie das wollen, wäre das für mich auch in Ordnung). Eine beliebte Praxis in Japan ist *shinrin-yoku,* was »Waldbaden« bedeutet. Wissenschaftliche Untersuchungen haben bestätigt, dass ein längerer Waldspaziergang den Blutdruck senkt und Müdigkeit, Angstzuständen, Depressionen und kognitiven Verwirrungen entgegenwirkt.

Ein Spaziergang in der Natur reduziert auch den Pegel des Stresshormons Cortisol und steigert die Zufriedenheit. Diese Routine eignet sich nicht nur hervorragend dazu, Ihre geistige, körperliche und emotionale Gesundheit zu fördern, sondern stärkt auch Ihre spirituelle Kraft. Durch die Nähe zur Erde, die Erdung unter den Bäumen, das Einatmen frischer Luft und die Abwendung von unserer lauten Welt verbinden Sie sich wieder mit dem höchsten Teil Ihres Selbst. Jenem Teil, der die Antworten auf Ihre tiefstreichenden Fragen kennt, der die Weisheit besitzt, Sie zu Ihren besten Entscheidungen zu führen, und der mit dem Leben selbst verbunden ist. In der Natur spazieren zu gehen, ist auch eine meiner Lieblingsmethoden, um meine Kreativität anzuregen. Die berühmte englische Schriftstellerin Virginia Woolf unternahm täglich Spaziergänge. Charles Darwin, der legendäre Naturforscher, absolvierte fast sein ganzes Leben lang täglich drei fünfundvierzigminütige Spaziergänge. Vincent van Gogh sagte einmal: »Versuche so viel wie möglich zu gehen und dir deine Liebe zur Natur zu bewahren.«

Ich empfehle Ihnen, vor Beginn Ihres Arbeitstages einen viertelstündigen Spaziergang in der Nähe von Bäumen, Pflanzen und Blumen zu machen. Diese Übung wird Ihre Konzentrationsfähigkeit, Ihre Energie und Ihre allgemeine Produktivität deutlich verbessern.

Wir Menschen sind dafür geschaffen, uns in der Natur zu bewegen. Und die Herstellung dieser Verbindung wird nicht nur Ihr Wohlbefinden optimieren, sondern auch mehr Staunen, mehr Faszination und mehr Schönheit in Ihr Leben bringen. Wäre das nicht eine gute Sache?

22

Seien Sie sich darüber im Klaren, dass Ihre Gene nicht Ihr Schicksal sind

Das Gebiet der Epigenetik fasziniert mich schon lange. *Epi* bedeutet im Griechischen »dazu, außerdem«. Die Epigenetik ist also einfach die Erforschung der Faktoren, die über den genetischen Code hinausgehen und gewissermaßen das An- und Abschalten der Gene, mit denen Sie geboren wurden, regulieren.

Früher ging man davon aus, dass die Gene, die wir von unseren Eltern geerbt haben, das körperliche Schicksal bestimmen. Die Debatte »Anlage oder Umwelt« ist mittlerweile beigelegt, und die wissenschaftliche Forschung bestätigt, dass die Entwicklung des Menschen in Bezug auf seine körperliche und geistige Gesundheit sowohl von den natürlichen Genen abhängt, die uns frühere Generationen mitgegeben haben, als auch von Umweltfaktoren wie der Qualität unseres Denkens, unseren täglichen Fitnessgewohnheiten, unserem Essverhalten und unseren Schlafgewohnheiten.

Ja, Ihr Umfeld und Ihr Lebensstil können die Ausprägung der Gene, die Sie geerbt haben, stark beeinflussen. Sie müssen nicht das Opfer Ihrer Genetik sein. Indem wir uns gesündere Verhaltensweisen zu eigen machen – wie zum Beispiel frühmorgendliche Bewegung, Stressbewältigung durch regelmäßige Meditation oder Spaziergänge in der Natur (wie ich im vorhergehenden Kapitel erwähnt habe), richtiges Atmen, umsteigen auf chemiefreie und unverarbeitete Lebensmittel, Intervallfasten, weniger Alkoholkonsum, mindestens ein Tag pro Woche ohne digitale Geräte, kaltes Duschen oder heiße Bäder und eine tiefgreifende Ruhepause –, indem wir also solcherlei Verhaltensweisen für uns nutzen, können wir tatsächlich Gene in unserem Genom abschalten, die unsere Funktionsweise beeinträchtigen oder uns krank machen, und diejenigen anschalten, die unser Wohlbefinden optimieren und uns ein längeres Leben frei von Krankheiten ermöglichen.

Als Ihr wohlmeinender Mentor aus der Ferne schlage ich Ihnen also vor, dass Sie Ihr Bestreben, zum gesündesten Menschen zu werden, den Sie kennen, niemals aufgeben und sich stetig bemühen, die Gene zu umgehen, die frühere Generationen an Sie weitergegeben haben. Und fangen Sie an (oder verstärken Sie Ihr Engagement), jene Gewohnheiten regelmäßig und dauerhaft zu praktizieren, von denen ich hoffe, dass sie es Ihnen ermöglichen, ewig zu leben.

23

Wie lässt sich die Gesundheit am schnellsten und am besten fördern?

Nur wenige Gewohnheiten werden Ihnen so viel helfen wie tägliche körperliche Bewegung. Das ist das Elixier für ein außergewöhnliches Leben. Da ich möchte, dass Sie in absolute Bestform kommen, muss ich Ihnen sagen: Wenn Sie noch keinen Sport treiben, stehen Sie auf und fangen Sie jetzt an!

Und wenn Sie bereits regelmäßig trainieren, dann steigern Sie Ihren Enthusiasmus. Und kümmern Sie sich mehr um Ihren Körper, und zwar *ab heute*.

Das Leben ist einfach zu kurz, um nicht richtig fit zu werden. Und wie schon Mark Twain sagte: »Kontinuierliche Verbesserung ist besser als verzögerte Perfektion.«

24

Betrachten Sie Nahrung als Medizin

»Die Nahrung sei deine Medizin und die Medizin sei deine Nahrung«, verkündete Hippokrates, der Vater der Heilkunst.

Ihre Ernährung hat einen großen Einfluss auf Ihr allgemeines Wohlbefinden. Blaubeeren, Äpfel, Lachs und grüner Tee fördern beispielsweise nachweislich das Glücksgefühl. Lebensmittel wie Avocados, Paranüsse und Eier sind wissenschaftlich erwiesen starke Müdigkeitsbekämpfer und liefern die Energie, die Sie brauchen, um Ihr Bestes zu geben.

Eine in der Fachzeitschrift *The Lancet* veröffentlichte Studie stellte fest, dass schlechte Ernährung in dem zwölfmonatigen Untersuchungszeitraum weltweit für elf Millionen Todesfälle verantwortlich war. Eine Ernährung mit hohem Natriumgehalt war der wichtigste Risikofaktor für diese Sterblichkeit. Daher möchte ich Sie behutsam, aber nachdrücklich ermutigen, sich künftig gesünder, überlegter und bewusster zu ernähren. »Was nicht an einem Baum hängt, nicht in der Erde wächst oder keine Mutter hat, das iss nicht«, ist ein guter Leitspruch (es sei denn, Sie sind Veganer).

Und bedenken Sie, dass Sie sich nie gut fühlen werden, wenn Sie schlechte Nahrung zu sich nehmen.

So seltsam es klingen mag, ich betrachte auch Wasser als Medizin. In der Regel sollten Sie täglich vier bis sechs Gläser Wasser trinken, was Sie mit zahlreichen gesundheitlichen Vorteilen belohnen wird, zum Beispiel einer verbesserten Blutzirkulation, einer gesteigerten Vitalität der Haut und der Gehirnfunktion, weniger Gelenkschmerzen, einem gesünderen Herzen und einer höheren Mitochondrien-Funktion, die ein langsameres Altern und eine höhere Lebenserwartung gewährleistet.

Ich möchte mich nicht mit der Frage befassen, welche Diäten am besten funktionieren, denn ich halte nichts von Diäten (eine nachhaltige *Lebensweise,* zu der auch der Verzehr gesunder Lebensmittel gehört, ist tausendmal klüger), und ein einzelnes Rezept passt nie für alle.

Allerdings muss ich Ihnen sagen, dass eine der besten Investitionen, die ich je getätigt habe, darin bestand, mein Genom analysieren zu lassen (eine kurze Online-Suche führt Sie zu Testanbietern). Denn dadurch zeigte sich genau, welche Lebensmittel für mich am besten geeignet sind, im Hinblick darauf, welche meiner Gene optimal sind und welche durch die Ernährung verbessert werden können. Ich möchte Sie einfach ermutigen, Lebensmittel als eine Art Medizin zu betrachten und das zu essen, was am besten und am zuträglichsten für Sie ist. Ihre Denkweise, Ihre Stimmung, Ihre Energie, Ihre Vitalität und Ihre Lebenskraft werden es Ihnen danken. Für immer.

25

Schützen Sie Ihre geistige Gesundheit

Dankbarkeit ist tatsächlich ein effektives Mittel gegen Sorgen. Und Hilfsbereitschaft ist ganz sicher ein hervorragendes Mittel gegen Angst. Erlauben Sie mir, dies kurz zu erklären.

Zum einen wäre keine Abhandlung über Gesundheit vollständig, die nicht auch auf die geistige Fitness einginge (was nützt ein gesunder Körper, wenn es dem Geist schlecht geht, nicht wahr?). Wenn Sie Ihre geistige Verfassung schützen, verbessert sich auch Ihr körperlicher Zustand. Deshalb möchte ich Ihnen einige Empfehlungen geben, wie Sie Ihre Psyche in Bestform halten können.

Der Mensch besitzt die angeborene Neigung, dem Negativen übermäßige Bedeutung beizumessen. Sie und ich sind automatisch darauf getrimmt, unsere Umgebung zu beobachten und uns aktiv auf Bedrohungen zu konzentrieren. Diese kognitive Tendenz hat uns vor Jahrtausenden gute Dienste geleistet, als wir in unserer Umgebung großen Gefahren ausgesetzt waren. Dank dieses evolutionären Instinkts konnten unsere Vorfahren überleben. Doch heute gibt es keine Säbelzahntiger mehr, die uns bedrohen, die Gefahr, von der Herde abgeschnitten zu werden und zu verhungern, ist weitaus geringer, und das Risiko, von einem Mitglied eines unfreundlichen Stammes getötet zu werden, ist im Allgemeinen gleich null.

Dennoch wird unser Gehirn noch immer von dem Drang getrieben, nach Problemen zu suchen, an Enttäuschungen festzuhalten und den negativen Situationen in unserem Leben eine wesentlich größere Bedeutung beizumessen als den positiven.

- Wir grübeln über eine unfreundliche Bemerkung nach (und erinnern uns manchmal jahrelang daran) und vergessen all das Lob, mit dem wir gesegnet wurden.

- Wir konzentrieren uns auf die nervigen Eigenschaften eines Mitarbeiters oder Kollegen statt auf seine guten Qualitäten.
- Wir durchleben traumatische Erlebnisse ständig neu, anstatt sie loszulassen, weiterzugehen und die Gaben des Augenblicks zu genießen.
- Es ist doppelt so wahrscheinlich, dass wir etwas vermeiden, was unser Leben enorm bereichern könnte (aus Angst zu verlieren, was wir haben), als dass wir die Freude über die Belohnungen erleben, die das neue Verhalten mit sich bringt (lesen Sie das bitte zweimal).

Um Ihre Überbewertung des Negativen in eine positivere Grundhaltung umzuwandeln und so mehr Glück und geistiges Wohlbefinden zu erreichen, empfehle ich Ihnen vier regelmäßige Übungen:

Positivitätsübung Nr. 1: Schreiben Sie einen kurzen Absatz darüber, »wie es noch schlimmer sein könnte«. Notieren Sie ein paar Zeilen in Ihrem Tagebuch, in denen Sie darstellen, inwiefern das Szenario, das Sie belastet, noch *viel schlimmer* sein könnte. Dadurch verlagern Sie Ihre Gedanken von einem toxischen Zustand auf einen Zustand der Dankbarkeit, was Ihnen eine andere Sicht auf Ihre Probleme eröffnet.

Positivitätsübung Nr. 2: Üben Sie sich im Genießen. Viele Menschen hetzen durch ihr Leben, als würden sie vor einem Feuer der Alarmstufe fünf Reißaus nehmen. Wir füllen unsere Kalender im Übermaß mit Terminen, sind besessen davon, in jeder wachen Stunde unsere Produktivität zu maximieren, und vernachlässigen die Dinge, von denen wir wissen, dass sie wesentlich für ein erfülltes Leben sind – um online mit Leuten zu chatten, die wir nicht einmal mögen. Psychologen haben herausgefunden, dass die glücklichsten und gesündesten Menschen ein gemeinsames Merkmal aufweisen: Sie legen großen Wert auf das »Genießen«. Das bedeutet, wenn ihnen etwas Gutes widerfährt, verlangsamen sie ihr Tempo und nehmen diese Erfahrung in sich auf. Nehmen Sie sich konsequent die Zeit, um Ihre Segnungen zu würdigen und über sie nachzudenken, selbst wenn es sich dabei nur um einfache Dinge handelt wie zum Beispiel eine gute Tasse Kaffee am Morgen, ein Dach über dem Kopf oder ein Kind, das gerne lacht.

Positivitätsübung Nr. 3: Verbessern Sie Ihren inneren Monolog. Die meisten von uns würden nie so hart zu anderen sprechen, wie wir es gegenüber uns selbst tun. Fangen Sie an, freundlicher zu sich selbst zu sein – loben Sie sich mehr für gute Taten, bestätigen Sie, dass Sie sich selbst treu geblieben sind, und zelebrieren Sie, was aus Ihnen geworden ist. Sie haben so viele Herausforderungen gemeistert, so viele gute Dinge vollbracht und so viele Menschen ermutigt. Sprechen Sie mit sich selbst in einer Weise, die diesen Fortschritt widerspiegelt.

Positivitätsübung Nr. 4: Seien Sie aktiv hilfreich. Sich in den Dienst anderer zu stellen, bedeutet, sich von Sorgen, Negativität und Ängsten zu befreien. Fragen Sie sich konsequent: »Wie kann ich das Leben anderer verbessern?«, und tun Sie es dann auch. »Der beste Weg, sich selbst zu finden, ist, sich im Dienst an anderen zu verlieren«, riet Mahatma Gandhi.

Je konsequenter Sie diese vier zentralen Praktiken der Positivität umsetzen, desto mehr werden Sie Ihre Nervenbahnen umstrukturieren und die negative Voreingenommenheit besiegen, die Ihre Freude, Ihre Vitalität und Gelassenheit beeinträchtigt.

26

Nutzen Sie Meditation in Mikrodosen

Ich befinde mich in einer kleinen Hütte auf einem südafrikanischen Weinberg, während ich Ihnen diese Mentoring-Botschaft schreibe. Ich bin hierhergefahren, um Inspiration und Abgeschiedenheit zu finden, damit ich diesen Teil des Buches fertigstellen kann. Country-Musik erklingt, die Sonne geht über den Bergen in der Ferne auf und ich freue mich über das unverstellte Lachen der Arbeiter, die zwischen den uralten Rebstöcken umherlaufen.

Lassen Sie uns dieses Kapitel mit einer Frage beginnen: Was nützt es, alles zu haben, was die Gesellschaft als erstrebenswert vorgibt, wenn man sich vollkommen leer fühlt, sobald man es erlangt hat? Und sich ständig Sorgen macht, alles zu verlieren, was man hat?

Ich habe herausgefunden, dass der Schlüssel zu einem großartigen Leben darin liegt, in der Welt zu sein, aber nicht an ihr zu hängen. Tun Sie Ihr Bestes und lassen Sie das Leben den Rest erledigen, ja? Und alles, was geschieht, geschieht aus einem wunderbar guten Grund – auch wenn es im Moment schlecht aussieht, nicht wahr? Die menschliche Existenz ist eine Art Spiel. Nehmen Sie an diesem Spiel teil, denn wir leben auf dem Planeten Erde, und dafür haben wir uns ja auch entschieden. Vergessen Sie aber nicht, dass all dies in vielerlei Hinsicht eine Illusion ist und dass im Allgemeinen eher unwichtig ist, was immer die Mehrheit für wichtig halten mag.

Ich will damit sagen, dass man nicht die besten Tage seines Lebens damit zubringen sollte, einen Berg zu erklimmen, nur um dann – zu spät – festzustellen, dass es der falsche ist. Ein Leben zu vergeuden, ist ein tragischer Fehler.

Das bringt mich zur Meditation. Sie müssen nicht unbedingt jeden Tag meditieren, obwohl ich eigentlich schon glaube, dass es eine tägliche Praxis sein sollte, auch wenn Sie ein leitender Manager oder

Börsenhändler, eine Spitzensportlerin oder ein Staatsoberhaupt sind. Tatsächlich *müssen* Sie meditieren, wenn Sie einen dieser Berufe ausüben. Das erinnert mich an eine andere Aussage von Mahatma Gandhi: »Ich habe heute so viel zu erledigen, dass ich zwei Stunden meditieren muss anstatt einer.«

Und auch wenn Sie nicht in einer Funktion tätig sind, in der Sie unter starkem Druck stehen, möchte ich Ihnen dennoch dringend ans Herz legen, eine regelmäßige Meditationspraxis zu entwickeln. So bleiben Sie inmitten von Herausforderungen zentriert und stark, denken optimistisch und fühlen sich zutiefst entspannt. So treffen Sie Ihre klarsten Entscheidungen und erbringen Ihre beste Leistung.

Meditation lindert auch die Entzündungen, die Krankheiten verursachen, und hilft Ihnen, länger zu leben. Und Sie müssen pro Sitzung nicht einmal lange meditieren.

Ich bevorzuge ein- bis zweistündige Meditationssitzungen, aber Sie können auch Mikrodosen nutzen, wenn Sie möchten. Wenn Sie keine sechzig Minuten schaffen, machen Sie dreißig. Und wenn Sie keine dreißig schaffen, machen Sie zehn. Und wenn auch keine zehn machbar sind, dann machen Sie eben fünf.

Ein wenig ist besser als nichts. Und *jede Sitzung zählt*. Das stimmt tatsächlich. Es ist immer besser, kleine Fortschritte zu machen, als nach Perfektion zu streben. Stetige Fortschritte tragen dazu bei, dass Sie einem Leben in beständiger Zufriedenheit und dauerhafter innerer Freiheit näher kommen.

27

Praktizieren Sie die Regel des nackten Sonnenbadens

Okay, Sie müssen vielleicht nicht völlig nackt sein (es sei denn, Sie mögen es, wäre mir auch recht).

Heute möchte ich Sie, während Sie daran arbeiten, die zweite Art des Reichtums aufzubauen, darauf hinweisen, wie ungeheuer wertvoll es ist, Zeit im Sonnenlicht zu verbringen (nicht zu viel, das wäre schlecht, sondern eine angemessene Zeit, das ist gut). Und zwar jeden Tag. Oder wann immer es sonnig ist.

Ein mäßiges Sonnenbad (zehn bis zwanzig Minuten) erhöht den Serotoninspiegel, was wiederum das Glücksgefühl steigert. Sonnenbäder in diesem Umfang erhöhen auch den Vitamin-D-Spiegel um 5000 IE. Einige Untersuchungen legen sogar nahe, dass ein kurzer Aufenthalt in der Sonne zwischen acht Uhr morgens und zwölf Uhr mittags bei der Gewichtsabnahme hilft. Oh, und ein morgendliches Sonnenbad – wiederum in Maßen – lässt Sonnenlicht in die Augen, was die geistige Konzentration, die allgemeine Aufmerksamkeit während des Tages und die Tiefe des Schlafs erhöht.

Und noch etwas: Das *Journal of Internal Medicine* berichtete über eine Studie mit dreißigtausend Probanden in Schweden, die ergab, dass diejenigen, die täglich eine kurze Zeit in der Sonne verbrachten, sechs Monate bis zwei Jahre länger lebten als diejenigen, die dies nicht taten.

Natürlich ist eine zu starke Exposition gegenüber den UV-Strahlen der Sonne krebserregend. Das wissen Sie.

Aber ein bisschen mehr Zeit in der Sonne könnte eine Gewohnheit sein, die Ihre Positivität steigert, Ihre Gelassenheit fördert und Ihr Leben reicher macht.

28

Ein schweisstreibendes Work-out ist nie eine schlechte Idee

Als ich heute Morgen aufwachte, hatte ich keine Lust zu trainieren. Meinem Verstand fielen eine ganze Reihe hervorragender Ausreden ein: »Ein Ruhetag wäre heute gut« (ich brauchte keinen Ruhetag, weil ich erst ein paar Tage vorher einen hatte) und: »Ich bin Künstler, also warum nicht den Moment genießen?« und: »Ich werde morgen im Fitnessstudio doppelt so hart trainieren.«

Doch ich griff auf das riesige Reservoir an Willenskraft zurück, das wir alle in uns tragen (es ist wie ein Muskel, der bei Gebrauch stärker wird), und zwang mich, ins Fitnessstudio zu gehen. Ausreden sind Lügner und Prokrastination ist ein Dieb. Und ich erinnerte mich daran, was ich von der Boxlegende Muhammad Ali lernte, der einmal sagte: »Ich hasste jede Minute des Trainings, aber ich sagte mir: ›Gib nicht auf. Leide jetzt und lebe den Rest deines Lebens als Champion.‹« Und wissen Sie was? Das Training wurde leichter, je mehr ich mich bewegte.

Ja, ich drehte die Musik auf (es war »Anthem« von Greta van Fleet) und beschleunigte das Tempo (ich lief). Je mehr ich schwitzte, desto glücklicher fühlte ich mich. Je länger ich lief, desto mehr Energie hatte ich. Als ich fertig war, fühlte ich mich *absolut fantastisch.* Die Entscheidung, das zu tun, wogegen ich mich zunächst gesträubt hatte, hat die Struktur, die Stimmung und die Energie meines gesamten Tages völlig verändert.

Wie lautet meine Lektion für Sie, mein Freund? Ganz einfach. Auch wenn Sie aufwachen und denken, dass es eine schlechte Idee sei, heute Sport zu treiben, werden Sie hinterher feststellen – darauf würde ich mein treues, schlammüberzogenes Mountainbike verwetten –, dass es in Wirklichkeit eine sehr gute Idee war. Denn nach einem beherzten Work-out fühlen Sie sich immer viel besser als vor dem Training.

29

Verzichten Sie einmal dreissig Tage komplett auf Zucker

Wenn ich einen Milliardär betreue, einen Start-up-Unternehmer berate oder einen berühmten Schauspieler coache, stelle ich ihn oft vor eine Reihe von Herausforderungen, die jeweils dreißig Tage dauern. Diese Praxis bringt sehr schöne Ergebnisse.

- Wenn das Ziel darin besteht, fit zu werden, könnte es lauten, dreißig Tage lang jeden Morgen zehntausend Schritte zu gehen.
- Geht es um mehr Positivität und mentale Stärke, könnte das bedeuten, dreißig Tage lang nicht zu jammern.
- Wenn das Ziel eine Verbesserung der Arbeitsqualität ist, könnte die Herausforderung darin bestehen, dreißig Tage lang auf soziale Medien zu verzichten oder an einen Rückzugsort am Meer zu reisen, um dort sein eigenes Opus magnum zu vollenden.

Sie verstehen, worauf ich hinauswill. Und das Konzept funktioniert wirklich unglaublich gut (vor allem, wenn Sie ein tägliches Protokoll führen oder einen Online-Tracker für Gewohnheiten verwenden). Wenn Sie einen Tag auslassen, ist das in Ordnung, machen Sie sich nicht gleich die schlimmsten Vorwürfe. Steigen Sie morgen wieder aufs Pferd. Was mich seltsamerweise zum Thema Zucker bringt.

Zucker ist absolut giftig, wissen Sie? Er kann zu durchlässigem Darm, zu Diabetes, Fettleber und Herzproblemen führen. Er kann Krebs fördern, Gehirnstörungen verursachen und Stoffwechselstörungen verstärken.

Wenn Sie ihn aus Ihrem Leben streichen, werden Ihr körperliches Wohlbefinden, Ihre geistige Konzentration, Ihr Energieniveau und Ihre Lebenserwartung deutlich steigen.

Ja, verzichten Sie dreißig Tage lang auf Zucker. Die ersten paar Tage werden anstrengend sein, weil Ihr süßer Zahn nach Eis, Süßigkeiten, Schokolade oder Limonade schreit, aber dann wird sich Ihr Körper daran gewöhnen, Ihr Verlangen wird sich auf natürlichere Lebensmittel verlagern, und Sie werden sich richtig gut fühlen – ja, richtig gut. Bedenken Sie, dass jede Veränderung am Anfang hart, in der Mitte chaotisch und am Ende großartig ist. Und dass nichts so gut schmeckt, wie sich beste Gesundheit anfühlt.

30

Nehmen Sie sich eine Dopaminentgiftung vor

Eine der besten Maßnahmen, die Sie ergreifen können, um Ihr Wohlbefinden auf ein ganz neues Niveau zu heben, besteht darin, sich von dem nur allzu häufigen, unaufhörlichen Verlangen nach Dopamin zu befreien.

Das Design von Social-Media-Apps ist darauf ausgelegt, die Ausschüttung dieses Neuroregulators zu erhöhen, der Ihre Motiviertheit und Ihre Begeisterung verstärkt. Jedes Mal, wenn Sie Likes für einen von Ihnen erstellten Beitrag sehen, wird das Belohnungszentrum Ihres Gehirns aktiviert, was wiederum die Ausschüttung von mehr Dopamin bewirkt.

Ähnlich verhält es sich mit actionreichen Fernsehsendungen, einem hektischen Zeitplan, dem Verzehr von süßen Leckereien und anderen Ausweichmanövern wie übermäßigem Schreiben von Mails, endlosem Surfen im Internet, zwanghaftem Kaufen von Kleidung und Alkoholkonsum, die eine Dopamin-Rückkopplungsschleife erzeugen. Durch diese Handlungen werden sofortige Glücksgefühle ausgelöst, die wiederum Dopamin in Ihrem Gehirn freisetzen, was zu weiteren vergnügungssüchtigen (aber oft schädlichen) Verhaltensweisen motiviert.

Das Wichtigste dabei ist: Je mehr Dopamin Sie produzieren, desto mehr Dopamin brauchen Sie für den gleichen Rauschzustand. Dies führt nicht nur zu einem Dopamindefizit, sondern auch zur sogenannten hedonistischen Tretmühle, einem psychologischen Phänomen, bei dem Sie all die Dinge tun, die früher Glücksgefühle bei Ihnen erzeugt haben, bei denen Sie jetzt aber Apathie empfinden. Sie werden müde und stellen fest, dass Ihnen nur noch wenige Dinge im Leben Freude bereiten, was Sie dazu veranlasst, sich noch mehr zu stimulieren in der Hoffnung, sich lebendiger zu fühlen. Ein Teufelskreis.

Die Lösung? Machen Sie eine »Dopaminentgiftung«. Diese könnte fünf oder auch zehn Tage dauern und Folgendes beinhalten:

- kein Blick auf die digitalen Geräte in den ersten zwei Stunden nach dem Aufwachen
- vollständiger Verzicht auf soziale Medien
- Verzicht auf Fernsehen, Videospiele und auch Musik während der Entgiftungsphase
- einfaches, leichtes Essen zu Hause anstelle von schwerem Essen in einem Restaurant
- ein paar Stunden am Tag allein, in Stille und Ruhe verbringen
- kein Alkohol oder andere süchtig machende Stimmungsaufheller während der Dauer des Programms

Durch diese Maßnahmen wird Ihre Dopaminproduktion neu eingestellt, die Kaperung des Belohnungssystems Ihres Gehirns verhindert, und Sie können schlechte Angewohnheiten ablegen, wie zum Beispiel das endlose Anschauen von Social-Media-Feeds, die Suche nach unsinnigen Videos und das Ausfüllen jeder wachen Stunde mit allerlei hektischen Aktivitäten, nur damit Sie sich noch ein bisschen besser fühlen.

Es läuft letztlich darauf hinaus, dass Sie Ihr Leben verlangsamen und Ihre Tage vereinfachen. Weniger tun, um mehr zu leben. Dazu fällt mir ein Satz ein, den Henry David Thoreau in seinem wunderbaren Buch *Walden* schrieb:

> Ich ging in die Wälder, denn ich wollte wohlüberlegt leben; intensiv leben wollte ich. Das Mark des Lebens in mich aufsaugen, um alles auszurotten, was nicht Leben war. Damit ich nicht in der Todesstunde inne würde, dass ich gar nicht gelebt hatte.

31

Werden Sie ein professioneller Schläfer

Um Ihr Wohlbefinden zu steigern und Ihre Gesundheit zu verbessern, sollten Sie mehr schlafen. Letzte Nacht habe ich zehn Stunden geschlafen! Das ist nicht mein normales Pensum, aber ich fühle mich heute fantastisch!

Viele seriöse wissenschaftliche Untersuchungen zeigen, dass Schlafentzug die effizienteste Methode ist, die Lebenserwartung zu verkürzen.

Obgleich ich schon seit Ewigkeiten empfehle, in aller Frühe aufzustehen (Millionen Menschen haben mein Buch *Der 5-Uhr-Club* gelesen, sich die »20/20/20-Formel« für eine Weltklasse-Morgenroutine zu eigen gemacht und ihr Leben dadurch dramatisch verbessert), aber ich habe auch stets betont, dass dies nicht auf Kosten der nötigen Ruhe geschehen sollte. Auf keinen Fall.

Schlaf ist kein Luxus, sondern eine Notwendigkeit. (Könnten Sie diesen Satz bitte noch fünfmal lesen und ihn sich dann fest ins Gehirn einprägen und tief in Ihr Herz eingravieren?) Denn gute Erholung ist die Grundlage für ein großartiges Leben.

Die Forschung bestätigt, dass beim Schlafen ein Mechanismus in Gang gesetzt wird, der das Gehirn gewissermaßen reinigt. Richtiges Schlafen spült das Gehirn von Giftstoffen frei, repariert durch Stress geschädigte Gehirnzellen und ermöglicht es, Erinnerungen zu verarbeiten und dann auf die effizienteste Art und Weise zu integrieren.

Gute Erholung fördert auch die Kreativität, steigert die Produktivität (durch das Auftanken von Energie) und sorgt zudem dafür, dass wir emotional fit sind (durch die Steuerung der Amygdala – jenes Teils des Gehirns, der als Reaktion auf eine Bedrohung Stresshormone freisetzt – und die Verringerung der Reizüberflutung). Ist Ihnen schon einmal aufgefallen, wie leicht es ist, überzureagieren und schlechte Entscheidungen zu treffen, die dann große Probleme verursachen, wenn Sie eine Nacht mit wenig Schlaf hinter sich haben? Ich möchte fast behaupten, dass wir die meisten unserer Fehlentscheidungen treffen, wenn wir müde sind. Ein erholsamer Schlaf bringt die Dinge wieder ins Lot und macht einfach *alles* besser.

Ich möchte Sie einladen, sich einige intelligente Schlafgewohnheiten anzueignen, damit Sie Ihre Erholungsphasen neu justieren und möglichst optimal gestalten können.

Dazu könnte Folgendes gehören:

- Nach der Arbeit einen langen Spaziergang zu machen, sodass Sie beim Zubettgehen so müde sind, dass Sie wie ein Baby schlafen.
- Nach zwanzig Uhr nicht mehr auf digitale Geräte zu schauen, um sich nicht mehr dem blauen Licht des Bildschirms auszusetzen, das die Melatoninproduktion beeinträchtigt. (Melatonin ist notwendig für die unverzichtbare Erholung durch Schlaf.)
- Sich eine Routine vor dem Schlafengehen anzueignen, zu der es gehört, in Ruhe über die kleinen Erfolge des Tages zu schreiben, gelernte Lektionen zusammen mit den kleinsten freudigen Momenten zu notieren, sich in einem heißen Bad mit beruhigender Musik zu entspannen und Nachrichten, Mails und alles andere auszublenden, was Angst macht und überreizt.
- Alle Unordnung in Ihren Wohnräumen zu beseitigen und sich die Sportkleidung und die Laufschuhe für das morgendliche Training bereits am Abend vorher zurechtzulegen (legen Sie sie direkt neben Ihr Bett), damit Sie keinen Grund haben, das Aufstehen hinauszuzögern.
- In einem kühlen Schlafzimmer zu schlafen, das frei von Technik und Störungen jeglicher Art ist (verwenden Sie ein Gerät, das weißes Rauschen erzeugt, um störende Außengeräusche auszublenden, wenn Sie in einer belebten Stadt wohnen).

»Schlaf ist Gott. Gehen Sie beten«, schrieb der Autor Jim Butcher einmal. Weise Worte.

32

Zeigen Sie sich im Fitnessstudio so, wie Sie sich auch im Leben zeigen möchten

Heute ist ein regnerischer Tag. Die Fenster unseres Landhauses sind schon ziemlich alt, und so ist ein wenig Nässe eingesickert und auf meinen geliebten Schreibtisch getropft. Das ist aber nicht schlimm. Das verleiht ihm nur noch mehr Charakter.

In diesem Kapitel möchte ich eine ganz einfache Sache ansprechen: *Ihr Fitnessprogramm ist Ihre Lebenspraxis.* Die Art und Weise, wie Sie sich im Fitnessstudio zeigen, bestimmt die Art und Weise, wie Sie in allen anderen Bereichen Ihres Lebens agieren werden (denn die Art und Weise, wie Sie eine einzelne Sache verrichten, ist die Vorbereitung für die Art und Weise, wie Sie alles andere verrichten werden). Nutzen Sie also Ihr Training, um sich eine Lebensweise anzueignen, die auch Ihrem Leben insgesamt guttut.

Wenn ich einen superfitten Menschen sehe, dann weiß ich, dass er fünf Schlüsseleigenschaften besitzt, die nicht nur seinem körperlichen Wohlbefinden zugutekommen, sondern auch sein Leben insgesamt bereichern:

Konzentration. Beim körperlichen Training trainieren Sie auch Ihre Konzentration. Nutzen Sie es als eine Art Meditation, indem Sie Ihre Gedanken auf das richten, was Sie gerade tun, und sich ganz auf den gegenwärtigen Moment konzentrieren. Wenn Ihre Gedanken abschweifen, bringen Sie sie zurück in das Hier und Jetzt. Je mehr Sie dies üben, desto besser wird es Ihnen gelingen, Ihre Aufmerksamkeit bei allen Aktivitäten außerhalb des Fitnessstudios zu fokussieren. Konzentrieren Sie sich auf die Aktivitäten, auf die es ankommt, und lassen Sie sich nicht endlos ablenken.

Hingabe. Die besten Trainingseinheiten sind diejenigen, die man absolviert hat, obwohl einem die Lust dazu fehlte – und die einem am

Ende gefallen haben. Konsequent jene Dinge zu tun, auf die wir keine Lust haben (von denen wir aber wissen, dass wir sie tun sollten, weil sie so verdammt gut für uns sind) – das macht uns tatsächlich zu Helden. Halten Sie also Ihre Versprechen gegenüber sich selbst ein und machen Sie die Übungen, die Sie sich vorgenommen haben. *Jedes* Training trägt dazu bei, Ihr höchstes Gesundheitsziel zu erreichen. Wenn Sie regelmäßig auf diese Weise trainieren, werden Sie feststellen, dass Sie ein ganz neues Maß an Hingabe und Beständigkeit erreichen, das Ihnen auch in anderen Bereichen Ihres Lebens hilfreich sein kann.

Exzellenz. Ja, das bedeutet, das Training präzise zu absolvieren. Die Yogaposition mit Anmut, Geschick und Eleganz auszuführen. Die Langhantel auf außergewöhnliche Weise hochzustemmen. Den Sprint nahezu perfekt zu absolvieren. Exzellenz im Fitnessstudio ist die Vorbereitung auf Exzellenz im Leben. Und sie sorgt dafür, dass sich in Ihnen eine Gewohnheitsarchitektur herausbildet, die einen Rückfall in die Mittelmäßigkeit nach dem Verlassen des Fitnessstudios weit weniger wahrscheinlich macht.

Ausdauer. Ich muss Ihnen gestehen, dass gestern einer dieser Tage im Fitnessstudio war, an dem bei mir nichts wirklich funktionierte. Die Hochstrecksprünge waren anstrengend, die Liegestütze enttäuschend, und ich war drauf und dran aufzugeben. Doch ich bin kein Schwächling. Ich höre nicht auf. Ich weiß, dass ich am lebendigsten bin und mir selbst treu bleibe, wenn ich auch dann weitermache, wenn ich eigentlich aufhören möchte. Also habe ich weitergemacht. Natürlich können Sie das auch. Und wenn Sie das tun, werden Sie in allen Bereichen Ihres Lebens wesentlich ausdauernder sein.

Verbesserung. Profisportler sind viel mehr davon besessen, beständig Fortschritte zu machen, als einen Pokal in Händen zu halten (weil sie wissen, dass sie diesen Pokal überhaupt erst dadurch bekommen haben). Ich habe einmal ein Interview mit der verstorbenen NBA-Legende Kobe Bryant gesehen, in dem er davon sprach, dass er bei jedem Training mit Freude bei der Sache war. Er klang fast wie ein Zen-Mönch, der predigt, dass im Augenblick zu leben wichtiger ist, als ständig an das Endergebnis zu denken (die Meisterschaft). Er fügte hinzu, er habe gelernt, jede Trainingsstunde zu lieben, und könne deshalb mehr Trainingseinheiten absolvieren als jeder andere in der Liga: eine am frühen Morgen, eine weitere am späten Vormittag, dann eine weitere am Nachmittag und noch eine letzte am Abend. Mit breitem Lächeln erklärte er, dass er durch diese Übungsroutine Tag für Tag, dann Monat für Monat und Jahr für Jahr immer mehr Fähigkeiten und Fertigkeiten entwickele, die ihm einen so großen Vorteil verschafften, dass keiner im Spiel mit ihm mithalten könne. Niemals.

Bringen Sie sich also unbedingt voll und ganz ein, wenn Sie ins Fitnessstudio gehen. Denn damit legen Sie fest, wie Sie sich durch ein Leben voll wahren Reichtums bewegen.

33

Werden Sie ein geschickter Lebenszeitmultiplikator

Ich habe einmal gehört, wie ein Moderator »Biohacker« kritisierte und ein anderer sich über die Dienste einer in den Alpen versteckten europäischen Klinik für Langlebigkeit lustig machte. Beide sagten, das Altern sei eine natürliche und unvermeidliche Erscheinung, die der Mensch akzeptieren müsse – und mit der er niemals spielen dürfe. Wirklich?

Das erinnert mich an die Zweifler, die Galileis These, dass die Erde rund ist, infrage stellten, oder an die engstirnigen Fortschrittsfeinde, die sagten, Autos würden Pferde und Kutschen niemals ersetzen.

Die Wissenschaft ist eindeutig: Das Altern *lässt sich verlangsamen,* wenn man das Richtige denkt, isst und tut. Und einige hoch angesehene Ärzte haben sogar bestätigt, dass das Altern tatsächlich *rückgängig* gemacht werden kann. Ray Kurzweil, der berühmte Erfinder und Futurist, hat es anschaulich auf den Punkt gebracht: »Lebe lange genug, damit du ewig leben kannst.« Die Fortschritte in der Medizin und die Innovationen im Bereich der Langlebigkeit, die sich abzeichnen, werden Sie begeistern – und verblüffen.

Ich wünsche Ihnen, dass die heutige Mentoring-Sitzung Sie motiviert, sich ernsthaft darum zu bemühen, Ihre Lebenszeit um ein paar Jahrzehnte zu verlängern. Stellen Sie sich vor (schließen Sie die Augen für einen Moment), dass Sie Ihrem Leben zwanzig, dreißig, vierzig oder fünfzig (oder mehr) *zusätzliche* Jahre hinzufügen, indem Sie sich neue Lebensgewohnheiten aneignen – von der sinnvollen Verwendung von Nahrungsergänzungsmitteln bis zu kalten Tauchgängen und Eisbädern, heißen Saunagängen, intermittierendem Fasten, angemessener Sonneneinstrahlung, einem Ernährungsplan, der auf Ihr Genom zugeschnitten ist, und regelmäßiger Meditation, dazu viel in der Natur verbrachte Zeit und regelmäßige erholsame Nickerchen.

Durch die enorme Verlängerung Ihrer Lebensspanne werden Sie gewissermaßen von der magischen Kraft des Zinseszinses profitieren, nicht nur in Ihrem finanziellen Leben, sondern auch in anderen Bereichen:

- Stellen Sie sich vor, wie hervorragend Sie in Ihrem Beruf sein werden, wenn Sie (zum Beispiel) zwanzig *zusätzliche* Lebensjahre haben, um Ihre Fertigkeiten zu verbessern, zu üben und weiterzuentwickeln.
- Wenn Sie dreißig Jahre *mehr Zeit* mit Ihrer Familie und Ihren Freunden verbringen können, denken Sie bitte daran, wie viele Abenteuer Sie mit Ihren Lieben erleben werden, welche reichen Erfahrungen Sie machen werden und wie viel Gutes Sie ihnen schenken können.
- Wenn Sie vierzig *zusätzliche* Jahre in Ihrer Lebensspanne haben, denken Sie bitte an all die Triumphe, die Sie erringen können, an die Bücher, die Sie lesen können, an die Reisen, die Sie unternehmen können, an die neuen Sprachen, die Sie lernen können, und an das persönliche innere Wachstum, das Sie mit Sicherheit erreichen werden.
- Denken Sie an all die Menschen, denen Sie mit fünfzig *zusätzlichen* Jahren noch werden helfen können, an all die Freundlichkeit, die Sie zeigen können, und an die großartige Wirkung, die Sie erzielen werden.

Machen Sie sich daran, die Länge Ihres Lebens zu vervielfachen und mehr Außergewöhnlichkeit in Ihre Tage zu bringen. Wie immer fangen Sie mit kleinen Schritten an. Tun Sie sie konsequent, und wenn Sie das Gefühl haben, dass Sie aufhören müssen, gehen Sie weiter. Es ist eine Binsenweisheit, dass wir überschätzen, wie viel Fortschritt wir in einem Monat erzielen können, aber unterschätzen, wie weit wir in einem halben Jahr kommen können.

Okay. SuperChum, mein kleines Hündchen, will, dass ich mit ihr spazieren gehe. Also, ich muss los. Wir reden später weiter. Bis dann.

34

Fasten Sie einmal wöchentlich

Jetzt habe ich eine herausfordernde Botschaft für Sie. Wir wissen mittlerweile, dass eine Beschränkung der Kalorienaufnahme gut für unsere Gesundheit ist und unsere Lebensspanne verlängert. Beschäftigen Sie sich ein wenig mit *Autophagie* – es lohnt sich, zehn Minuten Ihres kostbaren Lebens dafür zu opfern. Vielleicht darf ich Ihnen vorschlagen, mindestens einmal in der Woche zu fasten. Ja, einmal in der Woche nur eine Mahlzeit am Tag. Noch besser: Nehmen Sie das Essen, das Sie an diesem Tag verzehrt hätten, und spenden Sie es einem Obdachlosen oder der örtlichen Tafel. Auf diese Weise verbessern Sie zwei Leben. Das erinnert mich daran, was Hermann Hesse in *Siddhartha* schreibt, einem meiner Lieblingsbücher: »Jeder kann zaubern, jeder kann seine Ziele erreichen, wenn er denken kann, wenn er warten kann, wenn er fasten kann.«

Intermittierendes Fasten oder Intervallfasten setzt den Körper einer geringen Stressbelastung aus, die ihn aus seinem Normalzustand herausreißt und die sogenannte *Hormesis* aktiviert – ein Phänomen, bei dem eine Reihe von Zellprozessen in Gang gesetzt werden, die Entzündungen reduzieren, Zellschäden reparieren, die Widerstandsfähigkeit erhöhen und den oxidativen Stress bekämpfen, der die Alterung vorantreibt. Normalerweise faste ich zwei oder drei Tage in der Woche (ich handhabe das aber nicht zu streng; wenn mein Körper mir sagt, dass er wirklich Nahrung braucht, dann gebe ich ihm auch welche). Diese Übung hat meine geistige Klarheit, meine Selbstdisziplin, meine Kreativität und mein Energieniveau verbessert, und ich fühle mich allgemein jünger.

In der Antike nutzten die Römer, die Ägypter und die Griechen das Fasten, um ihren Körper zu entgiften, ihr Gefühlsleben zu reinigen, ihre Widerstandskraft zu stärken und ihre spirituelle Kraft zu erhöhen.

Die Erfahrung eines temporären Hungergefühls wird auch Ihr Mitgefühl für die Menschen in unserer Welt steigern, die sich nicht jeden Tag satt essen können, und Sie dazu bewegen, mehr für die Bedürftigen zu tun. Wenn Sie diese Übung noch nicht ausprobiert haben, versuchen Sie es. Am Anfang wird es hart und beschwerlich sein. Aber wunderschön, wenn es zu Ihrer neuen Normalität wird.

35

Lachen Sie mehr, um länger zu leben

»Wir hören nicht auf zu spielen, weil wir alt werden; wir werden alt, weil wir aufhören zu spielen«, bemerkte der irische Dramatiker George Bernard Shaw einmal. Eine tiefe Weisheit, nicht wahr?

Unsere Welt ist komplex, voll von bedrückenden Sorgen und einer wachsenden Zahl von Krisen. Ich möchte sie nicht aufzählen, es würde mir das Herz brechen. Doch eines der klügsten Dinge, die man in dieser verwirrenden Zeit tun kann, wäre es, sich an die Worte meines großen, bereits verstorbenen Freundes Richard Carlson zu erinnern: »Kümmere dich nicht zu sehr um Kleinigkeiten – denn die meisten Dinge sind letztlich nur Kleinigkeiten.«

Ich will damit nicht sagen, dass die Probleme, mit denen unsere Zivilisation heute zu tun hat, klein und bedeutungslos seien. Überhaupt nicht. Aber das Leben ist für die Lebenden da. Und selbst wenn Ihnen ein langes Leben vergönnt ist, werden Sie, ehe Sie es sich versehen, tief unter der Erde liegen und die Gänseblümchen von unten betrachten. Ich sage es ungern, aber wenn man sich hin und wieder mit seiner eigenen Sterblichkeit auseinandersetzt, wird der Tag lebendiger. Denn Sie werden sich bewusster, dass Sie endlich sind.

Eine hervorragende Möglichkeit, sich in diesen Zeiten der Polykrisen eine gewisse Unbeschwertheit zu bewahren, besteht darin, die richtige Perspektive zu finden. Wenn ich vor einem Problem stehe, frage ich mich oft: »Ist hier jemand gestorben?« Wenn nicht, mache ich schnell und frohgemut weiter. Ich frage mich auch: »Wird das in einem Jahr noch eine Rolle spielen?« Oder auch: »Worin liegt hier die Chance?«

Und dann, so seltsam es klingt, zwinge ich mich zum Lachen. Das tue ich wirklich. Manchmal vor dem Spiegel, manchmal auch im Wald. Wussten Sie, dass allein der Akt des Lächelns eine Kaskade von Neurotransmittern wie Oxytocin und Serotonin in Ihrem Gehirn freisetzt und die Produktion des Wachstumsfaktors BDNF (Brain-Derived Neurotrophic Factor) anregt – eines Proteins, das vor allem in jenen Bereichen des Gehirns aktiv ist, die für das Gedächtnis, das abstrakte Denken und damit auch das Lernen von zentraler Bedeutung sind? Und ist Ihnen bekannt, dass Lachen nachweislich Stress abbaut, das geistige Wohlbefinden steigert, chronische Schmerzen lindert, die Herzgesundheit verbessert und das Immunsystem stärkt?

Die Lachtherapie hat weit zurückreichende Wurzeln. Bereits im 14. Jahrhundert setzte der Wundarzt und Anatomielehrer Heinrich von Mondeville Humor als Hilfsmittel bei der postoperativen Behandlung seiner Patienten ein. Ich musste lächeln, als ich das zum ersten Mal las. Weil es so interessant ist.

Im Jahr 1964 wurde bei dem Journalisten Norman Cousins eine chronische Entzündung der Wirbelsäule diagnostiziert, von der er sich selbst kurierte. In einem Artikel im *New England Journal of Medicine* mit dem Titel »Anatomy of an Illness« berichtete Cousins, dass seine Genesung von der arthritischen Erkrankung auf die Einnahme hoher Dosen Vitamin C und regelmäßiges Lachen zurückzuführen war. »Ich machte die erfreuliche Entdeckung, dass zehn Minuten herzhaftes Lachen eine betäubende Wirkung haben und mir mindestens zwei Stunden schmerzfreien Schlaf bescheren.«

Um sich trotz seiner Schmerzen zum Lachen zu bringen, schaute er sich Filme der Marx Brothers und Wiederholungen der *Versteckten Kamera* an und bat seine Krankenpflegerinnen, ihm lustige Artikel aus der Zeitung vorzulesen.

Gegen Ende seines Lebens bemerkte Cousins: »Es ist durchaus möglich, dass diese Behandlung eine Manifestation des Placebo-Effekts war. Aber auch wenn es so ist, dann war dieses Placebo – ›der Arzt, der im Inneren wohnt‹ – ein mächtiges.«

Ein letzter Punkt noch: Einer Studie zufolge lacht ein Vierjähriger durchschnittlich vierhundertmal am Tag, ein Erwachsener dagegen durchschnittlich nur fünfzehnmal. Der Komiker Steve Martin lachte jeden Morgen ein paar Minuten lang vor dem Spiegel, um sich in eine positive Stimmung zu versetzen. Vielleicht sollten Sie das auch tun.

36

Atmen Sie wie ein Samurai

Hören Sie sich das an: Vor Jahrhunderten testeten Samurai-Krieger in Japan ihre Kampfbereitschaft, indem sie sich eine Feder unter die Nase halten ließen. Wenn sich die Feder nicht bewegte, durften sie kämpfen. Die ruhige Atmung zeigte, dass sie sich in einem Zustand hoher Konzentration, der Zuversicht und des Muts befanden.

»Richtig zu atmen bedeutet, richtig zu leben«, lehrten die größten Weisen aller Zeiten.

Viele von uns haben vergessen, wie man richtig atmet, und werden durch die Verpflichtungen und den Stress des Alltags dazu gedrängt, schnell und flach ein- und auszuatmen statt tief in den Bauch. Und über eine negative Rückkopplungsschleife aktiviert die flache Atmung den Sympathikus (jenen Teil des Nervensystems, der in Belastungssituationen für die »Kampf-, Flucht- oder Erstarrungsreaktion« zuständig ist), was noch mehr Stress und Sorgen erzeugt.

Tiefes Atmen (manchmal auch Zwerchfellatmung genannt) ermöglicht es Ihnen nicht nur, sich in schwierigen Momenten zu entspannen, es fördert auch Ihr geistiges und emotionales Wohlbefinden und optimiert zudem Ihre Aufmerksamkeitsspanne (zumal in einer Umgebung, die von unablässiger digitaler Ablenkung geprägt ist).

Die starken Samurai-Kämpfer nutzten die Atemarbeit als eine Methode, um ein reiches, lohnendes und vor allem edles Leben zu führen. Lernen wir von ihnen.

37

Singen Sie wie ein Mönch

Ich bin fasziniert von Mönchen und Klöstern und den geistigen, körperlichen, emotionalen und spirituellen Superkräften, die die Besten durch ihre bewährten Rituale entwickeln, welche von Meditation und Gebet bis zu Fasten und Singen reichen. Ich habe das Buch *Der Mönch, der seinen Ferrari verkaufte* vor Jahrzehnten geschrieben, und schon davor habe ich herauszufinden versucht, wie diese gereiften Seelen in der Lage sind, all die erstaunlichen Dinge zu vollbringen, mit denen sie von sich reden machen (manche Mönche haben sich selbst darauf trainiert, ihre Körpertemperatur nach Belieben zu erhöhen, extreme Schmerzen zu ertragen und wochenlanges Wasserfasten zu praktizieren).

Ganz besonders faszinierend finde ich, dass sie schon um fünf Uhr früh singen und wie sie diese Routine nicht nur nutzen, um ihre Gesundheit zu erhalten, sondern auch um ihr spirituelles Leben zu stärken.

Auch die Wissenschaft befasst sich mittlerweile mit den Praktiken der Mönche und hat Hinweise zutage gefördert, dass Klangtherapie und Mantra-Meditation (bei der man sich ein Wort oder einen Satz mehrmals halblaut vorsagt) den Vagusnerv aktivieren, der für Stressresistenz und anhaltende Glücksgefühle von zentraler Bedeutung ist.

Zu meiner morgendlichen Praxis gehört, dass ich bei den ersten Sonnenstrahlen oft ein Mantra spreche (*man* ist Sanskrit und bedeutet »Geist«, und das Sanskrit-Wort *tra* bedeutet »Freiheit« – Mantras befreien also den Geist), um mir einen hervorragenden Start in den Tag zu ermöglichen.

Meine Lieblings-Mantras lauten:

- »Jeden Tag und auf jede Art und Weise werde ich stärker und stärker, gesünder und glücklicher, gütiger und gütiger.« (Dieses

Mantra ist abgeleitet von einem Satz, den der französische Apotheker und Autor Émile Coué mit seinem Buch *Die Selbstbemeisterung durch bewusste Autosuggestion* bekannt gemacht hat.)

- »Dieser Tag ist ein Geschenk, und ich lebe ihn auf wunderbare Weise, nutze ihn achtsam und mache zuversichtlich stetige Fortschritte.«
- »Ich erledige schwierige Projekte mit Leichtigkeit und Freude und wachse kontinuierlich an Energie, Meisterhaftigkeit und Mut.«
- »Nützlich zu sein, Bedürftigen zu helfen und möglichst vielen Menschen etwas Gutes zu tun, bedeutet, mein Leben in vollen Zügen zu leben.«

Ich hoffe, diese Mantras helfen auch Ihnen! Bedenken Sie, dass Sie stärker sind, als Ihnen bewusst ist, begabter, als Sie es sich selbst zutrauen, und dass Ihre Zukunft einen tiefen Zauber für Sie bereithält. Vertrauen Sie sich selbst, glauben Sie an sich (vor allem dann, wenn es sonst niemand tut) und gehen Sie weiter voran. Unaufhörlich.

38

Betrachten Sie Alleinsein als eine Art von Wellness

Von klein auf wird uns beigebracht, die meiste Zeit in der Gesellschaft anderer zu verbringen. Diejenigen, die oft und gern allein sind, werden als Einsiedler belächelt oder als Außenseiter gebrandmarkt.

Bleib in der Herde. Sorge dafür, dass du dazugehörst. Denke wie alle anderen. Wage es nicht, dich abzuheben, werden wir zu denken gelehrt.

Auf diese Weise haben wir uns so weit von unserem besten, weisesten, kreativsten, wahrsten und friedvollsten Selbst entfernt, dass wir gar nicht mehr wissen, was uns entgeht. Wir wissen nicht, was wir nicht wissen.

Und in den seltenen Momenten, in denen wir uns in irgendeiner Form des Alleinseins befinden, greifen wir schnell zu den Drogen unserer Wahl, von technischen Geräten, dröhnenden Nachrichten und lauter Musik bis zu oberflächlichem Online-Chat, digitalem Dating, exzessivem Surfen und Überarbeitung, nur um unserem natürlichen Zustand zu entfliehen. Unserem Sein.

Dabei sind wir in der Gegenwart unserer selbst am lebendigsten. Und Ihre Beziehung zu Ihnen selbst bestimmt auch Ihre Beziehung zu anderen. Man kann sich in der Gesellschaft nicht wohlfühlen, wenn man sich allein zutiefst unwohl fühlt.

Praktizieren Sie, was ich in meiner Mentoring-Methodik den SAS-Fokus nenne. Konzentrieren Sie sich darauf, die *Stille* zu suchen (in unserer Zeit der Hyperaktivität), die außergewöhnlichen Gaben des *Alleinseins* zu genießen und sich dem *Schweigen* hinzugeben. Ihre tägliche Erfahrung eines Wohlbefindens, das keine Grenzen kennt, wird durch diese Dreifaltigkeit von Zuständen absolut erhöht werden. Und auch der Reichtum, den man mit Geld nicht kaufen kann.

»Ich empfinde es als wohltuend, die meiste Zeit allein zu sein. In Gesellschaft zu sein, selbst mit den Besten, wird bald ermüdend und aufreibend. Ich liebe es, allein zu sein. Ich habe nie einen Gefährten gefunden, der so kameradschaftlich war wie die Einsamkeit«, schrieb Henry David Thoreau, einer meiner absoluten Lieblingsphilosophen.

Und die Dichterin May Sarton bemerkte: »Einsamkeit ist die Armut des Selbst, Alleinsein ist der Reichtum des Selbst.« Schön, nicht wahr?

39

Üben Sie sich aktiv in Dankbarkeit

Während ich Ihnen diese Nachricht schreibe, befinde ich mich in einem Teil der Welt, in dem es leider viel Armut gibt. Heute Morgen hatte ich eine Unterhaltung mit einem Mann, der in einem Fitnessstudio arbeitet. Ich fragte ihn, wie es ihm gehe, und er antwortete mit einem breiten Lächeln (fast so imposant wie die große Pyramide von Gizeh, über die wir uns in einem früheren Mentoring-Gespräch unterhalten haben) und einem begeisterten »Sehr gut«.

Dann erkundigte ich mich nach seinen Lebensverhältnissen. Er erklärte mir, dass er in einem »Zinkhaus« wohne, das heißt in einer kleinen Hütte mit Metallverkleidung. Um sich zu waschen, holt er sich auf einem öffentlichen Platz Wasser aus einem Wasserhahn, erhitzt es auf einem alten Herd und wäscht sich dann mithilfe eines kaputten Eimers. Er hat keine Toilette, nur wenige Besitztümer und auch nur wenig zu essen.

Wenn er seine Frau und seine Kinder besuchen will, die in einem anderen Land leben, um Geld zu sparen (weil man dort billiger leben kann), müsse er eine viertägige Busreise machen, erklärte er leise. »Wir verlassen den Bus während der gesamten Reise fast nie – wir sind den ganzen Tag und die ganze Nacht unterwegs. Aber das ist die einzige Möglichkeit, meine Familie zu sehen. Und wir sind daran gewöhnt.«

Dann fügte er hinzu, noch immer strahlend, aufrecht stehend und mit einem erkennbaren Gefühl von Würde (dieser Mann ist für mich ein König im Verborgenen): »Ich bin dankbar, sehr dankbar, dass ich lebe!«

Hmm. Immer dankbar. Einfach dafür dankbar, am Leben zu sein. Mögen wir von diesem geistig reichen Menschen lernen.

Im *Manifest eines Alltagshelden* erzählte ich von einem Mann, den ich in einer Weltgegend traf, in der das Leben für viele nicht leicht ist, und der förmlich aufleuchtete, wenn er Menschen sah. Ich fragte ihn nach dem Grund, und er antwortete: »Ich habe schon so viele tote Menschen gesehen. Wenn ich also einen lebenden Menschen sehe, macht mich das sehr glücklich.«

Welch wunderbare, majestätische und fantastische Einstellung zum Leben – und das in einer Zeit, in der zu viele von uns, die so viel haben, wofür sie dankbar sein sollten, murren und sich beschweren, wenn einmal ein Flugzeug Verspätung hat oder die Schlange im Supermarkt zu lang ist. Ich glaube, zu einem wirklich reichen Leben gehört auch ein großzügiges und dankbares Herz.

Ich weiß, dass dies eine einfache Weisheit ist, ich kann aber nicht erkennen, dass sie sehr oft praktiziert würde. Dazu fällt mir ein persisches Sprichwort ein: »Ich verfluchte die Tatsache, dass ich keine Schuhe hatte, bis ich den Mann sah, der keine Füße hatte.«

Sie haben viel mehr Macht darüber, wie Sie Ihr Leben sehen, als Ihnen vielleicht bewusst ist. Eine der besten Entscheidungen des Menschen ist es, sich auf die Lotusblume im Sumpf zu konzentrieren, auf die Blüten der Rose statt auf die Dornen, und auf die Sterne statt auf die Steine, wenn Sie verstehen, worauf ich hinauswill.

Heute Abend fühle ich mich wie ein Mensch, der sehr gesegnet ist. Warum? Weil ich meine wunderbare Tochter zum Abendessen ausführe. Kein anderes Familienmitglied, keiner meiner Freunde sitzt mit am Tisch, nicht einmal das kleine Hündchen – nur ein Vater und seine Tochter. Wir unterhalten uns über ihr Tennisspiel, meine letzten Reisen, ihre bevorstehende Reise nach Indien und alles, was uns in letzter Zeit begeistert hat.

Dafür bin ich ihr unendlich dankbar. Von ihrer letzten Reise nach Indien brachte mir meine Zweitgeborene ein Geschenk mit, das sie sorgfältig eingepackt und mit einem schlichten, aber exquisiten roten Faden zusammengebunden hatte. Sie überreichte es mir mit einem breiten Grinsen.

»Hier, Papa. Das habe ich den ganzen Weg nach Hause mitgenommen, für dich. Ich hoffe, es gefällt dir.«

Das tat es wirklich. Und ich mag es immer noch. Ich bewahre diesen kleinen handgeschnitzten Holzelefanten in meinem Arbeitszimmer auf, sodass ich ihn praktisch jeden Tag sehe. Ich muss Ihnen sagen, dass er mehr wert ist, als jeder Ferrari (nicht, dass ich jemals einen hatte), jedes Schnellboot (nicht, dass ich eines wollte) und jeder Maßanzug (nicht, dass ich einen tragen würde) mir jemals bedeuten könnte. Weil meine Tochter ihn mir geschenkt hat.

Sie wissen nun, dass die Positive Psychologie unter dem Begriff »Dankbarkeit« jene Art von bewusster Dankbarkeit versteht, die von den geistig fittesten, körperlich widerstandsfähigsten, emotional glücklichsten und spirituell stärksten Menschen der Welt zum Ausdruck gebracht wird. Es handelt sich dabei nicht um die einmalige Dankbarkeit am Neujahrstag, sondern um eine überlegte, absichtliche und regelmäßige Praxis der Wertschätzung.

Bewusste Dankbarkeit können Sie ohne Weiteres zu einem Teil Ihres Alltags machen, denn sie ist kostenlos. Und es ist auch ganz leicht.

Nehmen Sie sich einfach ein wenig Zeit, um für die Segnungen in Ihrem Leben dankbar zu sein. Und bringen Sie sich selbst dazu, den Dingen, die Sie normalerweise als selbstverständlich ansehen, mehr Aufmerksamkeit zu schenken. Wenn Sie gesunde Augen haben, etwas zu essen auf dem Tisch, eine Arbeit, die Ihnen beim Erfüllen Ihrer Verpflichtungen hilft, und zwei Beine, auf denen Sie laufen können, dann seien Sie dankbar für diese Geschenke. Denn Sie würden diese Geschenke sehr vermissen, wenn Sie sie verlören.

Ich möchte Sie also ermuntern, öfter Dankbarkeit zu zeigen – und zwar gleich von heute an. Je öfter Sie das tun, desto besser werden Sie darin (wie in allen Fähigkeiten, die Sie üben). Mit der Zeit werden Sie einen Master in Erstaunlicher Dankbarkeit und einen Doktortitel in Täglicher Freude erlangen, indem Sie die schlichte Kostbarkeit von allem (auch dem Schwierigen) wahrnehmen, was Ihre Welt erfüllt. Das wünsche ich Ihnen von Herzen.

40

Machen Sie sich bewusst: Wer kalt duscht, geht seltener zum Arzt

Es ist wissenschaftlich erwiesen, dass regelmäßige kalte Bäder wie Eisbäder, Schwimmen in einem eiskalten See und kaltes Duschen zu einer positiveren Stimmungslage, einer verbesserten kognitiven Funktion und Immunreaktion, einer schnelleren Erholung nach dem Sport und sogar zu einer besseren kardiovaskulären Gesundheit beitragen können.

Eine Studie, die im *European Journal of Psychology* veröffentlicht wurde, bestätigte, dass ein Aufenthalt in vierzehn Grad warmem Wasser den Dopaminspiegel (der Wohlfühl-Neuroregulator, der die Konzentrationsfähigkeit und Motivation steigert) um 250 Prozent erhöht!

Ich möchte klarstellen, dass ich keine medizinischen Ratschläge gebe (nirgendwo in diesem Buch), aber die Forschung zeigt auch, dass relativ kurzes kaltes Duschen verschiedene wunderbare gesundheitliche Vorteile bietet, die von einer besseren Gesundheit des Gehirns (durch die Freisetzung von Kälteschockproteinen, die vor dem Verlust von Nervenzellen schützen) bis hin zu einer längeren Lebenserwartung reichen (kaltes Wasser aktiviert das Proteasom und erhöht so die Lebenserwartung).

Worauf beruht diese Wirkung? Die Antwort findet sich in dem Wort, das ich vorhin schon erwähnt habe: »Hormesis«. Erinnern Sie sich: Bei diesem Phänomen werden als Reaktion auf eine Stress erzeugende Herausforderung für den Körper eine Reihe von zellulären Reaktionen aktiviert, die dazu dienen, Kraft, Gesundheit, Langlebigkeit und Widerstandsfähigkeit aufzubauen. In angemessenem Umfang führen hormetische Stressfaktoren wie Kälte (oder intermittierendes Fasten oder hochintensives Intervalltraining) dazu, dass sich der Körper anpasst; das wiederum führt zur Bildung neuer Mitochondrien, kurbelt den

Abtransport von Giftstoffen aus Ihrem System an, verbessert die Blutzuckerregulierung und fördert das, was Elissa Epel – Direktorin des Aging, Metabolism and Emotion Center an der University of California in San Francisco – als »zelluläre Aufräumarbeiten, die den Alterungsprozess verlangsamen« beschreibt.

Duschen Sie also öfter kalt. Vielleicht müssen Sie dann seltener zum Arzt.

41

Trainieren Sie Ihr spirituelles Wohlbefinden

Ich bin wirklich froh, dass sich in unserer Kultur die Erkenntnis durchsetzt, dass menschliche Gesundheit mehr ist als nur körperliche Fitness. Es verbreitet sich immer mehr die Erkenntnis, dass ein vitaler Körper nichts wert ist ohne geistige Vitalität und ein ausgeglichenes Seelenleben.

Dennoch würde ich mir wünschen, das Konzept des »spirituellen Wohlbefindens« würde den meisten Menschen weniger geheimnisvoll und mystisch erscheinen. In meiner Arbeit mit erfolgreichen Leuten aus der Finanzwirtschaft, mit prominenten Unternehmern und berühmten Sportlern ist eines der Lernmodelle, mit denen wir beginnen, das Konzept der vier inneren Reiche. Dieses zeigt, dass für eine erstklassige und in höchstem Maß zufriedenstellende Gesundheit vier wichtige Bereiche trainiert und optimiert werden müssen: das Mindset (Ihre Psychologie), das Heartset (Ihre Emotionalität), das Healthset (Ihre Körperlichkeit) und das Soulset (Ihre Spiritualität). Ohne das Bemühen, in jedem dieser Bereiche des Wohlbefindens Verbesserungen zu erzielen, werden Sie niemals in der Lage sein, Ihr reichstes und bestmögliches Leben zu führen.

Das Soulset hat nichts mit Religion zu tun. Überhaupt nicht. Beim Trainieren des Soulset geht es einfach darum, Ihre Verbindung zu Ihrem klugen Selbst zu vertiefen – jenem Teil von Ihnen, der weiß, was für Sie richtig ist, der auch in schwierigen Zeiten stark und widerstandsfähig bleibt. Jener Teil von Ihnen, der versteht, dass es die Welt schmälert, wenn Sie Ihre natürlichen Gaben und Talente nicht zum Tragen bringen (weil uns dann entgeht, was Ihr Genie hervorbringen würde). Der Teil von Ihnen, der ein Geber und kein Nehmer ist. Und der statt der Opferrolle die des Helden einnimmt.

Um Ihren Geist aufzutanken, nehmen Sie sich bitte öfter die Zeit, allein zu sein. Reservieren Sie sich mindestens ein paarmal pro Woche oder idealerweise täglich einen längeren Zeitraum, um in Stille zu sitzen. Gehen Sie im Wald spazieren, um Ihr höchstes – und bestes – Selbst zu erneuern. Beten Sie, wenn Sie möchten, lesen Sie Weisheitsliteratur, wenn Sie möchten, und denken Sie daran, nie einen Ort zu verlassen, an dem jemand in Not ist, ohne alles Ihnen Mögliche getan zu haben, das seinen Schmerz lindern könnte, auf welche Weise auch immer. Je mehr Menschen Sie helfen, desto mehr wird Ihre Seele sich ausdehnen.

Wir sind nun am Ende des Abschnitts über die zweite Art des Reichtums angelangt, aber ich möchte Sie eindringlich ermutigen, bei Ihrem Streben nach bester Gesundheit Ihr geistiges Leben nicht zu vernachlässigen. Eine gut gepflegte und versorgte Seele wird Ihrem Leben in wahrem Reichtum sehr dienlich sein.

Die dritte Art des Reichtums

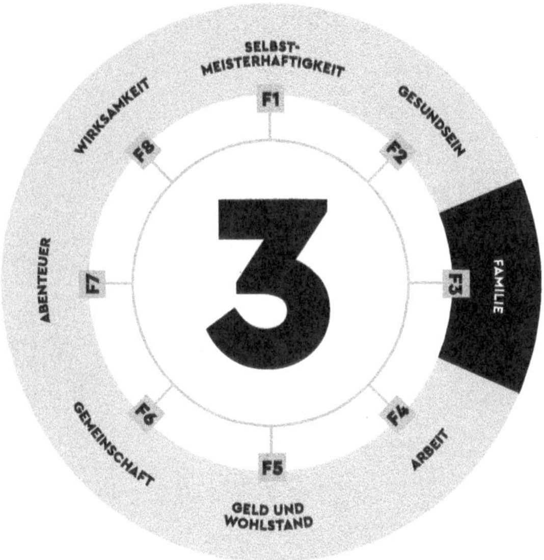

FAMILIE

Die Grundregel: glückliche Familie, glückliches Leben

»Eine glückliche Familie ist nur ein früherer Himmel.«
George Bernard Shaw

Die dritte Art des Reichtums

Familie | Ein kurzer Überblick

Sich der Liebe einer guten (freilich niemals perfekten) Familie erfreuen zu können, ist eine der schönsten Belohnungen im Leben und eine Währung, die exponentiell wertvoller ist als jede erdenkliche Menge Geld.

Niemand kann sich als *wirklich* reich bezeichnen, wenn er oder sie zwar finanziell gut gestellt ist, aber unter einer Armut an menschlichen Beziehungen leidet, insbesondere zu den wichtigsten Menschen im eigenen Universum.

Ein starkes, freudvolles und glückliches Familienleben ist ein grundlegender Baustein für eine persönliche Geschichte, die nicht nur Sie selbst vollkommen zufriedenstellt, sondern auch die Kreativität, die Produktivität und die Wirkung auf andere beinhaltet, die der machtvollste Teil in Ihnen erstrebt.

Zu wissen, dass es Menschen gibt, die einen lieben, dass gute Freunde und wohlgesinnte Menschen da sind, an die man sich wenden kann, ist eine große Kostbarkeit. Interessanterweise halten zu viele gute Seelen ihr Familienleben für selbstverständlich, bis sie einen Verlust erleiden. Und erst dann erkennen sie, welch ein unermesslicher Schatz ein gutes Familienleben ist. »Erst in der Stunde der Trennung erkennt die Liebe ihre eigene Tiefe«, schrieb der libanesische Dichter Khalil Gibran in seinem Meisterwerk *Der Prophet*.

In Ihre engsten Beziehungen zu investieren und Ihre Tage mit mehr Liebe zu bereichern, ist eine der klügsten und ertragreichsten Investitionen, die Sie je tätigen werden. Beginnen wir also mit unserer gemeinsamen Arbeit an dieser dritten – und wesentlichen – Art des Reichtums: der Familie.

42

Als sich meine Mutter einmal einer Motorradgang anschloss

Ich habe mir das Folgende nicht ausgedacht: In der Straße, in der meine Eltern jahrzehntelang wohnten, zog eines Tages eine Motorradgang ein. Die Rocker mieteten ein Nachbarhaus und rasten mit ihren Maschinen die Straße hinauf und hinunter und brachten dabei die Fenster der Häuser in der einst friedlichen, von Bäumen gesäumten Vorstadtstraße zum Zittern.

Meine Mutter – furchtlos wie stets (sie ist jetzt in den Achtzigern) – ging los und kaufte einen Satz orangefarbener Kegel (wie sie bei Bauarbeiten auf Autobahnen verwendet werden) und stellte sie auf der Straße auf, um die Motorradfahrer zu bremsen.

Sie hat das nicht zu ihrem eigenen Vorteil getan. Sie tat es, weil meine Kinder – die damals noch ziemlich klein waren – oft auf der Straße vor dem Haus meiner Eltern spielten. Und die Kinder musste sie schützen (gut gemacht, Mama Bär!).

Es klappte – einigermaßen wenigstens. Die Biker verlangsamten ihr Tempo. Dennoch fuhren sie mit ihren Motorrädern immer noch etwas zu schnell für den Geschmack meiner Mutter.

Eines Tages, als die Biker vor ihrem Haus entspannt auf ihren Motorrädern saßen und Mozarts »Jupiter-Sinfonie« hörten (okay, das stimmt jetzt nicht, aber der Rest schon), erzählte Mutter einer Nachbarin, dass sie sich die Kerle vorknöpfen würde.

»Ich werde mit ihnen reden, damit sie sich für meine Enkelkinder ein bisschen zurückhalten«, sagte sie. »Ich will nicht, dass den Kindern etwas passiert.«

»Bitte, nein, gehen Sie nicht«, flehte die Nachbarin sie an. »Die sind gefährlich.«

»Ich gehe hin«, erwiderte Mama Bär.

Und tatsächlich, sie ging zu den Männern hinüber. Sie bat sie, künftig langsamer zu fahren und vorsichtiger zu sein. Und mehr Rücksicht auf die Nachbarn zu nehmen.

Was war das Ergebnis ihres mutigen Schrittes? Die Männer hätten zuvorkommender kaum sein können. Sie waren richtig liebenswürdig, um genau zu sein. Diese wild und grimmig wirkende Motorradgang hatte ein Herz aus Gold. Ihr Anführer erklärte – und das treibt mir Tränen in die Augen, während ich das schreibe: »Ma'am, Ihre Enkelin ist auch unsere Enkelin. Wir werden gut aufpassen. Vielen Dank.«

Mom ging nach Hause. Sie backte eine riesige Ladung Schokoladenkekse. Und brachte sie den Motorradfahrern vorbei. Im Ernst, sie backte den Bikern frische Kekse.

Der Anführer sagte ihr, dass die Gang immer für sie da sei, wenn sie Hilfe brauche. Mom ging mit einem Lächeln heim. Während die Männer ihre Kekse verzehrten, saßen sie auf ihren Motorrädern in ihrer Einfahrt.

Was kann man aus dieser Geschichte lernen? Ganz einfach. Es gibt nur wenige Dinge, die für ein wirklich reiches Leben wichtiger sind als Familie und gute Nachbarn. Bemühen Sie sich um sie.

43

Richten Sie ein Liebeskonto ein

Welche kleinen Taten können Sie heute vollbringen, um die Bande zwischen Ihnen und den Menschen, die Sie am meisten schätzen, zu vertiefen? Welche beiläufigen Akte der Freundlichkeit können Sie jemandem anbieten, um seinen Tag ein wenig besser zu machen? Es liegt eine gewisse Ironie darin, dass Sie sich auch selbst besser fühlen, wenn Sie anderen etwas geben oder Mitgefühl zeigen. Und so wächst Ihre dritte Art des Reichtums.

Um sich darin zu üben, liebevoller zu sein, legen Sie ein Liebeskonto an. Zahlen Sie jeden Tag einige wenige Beträge auf diese ganz besondere Rücklage ein, indem Sie einem geliebten Menschen in Ihrer Umgebung mit einer Kleinigkeit eine Freude machen. Ein guter Anfang ist es, Ihrem Partner ohne konkreten Anlass frische Blumen zu schenken, Ihrem besten Freund ein Exemplar Ihres Lieblingsbuches zu schicken (es sollte natürlich *Der 5-Uhr-Club* sein!) oder sich die Zeit zu nehmen, Ihren Kindern zu sagen, was Sie für sie empfinden. (Für mich ist es ein festes Ritual, meine Kinder zu umarmen, wenn ich sie sehe und wenn wir uns verabschieden. Wer weiß, was morgen passieren kann.)

Diese winzigen täglichen Einzahlungen auf das Liebeskonto werden Ihnen weit mehr Glück bringen als ein Tresor voller Juwelen. Und sorgen Sie dafür, dass Ihr Selbstwertgefühl immer höher ist als der Wert Ihres Vermögens (wenngleich natürlich finanzielle Freiheit wichtig ist für Ihr bestmögliches Leben, und in einem der nächsten Abschnitte werde ich auch einige Werkzeuge vorstellen, die Ihnen diesbezüglich höchst hilfreich sein können). Wie Ralph Waldo Emerson so treffend sagte: »Ohne ein reiches Herz ist Reichtum ein hässlicher Bettler.«

44

Betrachten Sie die Dinge durch die Augen Ihrer Liebsten

Hier ist ein wichtiger Grundsatz, an den Sie sich halten sollten, wenn Sie innige und tiefe Beziehungen zu Ihrem Lebenspartner, Ihrer Familie und Ihren treuesten Freunden aufbauen und pflegen wollen: *Wenn ihnen etwas wichtig ist, dann machen Sie es auch für sich wichtig.*

Mit anderen Worten: Versuchen Sie, sich in die Person hineinzuversetzen, die Sie lieben. Versuchen Sie, die Welt mit ihren Augen zu sehen, und spüren Sie, was Ihr Herz empfindet, wenn sie ein Thema, eine Aktivität oder irgendeine Form von Begeisterung mit Ihnen teilt. Bei dieser Idee geht es um viel mehr als um allgemeine Empathie. Es geht darum, einer Sache, die Sie normalerweise vielleicht als belanglos abtun würden, mehr Bedeutung beizumessen, wenn der Mensch, der Ihnen so viel bedeutet, denkt oder spürt, dass es sich um etwas Wichtiges handelt.

Und wenn Sie dieses Gesetz verinnerlicht und erfolgreich praktiziert haben, tragen Sie es in Ihre größere Gemeinschaft hinaus. So wird Ihr Leben zu einem Geschenk. Und zu einem schönen Beispiel (für viele andere).

45

Geniessen Sie die kleinen Überraschungen des Familienlebens

Ich weiß, dass dies ein weitverbreiteter Gedanke ist, aber er bedeutet mir so viel, dass ich dachte, ich schreibe Ihnen eine kurze Mentoring-Botschaft dazu.

Beginnen wir wieder mit meiner Mutter. Wir hatten gestern Abend ein großes Familienessen und wie immer fragte Mom: »Was kann ich mitbringen?« Wie immer antwortete ich: »Nichts, Mom – bring nur dich (und Papa) mit. Es ist alles vorbereitet.«

Als Mom auftauchte und wie immer wunderschön und elegant aussah, hatte sie eine kleine Tasche dabei, in der sich etwas befand.

»Hier, Robin, das ist für dich. Das ist frische Minze für deinen Morgentee. Ich habe sie heute Nachmittag auf dem Markt gekauft. Sie wird dir schmecken.«

Im Leben ist es so einfach, Dingen hinterherzujagen, die unsere Gesellschaft als die großen Preise darstellt, nur um dann zu spät herauszufinden, dass es eigentlich die unbedeutenden sind. Und im Leben vergessen wir oft, dass die scheinbar kleinen Dinge in Wirklichkeit die großen Dinge sind – wie die Minze meiner geliebten Mutter, die sie mit großer Liebe für ihren Sohn auf einem Bauernmarkt gekauft hat.

46

Hegen Sie keinen Groll

Das Leben ist zu kurz, um ständig Groll zu hegen. Ich erinnere mich an eine Geschichte, die Keith Richards, der Gitarrist der Rolling Stones, in seiner Autobiografie *Life* erzählte. Ein enger Freund von ihm hatte ihm Geld gestohlen. Anstatt den Mann aus seinem Leben zu verbannen und jahrelang verbittert über diesen Treuebruch zu sein, verzieh der Musiker ihm, weil er dachte, dass der Freund das Geld wahrscheinlich dringender brauchte als er selbst. Und dann kehrte er in sein Studio zurück und machte weiter Musik.

Ninjamäßig, oder? Ein Verhalten wie von einem Zen-Meister, zumindest für mich. Eine so ehrenhafte, heldenmütige und liebevolle Antwort auf die Schwächen eines anderen Menschen.

Manche Leute haben vielleicht eine ganz andere Denkungsart. »Solchen Leuten muss man eine Lektion erteilen« und »So was tut mir keiner an« und »Dafür muss er bezahlen« und dergleichen. Das verstehe ich. Manchmal denke ich auch so, das muss ich zugeben.

Ein Kunde erzählte mir kürzlich, dass sein Vater an Magenkrebs sterben würde. Er habe vielleicht noch einen Monat zu leben. Der Vater hatte seit fünfzig Jahren nicht mehr mit seinem Bruder gesprochen. Der Kunde erzählte, dass sie sich in jungen Jahren zerstritten hatten. Hören Sie sich das an – der Vater konnte sich nicht einmal mehr daran erinnern, worum es bei dem Streit gegangen war! Aber die Fronten waren verhärtet. Die Mauern waren zementiert. Die Grenzen abgeriegelt.

Und so sprachen die beiden Brüder, die sich einst unglaublich nahestanden, *ein halbes Jahrhundert* lang kein einziges Wort miteinander. Kein einziges Wort.

- Denken Sie an all die gemeinsamen Angelausflüge, die ihnen entgangen sind.

- Denken Sie an all die Familienessen, die sie nicht miteinander teilen konnten.
- Denken Sie an das Lachen, das sie nicht genossen haben, an die Erinnerungen, die sie nicht teilen konnten, und an all die brüderliche Liebe, die sie weggeworfen haben.

Mein Kunde erzählte, dass der Bruder in der vorigen Woche im Krankenhauszimmer seines Vaters aufgetaucht war. Er war einfach hereingeschlendert. Mit einer Karte, einem Blumenstrauß und einer Schachtel Pralinen (sorgfältig mit einer großen blauen Schleife verpackt).

Der Kranke sagte: »Ich bin so wütend auf dich. Darüber, dass wir all diese gemeinsamen Jahre verloren haben.« Dann entspannte er sich, hustete und begann zu weinen.

Auch dem Bruder kamen die Tränen, als er erwiderte: »Du hast mir wirklich gefehlt.« Er hielt inne, wischte sich die Tränen ab und flüsterte dann seinem Bruder ins Ohr: »Ich liebe dich wirklich.«

Der Vater meines Kunden verstarb am nächsten Tag.

Wir sollten keinen Groll hegen. Daraus entsteht nie etwas Gutes.

47

Stellen Sie Ihre Beziehung auf den Prüfstand

In Beziehungen muss man nicht alles einfach hinnehmen. Als Erstes sollten Sie sich darüber Klarheit verschaffen, was nicht verhandelbar ist und was Ihnen in einer Beziehung am wichtigsten ist. Zweitens liegt es an Ihnen, Ihre Prioritäten auf elegante und klare – bisweilen vielleicht auch energische – Weise zu schützen. Wir bringen unseren Mitmenschen bei, wie sie uns zu behandeln haben, und wenn Sie ständig zulassen, dass man Sie hintergeht oder ausnutzt, werden die anderen denken, es sei in Ordnung, so mit Ihnen umzugehen. Und dabei verlieren Sie jedes Mal ein bisschen mehr von Ihrer Selbstachtung und persönlichen Ehre.

Beziehungen können manchmal schwierig sein, aber sie müssen nicht *ständig* schwierig sein. Wenn dies der Fall ist, dann befinden Sie sich in einer toxischen Beziehung, und als Ihr Mentor aus der Ferne muss ich Ihnen wirklich sagen, dass Sie (unverzüglich) aussteigen sollten. Ich weiß, Sie glauben vielleicht, dass Sie nichts dagegen tun können, oder Sie beten darum, dass sich die Beziehung irgendwie von selbst verbessern möge. Aber ein Warnsignal ist ein Warnsignal, und Sie könnten die besten Jahre Ihres Lebens mit der Hoffnung vergeuden, dass der Alarm verstummen möge. Ja, Sie werden Ihren »Verlust« betrauern müssen, und es wird eine längere schwierige Zeit folgen. Aber der Schmerz eines gebrochenen Herzens wird viel leichter zu ertragen sein als die Tragödie, die letztlich auf Sie zukommt, wenn Sie bleiben.

Ich wiederhole es: Wenn Sie in einer Beziehung sind, die *täglich* schwierig ist, ist es an der Zeit, die Verbindung zu kappen. Das ist eine ungute Situation. Sie können so vieles besser machen. Machen Sie einen sauberen Schnitt. *Jetzt.*

Ich behaupte nicht, dass alle Beziehungen supereinfach sind oder das reine Zuckerschlecken. Bei zwei Menschen, die zusammen sind, gibt es zwangsläufig immer wieder gewisse Reibereien oder Unstimmigkeiten.

Ich will nur sagen, dass Beziehungen letztlich eine Quelle der Gemeinschaft, der Ermutigung, des Wachstums, des Glücks und der Liebe sein sollen. Und wenn das nicht gegeben ist, lassen Sie los, damit Platz für etwas Besseres und Angenehmeres geschaffen wird, das in Ihr kostbares Leben tritt. Wir beide wissen, dass Sie das Beste verdienen.

48

Ihre Partnerwahl macht 90 Prozent Ihrer Freude aus

Ich habe erst relativ spät in meinem Leben tiefe Freude in meiner Beziehung gefunden. Ich will ehrlich sein. Das schulde ich Ihnen.

Mit Mitte fünfzig habe ich eine echte Lebenspartnerin gefunden. Eine Frau, die mich verstand, die auf der gleichen Wellenlänge war und mir das Gefühl gab, dass ich in Ihr jene Frau gefunden hatte, mit der ich den Rest meiner Jahre verbringen wollte.

Ich war an einem Punkt in meinem Leben angelangt, an dem ich genug hatte von all den Dramen. Ich hatte keine Lust mehr auf das ständige private Auf und Ab, das ein andauerndes Brände-Löschen war und keinerlei Stabilität zu bieten vermochte. Das hatte ich alles zur Genüge gehabt. Mir reichte es.

Wir alle müssen immer wieder dieselben schmerzlichen Erfahrungen durchmachen, bis wir die Lektion gelernt haben, die sie uns vermitteln sollen.

Wie auch immer, Elle ist der Hammer. Sie ist wunderschön, klug, wortgewandt, über alle Maßen fürsorglich, witzig, stilvoll, gebildet, und sie teilt die Werte, die mir am meisten bedeuten. Sie sieht die Welt einfach auf dieselbe Weise wie ich. Faszinierenderweise ist sie in derselben Stadt aufgewachsen wie ich. Synchronizität ist die Art und Weise, wie das Universum einen Menschen still und leise ermutigt, nicht wahr?

Wie ich bereits in der letzten Botschaft angedeutet habe, können alle romantischen Beziehungen in bestimmten Phasen eine Herausforderung darstellen. Die Chancen sind gering, dass Sie gleich beim ersten, zweiten oder dritten Mal die richtige Person finden, die ideal für Sie ist. Achten Sie bei Ihrer Suche bitte darauf, dass Sie tatsächlich einen Partner suchen, kein Projekt. Ich glaube, das ist ein unglaublich wichtiger Punkt, den jeder bei der Wahl seines Partners im Hinterkopf behalten sollte.

Und mir ist natürlich klar, dass niemand vollkommen ist. Ich sicherlich auch nicht. Ich habe noch nie jemanden getroffen, der keine Fehler, Narben und Eigenheiten hat, die uns zu Menschen machen. Aber ich glaube, dass der richtige Partner für jeden von uns irgendwo da draußen ist. Die Köchin und Kochbuchautorin Julia Child sagte einmal: »Das Geheimnis einer glücklichen Ehe besteht darin, die richtige Person zu finden. Man weiß, dass es die richtige Person ist, wenn man es liebt, die ganze Zeit mit ihr zusammen zu sein.« Das ist es, was ich jetzt habe. Und das wünsche ich mir auch für Sie (falls Sie das noch nicht haben).

Oh, und wenn Sie die Person gefunden haben, von der Sie wissen, dass sie die richtige ist, dann kämpfen Sie darum, sie zu halten, wenn die Zeiten schwierig werden (und das werden sie mit Sicherheit). Großartige Lebenspartner wachsen nicht auf Bäumen. Und legendäre Liebesgeschichten brauchen viel Geduld.

49

Befolgen Sie die Regel der drei guten Freunde

Mein geliebter Vater, der vierundfünfzig Jahre seines Lebens als Hausarzt verbracht hat, sagte mir einmal: »Robin, wenn du drei gute Freunde hast, bist du ein reicher Mann. Erhalte dir deine alten Freunde. Sie sind kostbare Schätze – und schwer zu finden.«

Drei Freunde zu haben, die Sie akzeptieren, Sie ermutigen und Sie so mögen, wie Sie sind (mit all Ihren Macken), das ist ein besonderes Geschenk eines klug geführten Lebens.

- Freunde, bei denen Sie sein können, wie Sie sind, und nicht so tun müssen, als wären Sie jemand, der Sie nicht sind, um dazuzugehören.
- Freunde, die mit Ihnen lachen, wenn Sie sich freuen, und mit Ihnen weinen, wenn Sie traurig sind.
- Freunde, die Sie verstehen und Ihren Visionen applaudieren (egal wie albern sie erscheinen mögen).
- Freunde, die Sie um drei Uhr nachts aus dem Ausland anrufen können, wenn Sie in Schwierigkeiten stecken, weil Sie wissen, dass sie zum Flughafen eilen und den ersten Flug nehmen werden, um Sie abzuholen.

»Gute Freunde, gute Bücher und ein schläfriges Gewissen: Das ist das ideale Leben«, bemerkte Mark Twain einmal. Ich bin sicher, er hat recht.

50

Halten Sie die Reise fest

Über den Grundgedanken dieser Botschaft habe ich schon vor Jahren in *Wer wird um dich weinen, wenn du nicht mehr bist?* geschrieben. Und er hat sich in meinem eigenen Leben so gut bewährt, dass ich dachte, ich sollte die Erkenntnis aus den Archiven holen und sie heute mit Ihnen teilen. Sie passt gut in diesen Abschnitt über die dritte Art des Reichtums: Familie und reiche Beziehungen.

Zur Vorgeschichte: Als ich ein Kind war, hat mein Vater alles fotografiert. Er liebte die Fotografie – und Kameras. Von der traditionellen Art. Jene Art von Kameras, für die man Kraft brauchte, um sie zu halten, und die man in einer ledernen Umhängetasche transportierte, mit Fächern für die verschiedenen Objektive, die verwendet werden sollten. Kameras, die heute in Museen für mittelalterliche Geschichte stehen.

Nun gut. Nahezu jedes Familienerlebnis wurde auf Film festgehalten.

- Geburtstage und Abschlussfeiern
- Schulkonzerte und Ferien
- Ausflüge in den Zoo, um die Schimpansen zu sehen
- rasante Sprünge auf meinem billigen kleinen Motocross-Motorrad (das eigentlich mithilfe eines Rasenmähermotors gebaut worden war)

Irgendwann muss ich Ihnen einige unserer Familienfotos zeigen. Aber jetzt haben Sie schon mal eine Vorstellung davon. Papa hat alles fotografiert.

Einige Schnappschüsse hier, ein paar Klicks dort. Papa war mit Freude und Enthusiasmus dabei, die Fortschritte, die Ereignisse und die bedeutungsvollen (oder auch weniger bedeutungsvollen) Momente auf der Lebensreise unserer Familie festzuhalten.

Es hatte fast den Anschein, als betrachte er nichts als selbstverständlich. Als wäre er für jede Sache dankbar. Als hätte er klar verstanden, dass Familienmomente flüchtig sind. Und dass der Zauber in den alltäglichsten Momenten wohnt. Also ehrte er die wichtigen Zeremonien und schätzte die kleinsten Annehmlichkeiten gleichermaßen. Sehr weise. Und zutiefst gütig. So ist mein Vater.

Einmal fragte ich ihn, warum er so viele Rollen mit Fotos füllte.

Er lächelte nur. Dann legte er mir eine Hand auf die Schulter.

»Niemand weiß, was in der Zukunft passieren wird. Ich möchte all die schönen Dinge festhalten, die du, dein Bruder, deine Mutter und ich gemeinsam erlebt haben. Vielleicht werdet ihr, du und dein Bruder, euch irgendwann einmal all die Alben anschauen, die ich gemacht habe. Und euch darüber freuen.«

Als mein Vater fünfundachtzig Jahre alt war, überreichte er mir bei dem besonderen Familienessen, das Elle und ich vor unserer Abreise nach Italien veranstalteten, eine Stofftasche, in der sich eine alte Compact Disc befand. Er hatte seine Unmengen von Fotos und Familienfilmen in ein Geschäft gebracht, wo er alles auf diese CD hatte brennen lassen. »Alle Filme, die ich von dir als Kind gemacht habe, sind hier drauf«, sagte er. »Das ist mein Geschenk an dich. Viel Spaß damit, Robin. Du bist mir immer ein guter Sohn gewesen.«

Ich war gerührt. Es war kein unbezahlbarer Gegenstand. Aber es war eines der wertvollsten Geschenke, die ich je erhalten habe.

51

Stellen Sie die Zehntausend-Abendessen-Frage

Zu meinen Lieblingsritualen am Samstagmorgen gehört es, in die nahe gelegene Stadt zu fahren und im Fitnessstudio reine Mobilisierungsübungen zu machen – mich zu dehnen und die intensiven Trainingseinheiten der Woche abzuschütteln, nach denen ich mich verspannt fühle. Ich verlasse das Fitnessstudio frisch und voller Energie. Dann gehe ich zu einem wunderschönen Platz und kaufe mir die Wochenendzeitung, die ich in einem charmanten Café (das von Dichtern und Künstlern besucht wird) lese, während ich einen starken Espresso trinke und die Italiener um mich herum plaudern.

Vor einiger Zeit las ich in diesem Café einen Artikel über Ayesha Vardag, eine der bekanntesten Scheidungsanwältinnen im Vereinigten Königreich. Zu ihr gehen populäre Fußballer, berühmte Milliardäre und bedeutende Adelige, wenn ihre Ehen gescheitert sind. Sie befasst sich seit Jahren mit Scheidungen und teilte einmal ihre Erkenntnisse darüber mit, was große Ehen überdauern lässt. »Getrennte Schlafzimmer«, lautete ihre erste Anweisung. Dann brachte sie noch weitere Ratschläge, die ich für sehr geeignet halte, wenn wir daran arbeiten, die dritte Art des Reichtums in unserem Leben zu verankern:

> Die Dinge, die einer Ehe Langlebigkeit verleihen, bestehen im Wesentlichen darin, die Gesellschaft des anderen zu genießen, und zwar nicht nur körperlich, denn das nimmt im Laufe der Jahre ab. Man muss jemanden haben, mit dem man Spaß hat und der einen anregt. Malen Sie sich zehntausend Abendessen aus: Wenn Sie sich vorstellen können, zehntausend Mal mit jemandem zu Abend zu essen, dann sollten Sie diesen Menschen heiraten.

Menschen, die in ihrer intimen Beziehung besonders glücklich sind, werden Ihnen sagen, dass sie »einfach Glück hatten« und dass es sich für sie beide anfühlt, als hätten Sie den Jackpot geknackt (lesen Sie das zweimal!). Hervorragende Beziehungen sind wirklich wie Lotterien: Es gehört eine gehörige Portion Glück zum Gewinnen, und bei denjenigen, die es geschafft haben, stellt sich das Gefühl ein, dass sie gerade den Hauptpreis gewonnen haben. Dass sie von den Göttern der erfüllenden Beziehungen gesegnet worden sind. Und von den Engeln des Glücks geküsst.

Wenn Sie sich nicht mehr glücklich damit fühlen, den Partner zu haben, den Sie haben, dann ist dieser Mensch vielleicht nicht der richtige. Und wie ich vorhin schon angedeutet habe, könnte es für Sie an der Zeit sein, weiterzuziehen.

52

Erkennen Sie, dass Gegensätze sich nicht anziehen

Ich kenne natürlich die oft zitierten Weisheiten über Gegensätze, die sich anziehen, Welten, die aufeinanderprallen, oder die ungeahnten Energien, die Feuer und Eis miteinander freisetzen können. Doch in meinem Fall war es nicht so.

Ich habe die Erfahrung gemacht, dass die unkomplizierteste, wundervollste, befriedigendste und nachhaltigste intime Beziehung, die mir vergönnt war, sich mit einer Partnerin entwickelte, die mir sehr ähnlich ist.

- Wir machen die gleichen Dinge gerne, sodass wir nicht darüber verhandeln müssen, dass ich für alles, was ich gerne tue, im Gegenzug auch Dinge tun muss, die ich nicht ausstehen kann (wie zum Beispiel Karussell fahren in Vergnügungsparks oder Sportveranstaltungen mit lärmendem Publikum und langweiligen Spielen besuchen).
- Wir sind beide Familienmenschen und verbringen sehr viel Zeit mit unseren Angehörigen.
- Wir sind beide friedliebend und mögen kein Drama, und wenn wir uns ab und zu einmal »streiten«, ist das kein richtiger Streit und in wenigen Minuten beigelegt. (Ich habe einmal gelesen, dass der wichtigste Indikator dafür, ob eine Beziehung hält, die Art und Weise ist, wie das Paar mit Konflikten umgeht.)
- Wir lieben die Gesellschaft des anderen, und ein toller Freitagabend besteht aus stundenlangen Gespräche unter dem funkelnden toskanischen Sternenhimmel, während ich an meinem liebsten alkoholfreien Gin (mit Pflanzenextrakten hergestellt) mit frischer Limette, einem Rosmarinzweig von unserem Bauernhof

und kaltem Tonic Water nippe. Mein Hündchen Holly legt dabei normalerweise ihren Kopf auf meine Füße und hält Ausschau nach ihrem Lieblingssalamander.

Ich muss es noch einmal wiederholen: Ich habe absolut kein Interesse an einer romantischen Beziehung, in der ich die besten Stunden meiner schönsten Tage mit Erklärungsversuchen verbringe, warum ich die Gewohnheiten habe, die ich habe, warum ich die Dinge tue, die ich tue, warum ich so lebe, wie ich lebe, und warum ich den Drang habe, an die ungewöhnlichen Träume zu glauben, die ich träume (wie zum Beispiel die Welt besser und die Tage meiner Leserinnen und Leser heller zu machen).

So etwas zehrt nicht nur an Ihrer Lebenskraft und vergeudet Ihre kostbare Zeit, sondern führt auch zu endlosen Missverständnissen, zu Chaos und allgemeinem Ungemach (das meist in einer Katastrophe endet).

Ja, natürlich, bitte tun Sie, was Ihnen persönlich richtig erscheint. Sie sind klüger, als Sie wissen, und verfügen über mehr Größe, als Sie denken. Laufen Sie Ihr eigenes Rennen und seien Sie Ihr eigener Guru. Ich tue nur mein Bestes, um Ihnen das zu empfehlen, was Ihnen meiner Meinung nach am meisten helfen kann.

Und ich glaube auch, dass wir uns – meistens jedenfalls – die Liebe nicht aussuchen. Die Liebe erwählt uns.

Und ich bin überzeugt, dass Menschen aus bestimmten Gründen in unser Leben treten, für eine gewisse Zeit oder – wenn Sie Glück haben – für ein ganzes Leben. Und sollte eine Beziehung enden, so ist das kein Scheitern, denn durch diese Beziehung sind Sie in Ihrer Fähigkeit zu lieben gewachsen. Kein Wachstum, das in der Liebe geschieht, ist eine Verschwendung.

Und dennoch: Wenn Sie jemanden finden, *der zu Ihnen passt,* wird Ihr Leben so viel glücklicher, produktiver, lustiger und ruhiger sein. Sie werden mehr Kreativität erleben, Ihre Produktivität wird dramatisch zunehmen, Sie werden mehr Geld verdienen (und sparen), sich einer viel besseren geistigen, emotionalen, körperlichen und spirituellen Gesundheit erfreuen und einen Lebensstil kennenlernen, der Ihnen wirklich gefallen wird.

Zumindest ist es bei mir so gewesen.

53

Betrachten Sie kleine Kinder als riesige Geschenke

Als mein Sohn in der Grundschule war, brachte er eines Tages zum Vatertag eine handgefertigte Karte aus dem Unterricht mit nach Hause. Auf der Vorderseite war sein kleiner Handabdruck zu sehen, und auf der Innenseite der Karte, über einem kleinen Foto meines Kindes, standen diese Worte:

> Manchmal bist du enttäuscht, weil ich noch so klein bin und immer Fingerabdrücke auf Möbeln und an der Wand hinterlasse. Aber ich wachse jeden Tag – eines Tages werde ich erwachsen sein, und diese winzigen Handabdrücke werden dann sicher verschwinden.
> Hier ist jetzt ein deutlicher Handabdruck von mir, nur damit du dich erinnern kannst, wie meine Finger aussahen, als ich noch ganz klein war.
> In Liebe, Colby

Kinder werden sehr schnell erwachsen. Das Leben vergeht wie im Flug. Es kommt mir vor, als wäre es erst gestern gewesen, dass ich im Kreißsaal stand und auf die Geburt meines aufgeweckten und unerschütterlich optimistischen Sohnes wartete, und dann, zwei Jahre später, auf die Geburt meiner klugen und ganz und gar wunderbaren Tochter. Jetzt sind sie beide erwachsen. Sie führen ihr eigenes, bedeutungsvolles Leben (Colby ist Autor und Bianca ist in der Wohltätigkeitsarbeit).

Mehr Zeit mit seinen Kindern zu verbringen, wenn es im Büro nur endlich ruhiger zugeht oder wenn weniger Verantwortung auf den eigenen Schultern lastet – dieses Vorhaben ist leicht gefasst. Aber wenn Sie nicht auf das Leben reagieren, hat das Leben die faszinierende Angewohnheit, auf Sie zu reagieren. Und die Wochen werden zu Monaten, und die Monate werden zu Jahren, und die Jahre werden zu Jahrzehnten, und ehe man sich's versieht, sind die kleinen Kinder mit den winzigen Händen, von denen man glaubte, dass sie für immer klein bleiben, erwachsen. Und verschwunden.

54

Manche Verletzungen sind nicht dazu bestimmt, geheilt zu werden

Gestern Abend habe ich einen Dokumentarfilm über die weltberühmte Schauspielerin Pamela Anderson gesehen. Darin ging es um ihre Erfahrungen als Schauspielerin, ihre Versuche als Influencerin und ihre intensive – und turbulente – Liebesgeschichte mit Rockstar Tommy Lee von der Heavy-Metal-Band Mötley Crüe.

In einer Szene zeigte sich Anderson offen und verletzlich, als sie über ihre vielen Ehen, unerfüllten Beziehungen und die Herausforderungen sprach, den richtigen Partner zu finden. Dann, als sie ein Video von sich und Lee anschaute – aus ihren scheinbar besten Zeiten –, wurde sie sichtlich emotional und weinte, während sie aufstand und von der Kamera wegging.

Das Paar hat sich vor über einem Vierteljahrhundert getrennt. Dennoch fand ich es interessant und rührend, dass der Anblick eines magischen Moments mit Tommy Lee immer noch so starke Gefühle in ihr auslöste. Die Liebe, die sie für ihn empfand, ist offensichtlich nie erloschen. Und sie beide in ihren jungen Jahren zusammen zu sehen – voller Hoffnung, Zuversicht und Leidenschaft –, hat sie tief bewegt. Manche Flammen erlöschen einfach nicht, denke ich.

Ich will damit nur sagen, dass manche Wunden nicht geheilt werden können, und – so seltsam es auch erscheinen mag – manchmal stirbt die Liebe nicht, nur weil die Beziehung endet. Das bedeutet nicht, dass man wieder zusammenkommen sollte. (Was mich an den beliebten Satz erinnert: »Manchmal kommen Menschen in unser Leben zurück, um zu sehen, ob wir immer noch dumm sind.«) Es bedeutet nur, dass die Liebe, die zwei Menschen geteilt haben, echt und wichtig war und dass beide sie immer in Ehren halten sollten (an einem geheimen Platz im Herzen).

Und dass diese beiden so stark und vergebungsbereit sind, dass Sie nicht verbittern, sondern die Liebe fortwährend bewahren. Wie wunderbar! Gott segne sie.

55

Seien Sie kein Fussabtreter

Freundlichkeit gegenüber dem Partner, Familienmitgliedern, Freunden oder Kollegen darf nicht mit Schwäche verwechselt werden. Viele gute, redliche Menschen hatten in ihrem Leben schwierige Zeiten durchzustehen und Leid zu überwinden. Ihr Schmerz hat sie vertraut gemacht mit ihrer Kraft. Sie sind innerlich gestählt.

Am Ende einer Mentoring-Sitzung zu einem Beziehungsthema sagen Klienten mir manchmal Dinge wie: »Robin, wenn ich fürsorglich, mitfühlend und aufrichtig bin, werden die Leute mich ausnutzen. Ich will kein Fußabtreter sein.«

Ich antworte darauf gewöhnlich Folgendes: »Die Menschen werden Sie nur dann ausnutzen, wenn Sie das selbst zulassen. Sie haben die Möglichkeit, Grenzen zu setzen und für sich selbst einzustehen. Also tun Sie es. Bitte.«

Wir bringen den Menschen bei, wie sie uns behandeln sollen. Und in Beziehungen bekommen wir in der Regel auch das, womit wir uns zufriedengeben. Und wir erhalten, was wir akzeptieren.

Die schwierige Balance, die Sie meistern müssen, ist diese: Seien Sie respektvoll und doch bestimmt. Höflich, aber mutig. Umgänglich, aber geradeheraus. Liebevoll, aber mit Selbstachtung. Abgemacht?

56

ERKENNEN SIE, DASS ANHÄNGLICHKEIT KEINE LIEBE IST

Es gibt einen Riesenunterschied zwischen Anhänglichkeit und Liebe.

Anhänglichkeit ist hilfsbedürftig, klammernd und ängstlich. Sie entsteht aus klaffenden Wunden und Verletzungen aus der Kindheit, die noch nicht geheilt sind (deshalb ist es so wichtig, die alten Wunden zu heilen, die Sie davongetragen haben, damit Sie Ihren verborgenen Schmerz nicht auf Menschen übertragen, die Ihnen nicht wehgetan haben). Anhänglichkeit ist unsicher und egozentrisch. Sie bringt uns dazu, in Beziehungen Dinge zu tun, die für uns ungesund sind. Zum Beispiel fühlen wir uns zu einem Partner hingezogen, der uns schlecht behandelt, harren zu lange in einer toxischen Beziehung aus und denken, wir könnten niemanden finden, der besser ist als die Person, mit der wir gerade zusammen sind.

Liebe ist etwas völlig anderes. Liebe ist großzügig und beständig, mitfühlend und dankbar. Sie lässt uns in ihrer Gegenwart auferstehen. Und stärkt das Vertrauen in unsere Besonderheit. Es ist besser, allein zu sein, als dies nicht zu erfahren. Ich weiß, Sie werden mir zustimmen.

57

Umarmen Sie öfter andere Menschen

Ich verstehe, dass Sie bei diesem Ratschlag vielleicht mit den Augen rollen. Aber ich muss ihn hier anbringen. Denn in Wirklichkeit werden Sie glücklich sein, wenn Sie ihn leben und praktisch umsetzen.

Erster Schritt: Wenn Sie das Glück haben, dass Ihre Mutter noch lebt (und in Ihrer Nähe ist), lassen Sie alles stehen und liegen (ich kann warten) und umarmen Sie Ihre Mutter! Es wird eine Zeit kommen, in der Sie das nicht mehr tun können. (Natürlich können Sie das auch mit Ihrem Vater tun, wenn es möglich ist.)

Wussten Sie, dass das Umarmen einer Person die Ausschüttung von Dopamin, Serotonin und Oxytocin im Körper bewirkt? Dies senkt Ihren Blutdruck, Ängste werden abgebaut und die Stimmung verbessert sich. Cool, oder?

In einer Studie mit mehr als vierhundert Erwachsenen wurde festgestellt, dass Umarmungen die Zahl der Krankschreibungen verringern; eine andere Studie ergab, dass Umarmungen die Herzgesundheit verbessern. Und der angesehene Arzt Dean Ornish hat herausgefunden, dass Menschen, die sich ständig niedergeschlagen, einsam und isoliert fühlen, dreimal so häufig krank werden – und früher sterben.

Nehmen Sie also öfter Menschen in den Arm. Ihre Familie wird das fantastisch finden und unsere Gesellschaft wird freundlicher sein, weil Sie es getan haben.

58

Werden Sie zu einem »People-Builder«

Ich war schon auf Rollsteigen und in Shuttlebussen unterwegs, die »People-Mover« – wörtlich: »Menschen-Beweger« – genannt wurden. Ich fand diese Bezeichnung schon immer seltsam. Ich weiß nicht, warum.

Ein Ausdruck, der mich viel mehr anspricht, ist »People-Builder« – »Menschen-Macher«, jemand, der andere aufbaut. Sollten wir das nicht alle sein?

Sollte dies nicht eines unserer Hauptziele sein – zu Hause, bei der Arbeit, auf den Straßen der Gemeinden, die wir unser Zuhause nennen?

Ich schreibe diese Worte an Sie, während ich in einem Hotelzimmer in London gewissermaßen eingesperrt bin. Ich bin weit weg vom Lärm eines erfüllten (und manchmal ermüdenden) Lebens, das ich damit verbracht habe, eine Familie großzuziehen, meine Ambitionen als Künstler zu verwirklichen und mein Bestes zu geben, um so vielen Menschen wie möglich zu dienen, bevor ich als schwelender Haufen Asche ende (den meine Familie hoffentlich irgendwann vor der Küste der atemberaubenden Kap-Breton-Insel, wo ich aufgewachsen bin, ins Meer streuen wird).

Ein Licht zu werfen auf diejenigen, die noch nichts wissen von ihren großartigen Talenten, ist die Arbeit von Helden. Sich wirklich und wahrhaftig darum zu kümmern, die Menschen in Ihrem Leben größer, besser und mutiger zu machen, ist nicht nur gut für den Planeten. Es ist auch ein fantastischer Treibstoff für die Seele. Also werden Sie großartig darin. Bitte.

59

Seien Sie ein Schöpfer des vollkommenen Moments

Eugene O'Kelly hatte alles. Als Chef des weltweit tätigen Wirtschaftsprüfungsriesen KPMG waren ihm Tausende von Mitarbeitern unterstellt, er war ein Meister seines Fachs und verfügte über Macht, Prestige und Wohlstand.

Dann, es war ein ganz gewöhnlicher Tag, ging er in die Praxis seines Arztes, um sich die Ergebnisse einer Routineuntersuchung abzuholen. Der Arzt kam ihm mit einem Gesichtsausdruck entgegen, den man sich beim eigenen Arzt niemals wünschen würde.

O'Kelly wurde die schreckliche Nachricht überbracht. Er hatte einen inoperablen Hirntumor. Man gab ihm bestenfalls noch neunzig Tage zu leben.

Anstatt sich zu beklagen und zu jammern, traf der Manager eine dramatische Entscheidung: Er wollte die letzten drei Monate seines Lebens so gestalten, dass sie wirklich erfolgreich würden – ähnlich wie es ihm beim Aufbau des globalen Unternehmens gelungen war, das er leitete.

Er würde ein erfülltes und sinnvolles Leben führen. Er würde Beziehungen reparieren, die er zerbrochen hatte, und die Familie, die er zu oft vernachlässigt hatte, wieder in Ordnung bringen. Er würde die Spaziergänge mit seinen Freunden unternehmen, die er, wie er bedauernd feststellte, nie unternommen hatte, und er würde die Dinge insgesamt langsamer angehen lassen, um all den meist unbemerkten, gleichwohl wertvollen Zauber des Lebens zu genießen.

Ihm wurde bewusst, dass er in all den Jahren als berühmter Geschäftsmann seine Frau nie zum Mittagessen eingeladen hatte. Und beim Nachdenken erkannte er, dass er viele besondere Ereignisse mit seiner Tochter verpasst hatte, darunter Weihnachtskonzerte, gesellschaftliche Veranstaltungen und Sportwettkämpfe.

Und so beschloss er, ein »Schöpfer des vollkommenen Moments« zu werden, wie er es nannte.

In der wenigen Zeit, die ihm in seinem einst glamourösen Leben noch blieb, arbeitete er entschlossen, zielstrebig und geschickt daran, mit den Menschen, die er liebte, Erinnerungen zu schaffen, die rein, wunderbar und außergewöhnlich waren. Selbst wenn sie durch die einfachsten Dinge zustande kamen.

Eugene O'Kelly starb einige Monate nach diesem Arztbesuch. Seine Frau veröffentlichte posthum seine Memoiren, *Chasing Daylight* (deutsch: *Auf der Jagd nach dem Tageslicht. Wie mit meinem bevorstehenden Tod ein neues Leben begann*), ein Buch, das mich tief beeindruckt hat. Über viele, viele Jahre hinweg.

Es hat mich dazu inspiriert, Familienerlebnisse nicht aufzuschieben, die den Menschen, die ich am meisten liebe, Freude bereiten würden (ich plane Familienurlaube ein Jahr im Voraus und richte dann alles andere nach diesen nicht verhandelbaren Ereignissen aus). Und ich wollte die Liebe, die ich in meinem Herzen hatte, nicht für eine spätere Zeit zurückhalten. Ich kann Ihnen gar nicht sagen, wie viele Persönlichkeiten ich beraten habe, die mir erzählten, dass sie es am meisten bedauern, einem geliebten Menschen nicht gesagt zu haben, wie sehr sie ihn liebten, bevor er starb. Lassen Sie es nicht zu, dass Ihnen das auch passiert.

O'Kellys Beispiel hat mich dazu inspiriert, mit meiner Familie auf Mauritius mit Delfinen zu schwimmen, mit meinen Kindern in Paris (nach einer nächtlichen Zugfahrt unter dem Ärmelkanal hindurch) knusprige Schokoladen-Croissants zu genießen, von einem italienischen Koch zu lernen, wie man die vorzüglichen *Pici al Pomodoro* zubereitet, die Colby und Bianca so gerne essen, und lange Sommertage auf dem Meer ohne Telefon zu verbringen, nur um mit den Menschen zusammen zu sein, die mir am meisten bedeuten.

Überlegen Sie einmal, wie viele Worte wir ungesagt lassen, wie viele Taten wir nicht vollbringen und wie viele Freundlichkeiten wir nicht gewähren, weil wir auf die ideale Zeit dafür warten – eine Zeit, die weniger hektisch, ruhiger und irgendwie perfekter ist.

Doch die Zeit wartet auf niemanden. Fangen Sie an, vollkommene Momente für Ihre Lieben zu schaffen. Gleich heute.

60

Ein Geschenk, das gegeben wird, um selbst eines zu erhalten, ist kein Geschenk

Um tiefere zwischenmenschliche Beziehungen aufzubauen, damit Ihr Leben erfüllter, fantastischer und freier wird, sollten Sie folgende Regel immer in Erinnerung behalten: Einer anderen Person ein Geschenk zu machen in der Erwartung einer Gegenleistung, ist nicht wirklich ein Geschenk – es ist ein Handel.

Neulich saß ich mit einer Gruppe von Freunden in einem Restaurant und genoss ein wunderbares Essen. Am Tisch neben uns saß eine Gruppe von Touristen.

Sie schienen wie eine große, herzliche Familie zu sein, die sich unterhielt und lachte. Aus dem Augenwinkel konnte ich sehen, dass der Herr am Kopfende des Tisches unsicher wirkte, als es an der Zeit war, das Essen und den Wein zu bestellen. Also schaute er sich an, was wir vor uns stehen hatten. Und dann – man höre und staune – bestellte er so ziemlich das Gleiche, was wir auf dem Tisch hatten.

Als die Flasche Wein kam, schaute er mich mit einem milden Lächeln an und sagte: »Sie wissen anscheinend, was Sie bestellen müssen, also habe ich es Ihnen einfach nachgemacht.«

Ich grinste breit. Ich mochte den Mann auf Anhieb und es entspann sich ein fabelhaftes Gespräch, angefangen mit seinen Überlegungen zu seiner Karriere als Marketing-Manager in New York City über die Vorzüge von lokal produzierten Lebensmitteln und die Freuden, die eine Familie mit sich bringt, bis hin zu der Inspiration, die moderne Kunst zu bieten vermag.

Im Laufe des Abends bat ich den Kellner um einen speziellen Gefallen: Er sollte meinem neuen Freund auf meine Rechnung eine Flasche des Weins schenken, den wir uns am Tisch teilten. Er hatte zwar den gleichen Wein wie wir bestellt, aber unser Jahrgang war ein anderer – nämlich der eines absoluten großartigen Weinjahres.

Als dem Mann das Geschenk überreicht wurde, reagierte er verblüfft. Ich konnte sehen, dass er sprachlos war. »Wow, vielen Dank«, sagte er dann freundlich. Als ich ihm erklärte, dass es mir eine Freude sei, zeigte er sich gerührt. Und seine Familie begann zu applaudieren. Ja, sie klatschten tatsächlich für die Geste, die von unserem Tisch kam. Und das Wichtigste: Das Geschenk wurde ohne jedes Interesse an einer Gegenleistung gegeben. Ein Geschenk, das in der Erwartung einer Gegenleistung gegeben wird, ist eigentlich kein Geschenk, sondern ein Tauschgeschäft.

Und bedenken Sie bitte auch: Großzügigkeit macht nicht nur den Beschenkten glücklich. Sie überflutet auch Sie selbst mit nahezu grenzenloser Freude. So gewinnen alle Beteiligten.

61

Das schlechte Verhalten anderer Menschen hat nichts mit Ihnen zu tun

Wenn jemand Sie enttäuscht oder anderweitig verletzt, ist das dessen Sache. Nicht Ihre.

Die anderen sind diejenigen, die ihr eigenes Ansehen und ihren persönlichen Respekt verlieren und ihre Selbstliebe herabsetzen. Wenn jemand einem anderen Unrecht tut, respektiert er sich selbst nicht, verstehen Sie? Auf einer unbewussten Ebene führt das schlechte Verhalten der anderen dazu, dass ihre Scham wächst, ihre Gefühle der Unwürdigkeit zunehmen und sich die Verbindung zu ihrem höchsten Selbst zusehends auflöst.

Sie haben nichts Falsches getan, warum sollten Sie sich also deswegen selbst fertigmachen? Sie leben Ihre Wahrheit, bleiben Ihren Werten treu und behandeln die Menschen gut. Gutes Karma wird Ihre Belohnung sein, und durch inneren Frieden wird es Ihnen vergolten werden.

Lassen Sie den Übeltäter links liegen. Lassen Sie ihn den Weg gehen, den er gehen will. Wenn Sie ihm erlauben, Ihre Tage zu vermiesen und Ihren Frieden zu stören, hat er gewonnen.

62

Werden Sie besser im Zuhören als im Reden

Erwachsene sind gewissermaßen verdorbene Kinder. Als Kind waren sie neugierig. Und lebten im Augenblick. Und das machte sie zu einem unglaublich guten Zuhörer (meistens jedenfalls).

Die sozialen Medien haben uns zu einer Spezies von Sendern statt zu Empfängern gemacht. Auf digitalem Wege werben wir unablässig für das, was wir tun, teilen mit, wie wir aussehen, und drücken aus, was uns auf dem Herzen liegt. Ich. Ich. Ich.

Und wozu führt das? In realen zwischenmenschlichen Beziehungen tun wir das Gleiche. Wir reden mehr, als dass wir zuhören. Und wir konzentrieren uns auf uns selbst. Auf »mich«. Immer auf »mich«. Wie langweilig! Und vielleicht auch unhöflich.

Ich halte mich gerade in Rom auf, einer Stadt, die meinen Geist zum Jubilieren bringt, während ich die heutige Nachricht an Sie schreibe. Es ist Dezember in der Ewigen Stadt, also ist es kalt – oder zumindest relativ kalt.

Ich arbeite im Bett. In meinem Zimmer läuft Country-Musik. »Second Chance« von 49 Winchester. Ich bin guter Laune. Sie hätten Spaß, wenn Sie hier mit mir einen Espresso trinken würden.

Ich lese gerade wieder eines meiner Lieblingsbücher von früher: *Dienstags bei Morrie*. Wenn ich von Morries Anstand, seiner Integrität und bemerkenswerten Freundlichkeit lese, bin ich immer ein wenig traurig, dass er nicht mehr da ist.

Ich bete dafür, auch nur ansatzweise ein so großer Mann werden zu können, wie er es war.

In einem Abschnitt erfuhr ich, dass Morrie – ein ehemaliger Universitätsprofessor, der gern tanzte und seine Studenten in Soziologie unterrichtete, bis er an der schrecklichen Krankheit ALS erkrankte –

ein meisterhafter Zuhörer war. Ich hielt inne. Und dachte über die Kraft dieser wunderbaren Angewohnheit nach.

Einem anderen Menschen zuhören. Aufmerksam und konzentriert. Ganz und gar. Wirklich.

Wahrhaftig.

In der heutigen Welt können viele Menschen nicht mehr still sitzen. Sie müssen immer etwas tun. Ständig etwas erreichen. Sie können nicht aufhören zu reden.

Einem anderen aus der Tiefe seiner Seele zuzuhören, ist ein Segen und – ich wage es zu sagen – ein *heiliger Akt*. Jemandem zu zeigen, dass man sich um ihn sorgt, in einer Zeit gedankenloser Gleichgültigkeit; seine Anwesenheit zu würdigen und ihm zu bestätigen, dass er wichtig ist, ist eine Übung in Gnade.

Eine alte Erkenntnis, die es wert ist, nicht in Vergessenheit zu geraten: Wenn wir dazu bestimmt wären, doppelt so viel zu sprechen, wie wir zuhören, wären wir mit zwei Mündern und einem Ohr geschaffen worden. Oder?

Ein paar kurze Regeln, um die wichtige Beziehungs-Superkraft des Zuhörens geschickt zu nutzen:

- Unterbrechen Sie andere nicht. Und hören Sie auf, ihre Sätze für sie zu Ende zu führen. Sie tun selbst ihr Bestes, um sie zu beenden.
- Seien Sie sich bewusst, dass derjenige, der die Fragen stellt, das Gespräch bereichert.
- Vertrauen Sie darauf, dass derjenige, der zuhört, auch derjenige ist, der etwas lernt, also seien Sie ganz Ohr.
- Warten Sie ein paar Sekunden, nachdem der Sprecher geendet hat, um das Gesagte zu verarbeiten. Zu viele von uns proben schon ihre Antwort, während ihr Gegenüber spricht. Das ist nicht gut. Seien Sie besser.

- Und gehen Sie niemals, wirklich niemals ans Telefon, während ein Familienmitglied oder ein Freund vor Ihnen sitzt, denn das ist eine der größten Respektlosigkeiten, die ein Mensch sich erlauben kann.

Alle Top-Kommunikatoren sind hervorragende Zuhörer. Und nur wenige Dinge geben einem Angehörigen, einem Freund, einem Mitarbeiter oder einem völlig Fremden so sehr das Gefühl, wahrgenommen, geschätzt und gelobt zu werden, wie ungewöhnlich gutes Zuhören.

Verzeihen Sie mir, dass ich Sie jetzt verlasse, aber ich muss einen längeren Spaziergang zur Piazza Navona machen und bin dann zu einem dreistündigen Mittagessen mit meinem unglaublich kenntnisreichen, interessanten und mitfühlenden Freund Luigi verabredet. Ich mag ihn sehr, und ich darf nicht zu spät kommen.

63

Denken Sie daran, dass unsere Welt Ihre Familie ist

Es ist ein kluges Verhalten, die Perspektive zu wahren. So bleibt Ihr Leben am erfülltesten.

Wussten Sie, dass es in der Galaxie, in der wir uns befinden, eine Milliarde anderer Planeten gibt, die dem Planeten Erde sehr ähnlich sind? Jeder von ihnen umkreist eine Sonne – genau wie unsere Weltkugel.

Worauf ich hinauswill? Ganz einfach, mein Freund. Die Erde ist ein kleiner Ort. Alle darauf lebenden Wesen, aus verschiedenen Ländern, Kulturen, Glaubensrichtungen und Farben, segeln gemeinsam auf dieser wunderbaren Kugel durch den Weltraum.

Wir sind hier alle Brüder und Schwestern. Mitglieder eines Stammes namens Menschheit und einer Familie namens Mensch. Als wir jung waren, haben wir nicht über andere geurteilt, uns ihnen widersetzt und sie verurteilt, weil sie anders waren. Nein, wenn wir auf dem Spielplatz ein neues Kind trafen, spielten wir einfach, und zehn Minuten später stellten wir unseren Eltern unseren neuen besten Freund vor.

Mein Hauptargument, mit dem ich unsere gemeinsame Zeit zur dritten Form des Reichtums beende? Wir sind auf Abneigung programmiert, auf Misstrauen trainiert und auf Hass geschult. Vielleicht ist heute der Tag, an dem Sie Ihren Panzer ein wenig öffnen. Damit mehr Liebe eindringen kann. Denn auf dem Planeten Erde ist unsere Welt wahrhaftig Ihre Familie.

Die vierte Art des Reichtums

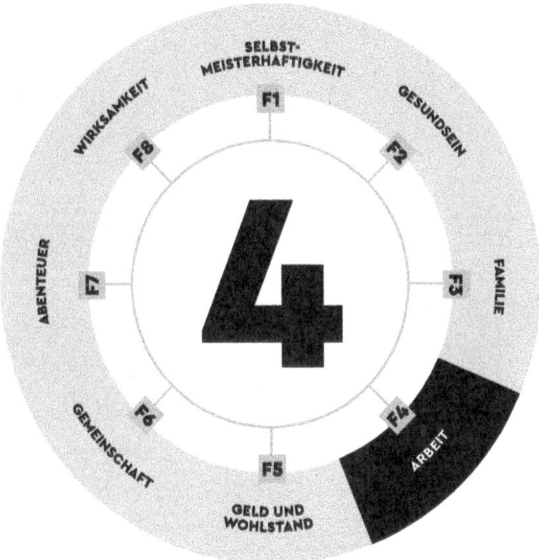

ARBEIT

Die Gewohnheit, Arbeit als Plattform für die Formulierung von Zielen zu nutzen

»Der Wunsch, etwas zu schaffen, ist eine der tiefsten Sehnsüchte der menschlichen Seele.«
Dieter F. Uchtdorf

Die vierte Art des Reichtums

Arbeit | Ein kurzer Überblick

Zu den größten menschlichen Verlangen gehört das Bedürfnis nach Sinn. Überarbeitung kann dazu führen, dass unsere Gesundheit Schaden nimmt, unsere Beziehungen in die Krise geraten und unsere Lebendigkeit nachlässt, sodass wir die Verbindung zu unserer angeborenen Kreativität, zu unserer Positivität und unserem Sinn für persönliche Freiheit verlieren. Doch ein vernünftiges Gleichgewicht herzustellen mit der Arbeit, die wir verrichten, und das Bestreben, sie so geschickt und so gut wie möglich auszuführen – um unseren Talenten gerecht zu werden und anderen Menschen einen Nutzen zu bringen –, dies ist ein mutiger und intelligenter Weg, ein Leben aufzubauen, das man mit Fug und Recht als reich bezeichnen kann.

Ein Job ist nur dann ein Job, wenn er auch als Job gesehen wird. Und Arbeit wird nur dann zu einer Qual, wenn man die Chance auf Meisterhaftigkeit ignoriert. Wenn Sie erkennen, dass jede Arbeit wichtig ist und eine tiefe Würde besitzt, dass das, was Sie für Ihren Lebensunterhalt tun, als Ihr Handwerk angesehen werden kann (das Sie zu verborgenen persönlichen Stärken und verschütteten Talenten führen kann), wird Ihr Leben mit weitaus mehr Glück, Energie und Sinn erfüllt werden. Das wünsche ich Ihnen wirklich in dieser Zeit, in der so viele redliche Menschen ihre Arbeit nicht mehr ertragen.

Die meisten von uns betrachten die Arbeit eher als Klotz am Bein denn als Angebot und Segen. In Wahrheit ist Ihr Beruf eine Chance, das Einkommen zu erwirtschaften, mit dem Sie Ihre Familie ernähren können; er bietet Ihnen eine Möglichkeit, Ihr angeborenes Potenzial zu verwirklichen, eine Perspektive, um erstaunliche Projekte voranzutreiben, und die Chance, einen Beitrag zu Ihrer Gemeinschaft zu leisten.

Ja, Ihre Arbeit ist eine enorm wertvolle Währung und eine großartige Form des Reichtums, die Sie mehr wertschätzen sollten. Lassen Sie uns also gemeinsam die wunderbare Kraft erforschen, die darin liegt, Ihren Job in Ihr Handwerk und Ihre Arbeit in Ihre Kunst zu verwandeln.

64

Die gute Nonne in der Landkirche

Gestern bin ich spazieren gegangen. Sie wissen, dass ich gern spazieren gehe.

Vorbei an Olivenhainen und friedlichen Pferden, an Weinbergen mit alten Rebstöcken und Blättern, die sich im Wind wiegten. Vorbei an einem Esel, der mich einfach nur anstarrte.

Ich steckte mitten in der Arbeit an diesem Buch und brauchte einen neuen Ort zum Schreiben, neben meinem Arbeitszimmer in unserem Landhaus. Also mietete ich mir ein schlichtes Zimmer in einem Dorf, nahe einem Kloster.

Als ich gedankenversunken die alte, gewundene Straße entlangging, stieß ich auf eine kleine Steinkirche. Sie war wirklich wunderschön. Ich denke, Sie hätten mir beigepflichtet, wenn Sie bei diesem Spaziergang dabei gewesen wären.

Die Tür der Kirche war offen, ein Willkommenszeichen. Also trat ich ein.

Vorne saß eine Nonne, die Orgel spielte. Sie sang mit aufrichtiger Hingabe. Und mit einer Reinheit, die in unserer abgestumpften, polarisierten und verwirrenden Zeit wirklich selten ist.

Auffällig war aber Folgendes: Die winzige Steinkirche *war völlig leer.*

Keine andere Seele war an diesem Ort. Und doch sang die Nonne, als ob sie in einem Stadion vor Tausenden Menschen auftreten würde.

Ich setzte mich in eine Kirchenbank. Ich schloss meine Augen. Lauschte dem bezaubernden Gesang der Nonne. Rührte mich nicht, völlig fasziniert.

Ich weinte. Ein bisschen jedenfalls. Ich fühlte mich lebendig. Beschwingt. Sogar ein wenig privilegiert. »Warum?«, fragen Sie vielleicht.

Wegen dieses speziellen Moments. Und wegen der exquisiten Schönheit dieser Szene – ein Mensch, der von ganzem Herzen etwas zeigte, das mich so sehr ansprach: Hingabe.

Darf ich also als Ihr wohlmeinender Mentor aus der Ferne – der ganz hinter Ihnen steht – in aller Bescheidenheit einige Vorschläge unterbreiten, die Ihnen helfen sollen, auf die nächsthöhere Stufe Ihrer schöpferischen Kraft und der Meisterhaftigkeit in Ihrem Metier zu gelangen und damit die vierte Art des Reichtums zu verwirklichen …

- Widmen Sie sich Ihren Hoffnungen, Idealen und Ihrer bedeutenden Mission.
- Wenden Sie sich der Beständigkeit, der Meisterhaftigkeit und all dem zu, was gut ist.
- Verschreiben Sie sich einem reinen Charakter und einem reichen Herzen.
- Machen Sie sich die gewinnbringenden Gewohnheiten von Champions und die täglichen Routine derjenigen zu eigen, die Spitzenleistungen erbringen.
- Widmen Sie sich der Verbesserung Ihrer Verbindung mit anderen und vermitteln Sie ihnen das Gefühl, dass sie in Ihrer Gegenwart größer sind.
- Stellen Sie sich den Anforderungen, denen Sie gerecht werden müssen, um in Ihrem beruflichen Tun außerordentlich gut zu werden.
- Und verschreiben Sie sich dem Ziel, die Erde besser zu verlassen, als Sie sie vorgefunden haben.

65

Versteifen Sie sich nicht so sehr auf die Logik, dass Sie das Staunen verlernen

Was mich irgendwie ärgert (aber eigentlich nicht wirklich), das ist, wenn Menschen so sehr in ihrem Kopf gefangen sind, dass sie ihr Herz nicht mehr spüren können. Wie soll man jemals Wunder in die Welt bringen, wenn man nicht erfahren hat, wie sich ein Wunder anfühlt? Staunen ist ein wesentlicher Bestandteil der Entwicklung Ihrer vierten Art des Reichtums, Ihrer beruflichen Fertigkeiten. Ja, wirklich.

Vielleicht zweifeln Sie, also lassen Sie es mich noch einmal erklären.

Einer meiner Lieblingsfilme ist *The Banshees of Inisherin,* weil er so unglaublich witzig, gefährlich und schön ist. Und geradezu magisch.

Es ist ein Film über einen Mann, der nicht mehr will, dass sein bester Freund sein bester Freund ist. Dieser beste Freund aber weigert sich, loszulassen. Und so fängt der erste Freund an, sich jedes Mal einen Finger abzuschneiden, wenn sein ehemaliger bester Freund ihn besucht. Damit er diese Besuche in Zukunft bleiben lässt. Urkomisch, nicht?

In einer Filmkritik habe ich gelesen: »Ich konnte es nicht aushalten, weil die ganze Sache so unglaubwürdig war.« Ernsthaft? Seit wann hängt die Genialität eines Films von seiner Glaubwürdigkeit ab?

Was ist mit unserem kindlichen Sinn für Verspieltheit, für das Unerhörte und das Wunderbare geschehen in dieser Zeit der so großen Ernsthaftigkeit, Wissenschaftlichkeit (gibt es dieses Wort?) und Mathematizität (und dieses?)?

Die Worte von Steven Pressfield, dem herausragenden Autor von *The War of Art,* drängten aus meinem Unterbewusstsein an die Oberfläche, als ich dieses Kapitel schrieb. Er plädiert dafür, nicht zu sehr an einer begrenzten kreativen Realität festzuhalten:

> Ein Kind hat keine Probleme damit, das Unglaubliche zu glauben, ebenso wenig wie ein Genie oder ein Verrückter. Nur Sie und ich mit unseren großen Gehirnen und winzigen Herzen zweifeln, denken zu viel nach und zaudern.

Sie sind ein Zauberkünstler, Sie werden dafür bezahlt und dazu aufgefordert (von den Giganten Ihrer angeborenen Größe), ungewöhnliche Projekte voranzutreiben in unserer müden, zynischen und im Übermaß von der Logik bestimmten Kultur. Holen Sie sich Ihren Wagemut zurück. Lockern Sie die Zügel, die Ihnen der Status quo angelegt hat (der Ihnen eine Philosophie des Möglichen, Lobenswerten und Notwendigen verkauft). Träumen Sie wieder. Scheitern Sie oft. Gehen Sie mutig Risiken ein. Schlagen Sie sich die Knie auf. Erheben Sie sich dann wieder (gestärkt und heldenmütiger als zuvor) und machen Sie weiter. Der Erfolg Ihrer Arbeit, Ihres gesamten Tuns hängt davon ab.

66

Die Maxime »Sie haben kein Glück, Sie erschaffen es«

Ich hatte gerade ein Interview mit Virgin Radio in Dubai, bevor ich diese Nachricht für Sie in ein Notizbuch schrieb, das mir einer meiner geliebten Leser bei einer Signierstunde als Geschenk überreicht hatte. Der großartige Interviewer, der sehr nett zu mir war, fragte: »Robin, geschieht alles durch Glück, oder macht das, was wir tun, das Glück erst aus?«

»Ja«, lautete meine Antwort. Einfach nur »Ja«.

Das heißt, beides ist richtig. Ich glaube sehr stark an APV, die *Absolute Persönliche Verantwortung*. Wir müssen früh aufstehen, unser stärkstes und mutigstes Selbst entwickeln, unsere Versprechen einhalten. Wir müssen uns bei der Arbeit anstrengen (zu viele Menschen täuschen bei der Arbeit nur vor, dass sie Top-Ergebnisse erzielen wollen – das wird nicht funktionieren), wir müssen denen, die auf uns zählen, einen überragenden Wert liefern, unseren Familien zur Seite stehen, uns Zeit nehmen für eine erholsame Freizeitgestaltung und uns bemühen, eine positive Wirkung zu erzielen. All dies sind Schlüssel zum weltlichen Erfolg.

Gute Dinge passieren Menschen, die gute Dinge tun. Vor allem denen, die ihre Arbeit mit Leidenschaft und Engagement verrichten und zeigen, dass es ihnen wirklich am Herzen liegt, etwas zu bewirken – auch und gerade dann, wenn alle um sie herum abgehalfterte Cyber-Zombies sind, die sich in das digitale Universum flüchten, anstatt im Hier und Jetzt zu leben. Sehen Sie, mein Freund, wir haben nicht wirklich Glück – wir erschaffen Glück. Sie haben selbst einen großen Anteil daran, wie sich Ihr Leben entwickelt!

Allerdings glaube ich auch an das Schicksal. Ich glaube, dass eine unsichtbare Hand unseren Weg lenkt, dass sie hinter Erscheinungen der Synchronizität steht und uns in Zeiten des Unglücks beschützt. Das ist einfach mein Glaube – vielleicht ist es nicht der Ihre, und das ist auch in Ordnung so.

Ich habe das Gefühl, dass der Himmel denen hilft, die sich selbst helfen. Geben Sie Ihr Bestes und lassen Sie das Leben den Rest erledigen – das ist es, woran ich Sie mit Liebe und Respekt erinnern möchte.

Sollte etwas nicht klappen (wenn Sie zum Beispiel einen Arbeitsplatz verlieren oder eine Beziehung endet), tappen Sie bitte nicht in die Falle des Selbstbetrugs. Verzichten Sie auf Jammern, Schuldzuweisungen und Entschuldigungen. Betrachten Sie stattdessen Ihren Anteil an dem Verlust ehrlich und genau. Und verbessern Sie, was verbessert werden muss, damit so etwas nicht wieder vorkommt. Das ist Absolute Persönliche Verantwortung (APV). Und die gehört dazu, wenn man ein erfolgreicher, aufrichtiger und innerlich reicher Mensch ist.

Sie wollen nicht wie die Person sein, die durch eine Beziehung nach der anderen stolpert und sich fragt: »Warum gibt es da draußen keinen Menschen, der zu mir passt?«

Nachdem Sie die Bedeutung der APV erkannt haben, in den Spiegel geschaut und die Verantwortung für Ihren Anteil am Ergebnis übernommen haben, können Sie *loslassen*. Und *vertrauen* Sie darauf: Wenn es Ihnen bestimmt wäre – in Ihrem höchsteigenen Interesse –, dort zu sein, wo Sie gerne sein wollten, dann wären Sie auch dort angekommen – wenn Sie verstehen, was ich meine? Und wenn Sie nicht dort landen, wo Sie zu sein hofften, dann steht Ihnen etwas noch Besseres in Aussicht.

Machen Sie von Ihrer angeborenen Weisheit Gebrauch und erkennen Sie, dass ein Misserfolg nur dann ein Misserfolg ist, wenn er als solcher gesehen wird. Jeder sogenannte Misserfolg birgt ein verborgenes Glück in sich, das nur darum bettelt, von Ihnen beachtet zu werden.

Ich bin an meinen tragischsten Erfahrungen am meisten gewachsen. Während ich sie ertrug, wünschte ich mir, sie würden enden. Jetzt – nachdem einige Zeit vergangen ist – sehe ich, dass sie gekommen sind, um mir zu helfen. Mir zu helfen, mein Ego aufzulösen, meine Weisheit zu vergrößern, Zugang zu meinen Gaben zu erlangen und mein Herz für tiefere Liebe zu öffnen. Ich möchte Sie ermutigen, schwierige Zeiten nicht ungenutzt verstreichen zu lassen. So seltsam es klingen mag, ertragen Sie sie so lange wie möglich, denn das Wachstum, das Sie daraus ziehen können, ist von unschätzbarem Wert.

Und wenn ich darüber nachdenke, bin ich wirklich dankbar, dass ich nicht alles bekommen habe, was ich wollte. Denn der Weg, den das Leben genommen hat, war am Ende viel schöner. Das gilt auch in Ihrem Fall.

67

Erstellen Sie eine Liste mit Dingen, die Sie nicht mehr tun werden

Die meisten von uns haben eine To-do-Liste. Als ich ein junger Jurist war, habe ich mein ganzes Leben auf Basis einer solchen Liste geführt. Alles wurde aufgeschrieben, und diese Liste habe ich dann mit militärischer Strenge exakt abgearbeitet. Das war nicht sehr lustig. Aber ich habe auf diese Weise eine Menge geschafft.

Die To-do-Liste, die viele von uns führen, enthält oft unsere beruflichen Verpflichtungen, Teambesprechungen, Zahlungsziele von Rechnungen, Einkäufe und gesellschaftliche Ereignisse, an denen wir teilnehmen.

Das ist grundsätzlich auch in Ordnung. Machen Sie damit weiter, wenn Sie es als hilfreich ansehen. Dennoch möchte ich Ihnen von etwas erzählen, das ich jetzt anders mache und das mir guttut: eine »Stop-Doing-Liste«. Ein großartiges Leben (und eine großartige Karriere) hängt viel mehr davon ab, womit Sie *aufhören*, als davon, was zu tun Sie sich vorgenommen haben.

Diese Liste könnte zum Beispiel folgende Entscheidungen enthalten:

- Aufhören, das eigene wirkliche Leben mit den vorgespiegelten Leben zu vergleichen, die (mit Filtern und allem) online fabriziert werden.
- Aufhören, so viele Dinge zu kaufen, die Sie nicht wirklich brauchen. Denn Sie wissen, dass Sparsamkeit eine kluge Sache ist in einer Zeit, in der man von allen möglichen »Influencern« dazu ermutigt wird, in teuren Restaurants zu essen, Luxuskleidung zu kaufen und an Orte zu fliegen, die man sich eigentlich nicht leisten kann.
- Aufhören, jede gesellschaftliche Einladung anzunehmen, die Ihnen über den Weg läuft, weil Sie eine tief sitzende Sucht haben, gemocht zu werden.

- Aufhören, sich wegen Problemen Stress zu machen, die nicht real sind, und sich über Dinge zu sorgen, die wahrscheinlich nie eintreten werden. »Denken Sie daran: Heute ist das Morgen, über das Sie sich gestern Sorgen gemacht haben«, schrieb Dale Carnegie.
- Aufhören, sich darüber zu beklagen, wie schwierig und unmöglich die Aufgabe ist, an der Sie gerade arbeiten, und einfach anfangen, die Arbeit zu erledigen. (Ein Schritt nach dem anderen ist der Weg zu einem Meisterwerk; erinnern Sie sich an die große Pyramide von Gizeh, mit der wir uns weiter oben beschäftigt haben?)
- Aufhören, zu Geschäftsmöglichkeiten Ja zu sagen, die Sie besser meiden sollten.
- Aufhören, die wichtigsten Stunden Ihrer Tage mit oberflächlichen Ablenkungen und digitalen Zerstreuungen zu verbringen.
- Aufhören, in Ihrem Job weniger als Ihr Bestes zu geben.
- Aufhören, der Masse nachzulaufen, und versuchen, das Feld anzuführen.
- Aufhören, im Netz zu surfen, wenn es an der Zeit ist, etwas zu schaffen, und nicht mehr plaudern und chatten, wenn es an der Zeit ist, etwas auf die Beine zu stellen.

Sie haben nur *dieses eine* Leben. Ihr Glück, Ihre Gesundheit, Ihre Größe und Ihr Wohlergehen hängen davon ab, dass Sie Ihre Tage gut und sinnvoll nutzen. Konzentrieren Sie sich also nicht mehr in erster Linie auf die Dinge, die Sie abzuarbeiten haben, sondern klarer und fokussierter auf das, was Sie an Wesentlichem aus Ihren Stunden herausholen müssen. Für das Erlangen von Meisterhaftigkeit ist das Streben nach Einfachheit wichtiger, als der Verführung durch Komplexität zu erliegen. Und ein sinnvolles und befriedigendes Leben hängt manchmal mehr davon ab, was Sie aus ihm herausholen, als davon, was Sie hineinstecken.

68

Vermeiden Sie die Lüge »Keiner wird es merken«

Steve Jobs' wahrer Held war sein Adoptivvater, ein bemerkenswert großartiger Handwerker, der in seiner Freizeit mit viel Liebe zum Detail formvollendete Möbel herstellte. Als Junge beobachtete Jobs ihn dabei, wie er das Holz mit äußerster Präzision maß, die Ecken penibel ausrichtete und sich fast schon besessen darauf konzentrierte, die Arbeit auf Weltklasseniveau zu erledigen.

Eines Tages beauftragte ihn sein Vater, den Zaun vor dem Haus zu streichen, und Jobs tat wie ihm geheißen. Ein paar Stunden später erschien sein Vater. »Steve, hast du den Zaun gestrichen?«

»Ja, das habe ich getan, Dad, schau«, antwortete der junge Jobs und zeigte darauf. Sein Vater begutachtete die Arbeit sorgfältig und bemerkte dann: »Steve, du hast die Außenseite des Zauns gut gestrichen, aber die Innenseite hast du nicht gestrichen.«

Steve entgegnete: »Aber Papa, niemand wird die Innenseite des Zauns sehen.«

Sein Vater lächelte, hielt einen Moment inne und sagte dann: »Doch, mein Sohn, wir werden sie sehen.«

Viele Jahre später arbeitete Steve Jobs mit seinem Entwicklungsteam am ersten Apple Macintosh. Wie lautete seine Anweisung an die Gruppe? Sorgt dafür, dass der Computer von außen schön aussieht. Er soll ansprechend, wundervoll und sensationell aussehen. Aber die eigentliche Aufgabe, so erklärte er, sei es, das Innere des Computers zu einem Kunstwerk zu machen.

Jemand aus dem Team warf ein: »Aber Steve, niemand wird das Innere des Computers sehen.« Jobs schwieg kurz und antwortete dann: »Wir schon.«

Was auch immer Sie bei der Arbeit tun, der mutigste und weiseste Teil von Ihnen sieht *alles* – und ich meine wirklich *alles* –, was Sie tun. Und jedes Mal, wenn Sie Ihre Größe missachten, indem Sie etwas tun, von dem Sie wissen, dass es Ihrem Genie nicht gerecht wird, stirbt ein kleiner Teil von Ihnen. Ein Teil von Ihnen verliert die Selbstachtung. Ein Teil Ihres Enthusiasmus, Ihres Optimismus und Ihrer Hoffnungen entschwindet. Jede durchschnittliche Handlung führt dazu, dass Ihr Versprechen enttäuscht wird. Und unentfaltetes Potenzial wird zu Schmerz.

Wenn Sie also das Gefühl haben, dass Sie Ihre Gaben nicht ausreichend wertschätzen oder Ihren persönlichen Zauber vernachlässigen, denken Sie daran, dass Sie immer von jemandem beobachtet werden. Und dieser Jemand ist immer Ihr höchstes Ich.

69

Nehmen Sie einen Wachmann mit zur Arbeit

In einem Podcast, den ich vor einiger Zeit hörte, erfuhr ich, dass sich der Autor Neil Strauss einer skurrilen, aber kreativen Methode bedient, um sicherzustellen, dass er ein großes Projekt zu Ende bringt. Er engagiert einen Wachmann mit der Anweisung, vor seinem Haus zu stehen und ihn – unter keinen Umständen – gehen zu lassen, bevor sein Buch fertig ist.

Man kann sich entweder die ganze Zeit dem Vergnügen hingeben oder sein persönliches Potenzial ausschöpfen. Beides gleichzeitig ist nicht möglich, oder?

Wie Strauss müssen Sie unbedingt Strategien und Protokolle entwickeln, die Sie zum Abschließen der Arbeit zwingen, von der Sie wissen, dass Sie sie zu Ende bringen müssen – um in Ihrem Metier führend zu sein und die Welt zu einem freundlicheren Ort zu machen, indem Sie Ihre Kunst in sie eingebracht haben.

Sie müssen nicht unbedingt einen Wachmann mitnehmen zur Arbeit. Aber Sie sollten wirklich zu drastischen Maßnahmen greifen, um Ihr wertvollstes Projekt abschließen zu können.

Bevor die Gelegenheit dazu verstrichen ist.

70

Verwenden Sie den Virtuosen-Algorithmus

Wenn Sie vor mir säßen und mich bitten würden, in einer einfachen Formel zusammenzufassen, was die größten Firmenlenker, Milliardäre, Unternehmerinnen, Profisportler und Führungsteams großartig macht, würde ich Folgendes vorschlagen:

$$\frac{\text{WACHSTUM} \times \text{ÜBUNG} \times \text{LEHRER} \times \text{VERBINDUNGEN}}{\text{RESILIENZ} + \text{LANGLEBIGKEIT}} = \text{MEISTERHAFTIGKEIT}$$

Ja, genau das würde ich für Sie auf eine Serviette zeichnen.

»Wachstum« bedeutet, dass Sie Ihre Arbeit, Ihr Handwerk noch mehr durchdringen und verfeinern müssen als der Durchschnitt Ihrer Branche, damit Sie zu den nötigen Einsichten gelangen, um stets tun zu können, was die Besten tun.

Mit »Übung« ist gemeint, dass Sie mehr trainieren und üben müssen, damit Sie Ihre angeborenen Talente in nach außen gerichtetes Genie umsetzen können.

»Lehrer« ist ein Codewort für die Gewinnung großartiger Mentoren, die Ihnen dabei helfen, Ihre Fähigkeit zur Konzentration stetig zu verbessern, und die es Ihnen ersparen, Jahre mit den falschen Dingen zu verschwenden.

Und »Verbindungen« bezieht sich auf die Menschen, mit denen Sie zusammen sind. Verbringen Sie den größten Teil Ihres Tages mit Menschen, die sich dem Ziel verschrieben haben, auf ihrem Gebiet zu den Besten zu gehören; deren Energie, ihr Können, ihre Kühnheit und ihre Arbeitsmoral werden auf Sie abfärben.

Der Nenner in der Formel enthält zwei wichtige Begriffe, die ich Ihnen ans Herz legen möchte. »Resilienz« ist die Eigenschaft, Misserfolge in Treibstoff und Stolpersteine in Trittsteine zu verwandeln.

Die meisten Menschen geben schnell auf, sodass sie ihre inspirierende Vision nicht umsetzen können. Das Glück begünstigt die Unermüdlichen. Vergessen Sie das nicht.

Und »Langlebigkeit« ist der grundlegende, aber wichtige Gedanke, dass ungewöhnlicher Erfolg dadurch entsteht, länger im Spiel zu bleiben, als die Welt einem sagt, dass es vernünftig, verantwortungsvoll und rational sei. Um BIW (der Beste in der Welt) zu werden, müssen Sie Ihre Mitspieler überleben. Und der Schlüssel zu einer Legende ist die Verlängerung der Lebensspanne in Ihrem Bereich.

Zum Schluss möchte ich Sie in dieser Botschaft noch ermutigen, dem leisen Flüstern zu vertrauen, das in den unwahrscheinlichsten Momenten zu Ihnen dringt und Sie auf das Vorhaben hinweist, das Sie angehen müssen, um auf die Höhe Ihrer Möglichkeiten zu gelangen, die Sie im Licht erstrahlen lässt. Dies ist genau das Projekt, das auch die Welt erhellen wird, sofern es mit Konzentration, Sorgfalt und Mut durchgeführt wird.

»Der Mensch sollte sich mehr bemühen, den Lichtstrahl, der aus seinem eigenen Innern durch seine Seele flammt, zu entdecken und zu beachten, als allen Sternenglanz am Firmament der Sänger und Weisen. Und doch lässt er gewöhnlich seinen eigenen Gedanken unbeachtet – weil es der seine ist. In jedem Werk des Genies finden wir unsere eigenen Gedanken widergespiegelt, sie kommen mit einer fremden Majestät bekleidet zu uns zurück«, schrieb einst der große amerikanische Philosoph Ralph Waldo Emerson.

Nehmen Sie sich fünf Minuten Zeit und denken Sie über diese Worte nach. Ihre Intuition ist außergewöhnlich und Ihre Erkenntnisfähigkeit ist stark. Ignorieren Sie die Neider und feindlich Gesinnten und lassen Sie sich von den Kritikern nicht irritieren. Fördern Sie Ihre Virtuosität, und Sie werden der Freuden, der Befriedigung und der ungenannten Schätze teilhaftig werden, die sich Ihnen erschließen, wenn Sie Ihre Arbeit, Ihre Tätigkeit als ein Handwerk betrachten – die vierte Art des Reichtums.

71

Lernen ist Ihre Superkraft

Ein verschlossener Geist bringt die Welt nicht weiter. Und ein außergewöhnlicher Leistungsträger, der aufhört, sich in seinem Fachgebiet ständig weiterzuentwickeln und zu optimieren, verliert den Anschluss und wird schwächer, oft ohne es zu merken (bis es zu spät ist). Das bringt uns zu der für die Erfüllung unserer Mission unverzichtbaren Kraft des Lernens.

Bildung ist eine Impfung gegen Hemmschuhe und Störungen. Und der schöpferische Produzent, der am meisten lernt, der gewinnt.

Seit vielen Jahren lehre ich meine Kunden, die Milliardäre, Firmenchefs und Macher sind, ein Grundprinzip, das als das *2 x 3-Mindset* bekannt ist. Es wird Ihnen helfen, Ihre Überlegenheit in jedem Bereich, den Sie anführen möchten, zu verbessern. Und so lautet es: Um Ihr Einkommen und Ihre Wirkung zu verdoppeln, müssen Sie Ihre Investitionen in zwei Kernbereichen *verdreifachen* – in Ihrer persönlichen Meisterhaftigkeit und Ihren beruflichen Fähigkeiten.

Zu viele redliche Menschen leiden unter dem einschränkenden Glauben, dass Genialität eine göttliche Gabe sei und keine tägliche Übung. Mozart brauchte zehn Jahre der Konzentration, des Trainings und der Ausdauer, bevor sich die ersten Anzeichen seiner Meisterhaftigkeit zeigten. Jane Goodall, die berühmte Primatenforscherin, studierte jahrzehntelang Schimpansen, bevor sie ihre außergewöhnliche Begabung wirklich zum Ausdruck brachte. Einstein arbeitete als Postbeamter und mühte sich jahrelang in der Anonymität ab, bevor er die Allgemeine Relativitätstheorie aufstellte, die das Denken in der Physik revolutionierte. Aristoteles Onassis erreichte Buenos Aires nach einer langen Reise von Griechenland aus auf einem Ozeandampfer, mit nur 60 Dollar in der Tasche, bevor er sich auf den langen Weg machte, die Unternehmen aufzubauen und sich die unternehmerischen Fähigkeiten anzueignen, die ihn zum finanziell reichsten Unternehmer seiner Zeit machten.

Jeder dieser Menschen fing klein an, lernte, was er lernen musste, um zu gewinnen, und hörte nie auf, seine Fertigkeiten und sein Können zu verbessern. So einfach es klingt, ihre Erfolgsformel bestand darin, dass sie immer besser werden wollten, indem sie sich selbst weiterbildeten.

Und wenn Sie denken: Ich kann auf meinem Gebiet keine Größe werden, oder: Superstars sind aus einem anderen Holz geschnitzt als ich, oder: Die Besten sind mit seltenen Talenten gesegnet, die ich einfach nicht habe – wenn Sie so etwas denken, anstatt sich klarzumachen, dass Genialität aus einer wunderbaren Verbindung von Konzentration, Lernen, Training, Mentoring, Ausführung, Beharrlichkeit und dem Lauf der Zeit erwächst, dann verdichtet sich dieses fehlerhafte Denken nach und nach zu einer einschränkenden unterbewussten Überzeugung. Mit anderen Worten: Wenn Sie Ihrer Psyche ein Narrativ einprägen, das besagt: »Ich bin durchschnittlich, also muss ich einfach normal arbeiten«, wird sich dies auch in Ihrer Realität manifestieren. *Denn Ihr tägliches Verhalten spiegelt immer Ihre innersten Überzeugungen wider.*

Einschränkendes Denken erzeugt immer ein fehlerhaftes Programm, das eine Geschichte schreibt, die dann zu Ihrer Selbstidentität wird. Diese wiederum bestimmt, wie Sie sich jeden Tag zeigen. Ja, Ihr Denken ist eine sich selbst erfüllende Prophezeiung. Und was Sie über Ihr Potenzial glauben, das wird Wirklichkeit.

Die angesehene Psychologin Carol Dweck hat durch ihre Untersuchungen herausgefunden, dass Weltklasse-Leistungsträger ein »Growth-Mindset« (»Wachstumsdenken«) haben statt eines »Fixed Mindset« (»statisches Denken«). Mit anderen Worten: Sie betrachten Chancen unter dem Gesichtspunkt, dass sie dadurch eine Fähigkeit, die sie noch nicht haben, erlernen können. Und wenn sie ein Thema beherrschen wollen, wissen sie, dass sie es sich durch intensive Übung und konzentrierte Anstrengung aneignen können.

Diejenigen, die sich für ein Growth-Mindset *entscheiden*, haben ihr Leben selbst in der Hand und sind sich bewusst, dass *alle* Menschen die Kraft besitzen, jeden Tag besser zu werden. Indem sie lernen, was sie lernen müssen, und dann tun, was nötig ist, um sich zu verbessern, anstatt darauf zu warten, dass die Sterne günstig stehen.

Lernen. Lernen. Lernen. Und lesen, lesen, lesen! Ich kenne nur wenige andere Investitionen, die eine so exponentielle Rendite abwerfen wie ein gutes Buch. Für ein paar Dollar können Sie in die Gedankenwelt der größten Menschen eintauchen, die je gelebt haben. Sie können ihre Philosophie entdecken, sich ihre täglichen Gewohnheiten zu eigen machen, verstehen, wie sie ihre Meisterwerke geschaffen haben, herausfinden, wie sie Widrigkeiten überwunden haben, und sich von ihrem Weg inspirieren lassen.

Wer in der Opferrolle verharrt, sagt, dass es zu schwierig und zu anstrengend sei, Spitzenleistungen zu erbringen, und vergeudet deshalb viele Stunden vor dem Fernsehbildschirm. Der Superstar weiß, dass Meisterhaftigkeit Studium, Anstrengung, Geduld und Hingabe erfordert. Und er verbringt viel Zeit damit, eine umfangreiche Bibliothek aufzubauen.

»Ich habe in meinem Leben noch keinen einzigen klugen Menschen kennengelernt, der nicht ständig gelesen hat – keinen einzigen, null«, erklärte der berühmte Investor (und Geschäftspartner von Warren Buffett) Charlie Munger. Schön, nicht wahr?

72

Entwickeln Sie eine Lust auf Bücher

Entschuldigung, aber ich werde nicht aufhören, Sie zu ermutigen, mehr Bücher zu lesen. Denn ich möchte, dass Sie Ihren Geist, Ihr Herz und Ihr Zuhause mit Büchern füllen. Von Weisheit umgeben zu sein – Stapeln von Texten (ja, ich mag die aus Papier am liebsten) –, gehört zu den schönsten Dingen im Leben. Zumindest für mich. Und ich bin mir ziemlich sicher, das gilt auch für Sie.

Hier eine kurze Auflistung einiger Gründe, warum Sie jeden Tag mindestens eine Stunde lesen sollten (für den Rest Ihres Lebens):

Grund Nr. 1: Lesen – im Zeitalter von Online-Algorithmen, die Sie mit Informationen und vorgefertigten Meinungen füttern – ermöglicht es Ihnen, den revolutionären Schritt zu tun und zum Selbstdenker zu werden. Indem Sie Inhalte von vielen Autoren mit unterschiedlichen Meinungen aufnehmen, können Sie sich Ihre eigene Meinung zu den wichtigen Themen bilden. Und Sie vermeiden es, in einer Echokammer zu agieren.

Grund Nr. 2: Lesen hilft Ihnen, in einer Kultur der Oberflächlichkeit in die Tiefe zu gehen. Anstatt Informationen über einzeilige Nachrichten und Zehn-Sekunden-Videos aufzusaugen, können Sie durch das Eintauchen in ein Buch (vor allem in ein mühevoll zu lesendes) gewissermaßen die intellektuellen Muskeln aufbauen, die Sie zu einem gewichtigen Denker machen. Und diese Fähigkeit wiederum verschafft Ihnen die Gigantischen Wettbewerbsvorteile (GWV), die damit einhergehen, wenn Sie zu den wenigen mit der nötigen mentalen Stärke gehören, um schwierige Probleme zu lösen.

Grund Nr. 3: Lesen verlängert Ihre Aufmerksamkeitsspanne in einem Umfeld, in dem die Mehrheit unter der tiefgreifenden Schwäche leidet, sich nicht mehr richtig konzentrieren zu können. Alle Genies haben gelernt, ein Höchstmaß an Konzentration aufzubringen, das es ihnen ermöglicht, sich regelmäßig stundenlang in den Flow-Zustand zu versetzen, in dem sie auf magische, bahnbrechende Ideen kommen, die sie schließlich zur Legende machen.

Grund Nr. 4: Lesen verstärkt Ihre Wissensgrundlage, was Ihnen dabei hilft, mehr Zauber zu entfalten. Mit zunehmendem Wissen verringert sich auch die Zahl der Fehler, die Sie machen werden, weil Sie die Weisheit der Giganten, die Sie studieren, für sich nutzen können. Das bedeutet weniger Zeitverschwendung, weniger persönlichen Schmerz und wesentlich weniger Schwierigkeiten jeglicher Art.

Grund Nr. 5: Lesen steigert Ihre Inspiration. Sie können Ihre Anhänger, Kunden und die Branche nicht inspirieren, wenn Ihre eigene Inspirationsquelle leer ist. Ein hervorragendes Mittel, um optimistisch, enthusiastisch und voller ansteckender positiver Energie zu bleiben, ist die Lektüre von Werken über Heldentaten. Lesen Sie die Biografien von Abenteurern, die die höchsten Gipfel erklommen und einsame Wüsten erforscht haben. Studieren Sie die Autobiografien von Erfindern, die alle Widrigkeiten überwunden haben, und von Unternehmern, die über die üblichen Grenzen hinausgegangen sind. Verbinden Sie sich mit den großen Männern und Frauen der Geschichte, die gefangene Nationen befreiten, globale Bewegungen ins Leben riefen und das Beste repräsentierten, was die Menschheit zu bieten hat, indem Sie über deren Leben lesen, indem Sie sich durch ihre Bücher bewegen.

Ich könnte noch viele weitere Gründe aufzählen, warum ich Sie ermuntern möchte, alles zu lesen, was Sie in die Finger bekommen, anstatt sich belustigende Videos anzusehen (die Sie häufig mit dem Gefühl zurücklassen, intellektuell leerer und geistig ärmer zu sein als vorher).

Ich betone es noch einmal, weil mir Ihr persönlicher Aufstieg wirklich am Herzen liegt: Lesen Sie täglich! Lesen Sie täglich! Lesen Sie täglich!

73

Leben Sie nach dem Grossmeister-Anfänger-Gesetz

Bevor ich mich in meiner unaufgeräumten Schreibstube hinsetzte, um diese Mentoring-Botschaft an Sie zu schreiben, bin ich mit SuperChum auf einem neuen Pfad im Wald spazieren gegangen. Plötzlich sprang ein weißes Reh aus dem Unterholz und kreuzte meinen Weg. Es war ein magischer Moment! Vielleicht ein Zeichen oder etwas in der Art?

Wie auch immer. Genug davon. Kommen wir jetzt zu der Lektion, die ich Ihnen heute mit auf den Weg geben möchte, damit Sie Ihre Positivität und Produktivität, Ihre Führungsqualitäten und Ihren Dienst an der Gesellschaft auf ein höheres Niveau heben können.

Und hier ist sie: *Das Besondere bei großen Meister ist, dass sie immer wie Anfänger denken.*

Das ist ein schönes Mantra, über das man meditieren oder schreiben kann und mit dem sich arbeiten lässt.

Zu viele Spitzenleister und Top-Performer erreichen den Gipfel und glauben dann, sie wüssten jetzt alles oder seien unbesiegbar und könnten niemals mehr von ihrem hohen Ross heruntergestoßen werden. Aber natürlich ist diese Denkweise der Anfang vom Ende. Denn Meisterhaftigkeit ohne Demut führt zu Mittelmäßigkeit.

Als der berühmte Basketballer Kobe Bryant auf dem Höhepunkt seiner Kräfte und seines Könnens war, erschien er jeden Tag schon im Morgengrauen diszipliniert im Fitnessstudio. Keine Ausreden. Keine Beschwerden. Keine Vorwände, um das Training sausen zu lassen, weil er ein Superstar war und tun und lassen konnte, was er wollte.

Obwohl er ein Meister war, verhielt er sich wie ein Anfänger – lernbegierig, besessen vom Streben nach Verbesserungen und obsessiv auf Weiterentwicklung bedacht.

In dem faszinierenden Dokumentarfilm *The Redeem Team* erzählt ein Basketballspieler der US-Nationalmannschaft, wie er und seine Kameraden die ganze Nacht in einem Club verbrachten und sich in der fremden Stadt vergnügten, in der sie sich befanden.

Als sie dann die Lobby ihres Hotels betraten, erblickten sie Kobe in voller Sportmontur. Er hielt eine Tasche mit seinen Gewichtheberhandschuhen in der Hand. Der Schweiß rann ihm vom nächtlichen Training noch übers Gesicht. Er starrte sie an. Intensiv.

Es war vier Uhr morgens. (Ich schätze, der Fünf-Uhr-Club begann für ihn zu spät.)

Das Beispiel, das Kobe an diesem Tag abgab, strahlte auf das gesamte Team aus. Sein Engagement wirkte ansteckend.

Viele sprachen noch tagelang darüber, was sie an diesem Morgen gesehen hatten, und erzählten von Kobe Bryants Hingabe, seiner unbändigen Liebe zum Spiel und seinem unbeugsamen Willen, die olympische Goldmedaille zu gewinnen.

Und wissen Sie was?

Am Ende der Woche war das gesamte Team von diesem Vorbild wie hypnotisiert. Die Spieler waren bereits kurz nach Tagesanbruch in der Sporthalle und taten alles, um das angestrebte Ziel zu erreichen (was ihnen schließlich auch gelang).

Mit allem Respekt möchte ich Ihnen daher Folgendes vorschlagen ...

- In dem Moment, in dem Sie denken, dass Sie unantastbar sind, befinden Sie sich bereits im Niedergang.
- In dem Moment, in dem Sie Ihren Erfolg für selbstverständlich halten, müssen Sie sich darauf konzentrieren, Ihr Handwerk zu perfektionieren, Ihre Fähigkeiten zu verbessern und die Leistung zu optimieren, die Sie zu noch höheren Zielen führen wird.
- Der Tag, an dem Sie aufhören, früh aufzustehen, zu üben, ins Lernen zu investieren, sich weiterzuentwickeln und alles zu tun, was nötig ist, um die Welt zu beeindrucken (und Ihrer natür-

lichen Bestimmung gerecht zu werden), das ist der Tag, an dem Sie den Pfad der Irrelevanz betreten und den Weg in die Obsoleszenz einschlagen.

Vor vielen Jahren wurde ich eingeladen, auf einer Konferenz für Führungskräfte zu sprechen, an der auch der berühmte Wirtschaftstitan Jack Welch von General Electric teilnahm. Interessanterweise hielt sich Welch nicht den ganzen Tag im Green Room auf, wo er mit Prominenten plauderte, und nippte auch nicht die ganze Zeit in der VIP-Lounge an einem Glas Champagner, während er sich mit einflussreichen Persönlichkeiten unterhielt. Nein, ganz und gar nicht.

Während der gesamten Veranstaltung saß er in der ersten Reihe und machte sich Notizen zu allem, was ich und die anderen Redner auf der Bühne zu sagen hatten. Er hat verstanden, dass man ab dem Moment, in dem man sich als Experten betrachtet, meint, schon alles gehört zu haben, und sich damit der Auseinandersetzung mit neuen Ideen (und der Entwicklung von Fähigkeiten auf der nächsthöheren Ebene) verschließt. Denn man ist in die Todesspirale eingetreten, in der man glaubt, alles zu wissen.

Im Verhalten dieser Wirtschaftsgröße kommt die Demut zum Vorschein, die jene Meisterhaftigkeit aufrechterhält, die Unsterblichkeit gebiert. Und das wünsche ich auch Ihnen von ganzem Herzen.

74

Führen Sie Ihr Projekt X durch

Der Taj Mahal. Pavarottis »Nessun Dorma«. Ein Essen im Cal Xim in Penedès. Sandro Botticellis *Die Geburt der Venus*. Das von Hedy Lamarr erfundene geheime Kommunikationssystem. Die Erfindung des elektrischen Wechselstroms durch Nikola Tesla. Die »Bohemian Rhapsody« der Rockgruppe Queen. Die Akropolis in Athen und das Kolosseum in Rom.

All diese Meisterwerke bezeugen die Genialität und den Sachverstand von Menschen, die in einer Zeit zunehmender Banalisierung für Möglichkeiten und handwerkliche Spitzenleistung einstehen. (Wann haben Sie zuletzt echte Magie im Markttrubel entdeckt?)

Ich erinnere mich, wie ich einmal meine Mutter zur Galleria dell'Accademia in Florenz begleitete. Nie werde ich ihren Gesichtsausdruck vergessen, als sie den Hauptsaal betrat und Michelangelos *David* erblickte. Mom war von der Schönheit, der Kunstfertigkeit und der imposanten Größe des Meisterwerks hingerissen.

Ich schlage Ihnen hier lediglich vor, einer jener seltenen und bemerkenswerten schöpferischen Geister zu werden, die nicht bereit sind, jeder sich bietenden Gelegenheit hinterherzujagen, und die die Disziplin besitzen (und den Mumm), sich auf ein *einziges* Werk zu konzentrieren – das als nahezu vollkommenes Kunstwerk, verfeinert, auf Hochglanz gebracht und optimiert, die Welt zum Staunen bringt (selbst wenn seine Vollendung ewig dauert).

Jeder von uns trägt ein Meisterwerk in sich. Ein großartiges und glanzvolles Projekt, das uns beim bloßen Gedanken daran mit Aufregung, Entzücken und dem überwältigenden Gefühl erfüllt, dass unser Leben Sinn hat.

Ja, führen Sie *Ihr* Projekt X durch.

Ihr Eiffelturm. Ihre *Mona Lisa*. Ihre Relativitätstheorie. Ihr Penicillin. Ihre Concorde. Ihr Empire State Building. Ihr *Guernica*. Ihre *Titanic*. (Das letzte Beispiel mag vielleicht nicht so optimal sein, aber Sie verstehen, was ich sagen möchte.)

Ich habe das Gefühl, dass wir als Freunde ständig enger zusammenwachsen. Und Freunde sind ehrlich zueinander. Und deshalb muss ich Ihnen Folgendes sagen: *Nichts ist so herzzerreißend wie die Erkenntnis, dass die Großartigkeit in Ihnen nicht mehr lebendig ist.*

Um ein optimales Leben zu führen, müssen Sie in sich hineinhorchen (jetzt!) und das eine Vorhaben entdecken, das Ihr Monument der höchsten Kreativität, effizientesten Produktivität und vollkommenen Poesie in Ihnen ist, selbst wenn seine Fertigstellung ein ganzes Leben dauert. Nicht hundert Projekte. Nicht fünfzig. Nicht zwanzig. Nein. Worin besteht die eine Initiative, von der Ihr Herz Ihnen sagt, dass Sie sie ergreifen müssen, um Ihre einmalige innere Größe gebührend zum Tragen zu bringen?

Fangen Sie damit an, sobald Sie es herausgefunden haben, und zwar unverzüglich.

75

Harte Arbeit ist fantastische Arbeit

Das Vorhaben, gegen das Sie sich am heftigsten sträuben, sollten Sie vordringlich in Angriff nehmen.

Allzu oft glauben wir, dass wir das Projekt vermeiden sollten, das uns Angst macht. Aber nein, das ist gerade jene Aufgabe, die wir *annehmen sollten*. Denn die Ängste, denen wir aus dem Weg gehen, werden zu unseren Blockaden. Und die Gelegenheiten, die wir verpassen, berauben uns unserer Schöpfungskraft.

Denken Sie daran, dass die mühevollste Arbeit der größte Antrieb für unsere Zufriedenheit ist. Das ist doch paradox, nicht wahr? Aber die Wahrheit ist, dass Sie durch die beständige Bewältigung schwieriger Dinge vertraut werden mit der Brillanz, der Stärke und dem Guten, mit all jenen Eigenschaften, die ungenutzt in Ihnen ruhen. Das Erkennen dieser gewöhnlich unsichtbaren Eigenschaften führt zu dauerhafter Freude. Das Wissen um unser Heroisches Selbst erzeugt großes Glück. Und beim Lösen schwieriger Probleme werden Erfüllung, Sinn und Zweck unsere ständigen Begleiter. Deshalb meine ich, dass es eine Art von Reichtum darstellt, wenn Sie sich couragiert um die Verfeinerung Ihrer beruflichen Fertigkeiten bemühen. Und dass es eine unglaubliche Quelle des Reichtums in Ihrem Leben sein kann.

Heutzutage genießt harte Arbeit oft einen schlechten Ruf. Natürlich müssen wir uns ausruhen, uns erholen und die Früchte unserer Arbeit genießen. Doch wenn Sie sich vollkommen auf Ihre beruflichen Ambitionen konzentrieren, erzeugt dies immense Energie, Zuversicht und Begeisterung und fördert zudem den Seelenfrieden. Die Gewohnheit, wirklich hart zu arbeiten, zahlt sich immer aus. Sie verschafft Ihnen im Vergleich zu all jenen Menschen, die ein Leben in Fülle führen möchten, aber nichts dafür tun wollen, einen riesigen Vorteil. Und sie hat zur Folge, dass Ihr Leben sich weitaus ungewöhnlicher gestaltet.

76

ERSTE ENTWÜRFE SOLLTEN SCHLECHT SEIN

Von Ernest Hemingway gibt es eine Aussage, die mir als Künstler, der sich stets bemüht, sein handwerkliches Können zu verbessern, sehr geholfen hat: »Der erste Entwurf ist immer scheiße.«

Ich mag unflätige Worte nicht, aber ich muss ihn originalgetreu zitieren. Und die Erkenntnis, die hinter seinen Worten steckt, ist für unser Verständnis von enormer Bedeutung.

Wenn ich an einem Buch arbeite, beeile ich mich, die erste Fassung fertigzustellen. Ich mache mir nicht allzu viele Gedanken über die Orthografie, den Satzbau oder konkrete Formulierungen. Vielmehr beeile ich mich, die Hauptgedanken zu Papier zu bringen.

Das verleiht mir dann das Gefühl, dass die Arbeit zum größten Teil erledigt ist, obwohl ich damit erst am Anfang stehe. Aus psychologischer Sicht habe ich das Gefühl, dass die Hauptarbeit getan ist, auch wenn dies nicht der der Realität entspricht. Bei den folgenden Korrekturdurchgängen kürze und überarbeite ich den Text und feile an den Formulierungen (immer und immer wieder).

In *Bird by Bird – Wort für Wort* berichtet die Schriftstellerin Anne Lamott, wie ihr Vater ihrem Bruder, der sich schwer damit tat, ein Projekt über Vögel zu beenden, folgenden Rat erteilte: Er solle einfach *bird by bird* vorgehen – Vogel um Vogel, Wort für Wort. Ein guter Rat.

Lamott stellt auch fest, dass erste Entwürfe von Haus aus schlecht seien. Behalten Sie das im Hinterkopf. Erstellen Sie umgehend den ersten Entwurf Ihres Projekts X. Das bringt Sie in die Gänge – und verleiht Ihnen das Gefühl, dass der größte Teil der Anstrengungen erledigt ist. Gehen Sie dann Seite für Seite, Pinselstrich um Pinselstrich, Vogel um Vogel vor. Ich denke, Sie verstehen, was ich meine.

Bei jedem nachfolgenden Bearbeitungsschritt fügen Sie etwas hinzu und nehmen etwas weg. Verbessern Sie dies und wiederholen Sie jenes. Nehmen Sie unermüdlich kleine Änderungen vor, die das Werk vom Alltäglichen abheben und schließlich ein Meisterwerk entstehen lassen. Bis Sie das optimale Ergebnis erzielt haben, das Sie in sich tragen und nun in ein Universum entlassen können, das sich nach Ihrem Zauber sehnt.

77

Hören Sie auf, Ihre Helden nachzuahmen

»Es macht mir nichts aus, dass sie meine Idee gestohlen haben, aber es beunruhigt mich, dass sie keine eigene haben«, meinte einst der weltverändernde Erfinder Nikola Tesla. Im Übrigen verdient er weit mehr Anerkennung für seine Ideen und Erfindungen, als ihm heute zuteilwird. Da er eher ein Denker als ein Marktschreier war, konnten sich andere, weniger brillante Erfinder, mehr Anerkennung erwerben.

Auf jeden Fall würde ich mir wünschen, dass Sie über den ungewöhnlichen Ausdruck von Originalität nachdenken, während Sie Ihre Kreativität intensivieren, Ihre Produktivität erhöhen und Ihr berufliches Können verbessern, um die vierte Art des Reichtums in Ihrem Leben zu steigern.

Hier ist eine wichtige Maxime, die Sie sich einprägen sollten: *Sie können wohl Ihre Helden nachahmen oder Ihr Umfeld beeinflussen, aber Sie werden nie beides gleichzeitig tun können.*

Häufig ahmen Menschen nach, weil ihnen etwas fehlt. Sie haben Angst, weil sie glauben, dass sie zu wenig Kreativität besitzen, um Erfolg zu haben. Also wählen sie den einfachen Weg – und entwenden die Ideen anderer. Oder sie sind so losgelöst von ihrer Vorstellungskraft und ihrem Talent, dass sie die Anweisungen ihrer Muse ignorieren.

Ein weiteres Schlüsselkonzept: Auf dem Markt zahlt es sich aus, wenn man *echten* Zauber hervorzubringen vermag. (Hören Sie auf zu lesen und schreiben Sie diese Zeile ein paarmal in Ihr Tagebuch, damit sie sich Ihnen besser einprägt.)

Tesla und Lady Gaga. Da Vinci und Steve Jobs. Ali und Jordan. Dickinson und Einstein. Sie alle haben das eine gemeinsam: Sie brachten *frischen* Wind in ihren Tätigkeitsbereich. Statt sich der Herde anzuschließen, wie die Allgemeinheit zu denken und sich anzupassen, hoben sie sich von den anderen ab, wurden richtig gut in ihrem Metier und teilten dann ihre Virtuosität mit vielen.

Wenn Sie erst einmal damit begonnen haben, Originalität, Innovation und atemberaubende Erfindungen in Ihr Umfeld einzubringen, dann sollten Sie darauf vertrauen, dass Ihnen der Markt das schenken wird, was ich in meiner Mentoring-Methode »Die drei Belohnungen der Meisterhaftigkeit« aufzähle:

Belohnung Nr. 1: *Einkommen*. Wenn Sie eine Vielzahl von Menschen inspirieren, begeistern und ihnen Nutzen bringen, verdienen Sie mehr Geld. Denn Geld ist eine Folgeerscheinung von bewältigten Problemen und geleisteter Hilfsbereitschaft.

Belohnung Nr. 2: *Einflussnahme*. Je besser es Ihnen gelingt, Ihr angeborenes Genie zum Tragen zu bringen, desto mehr Menschen werden Ihre Kompetenz schätzen und begrüßen. Das bringt Ihnen die zweite Belohnung der Meisterhaftigkeit ein – Macht. Und Einfluss.

Belohnung Nr. 3: *Freiheit*. Ja, das dritte Geschenk, das Sie erhalten werden, wenn Sie ein Virtuose geworden sind, ist die Freiheit, die die Folge Ihres wachsenden Einkommens und Ihres zunehmenden Einflusses ist. Sie können tun, was immer Sie tun wollen, mit wem auch immer, wann auch immer.

Bevor ich Sie nun verlasse, um Pasta mit frischem Basilikum, reifen Tomaten aus unserem Bauerngarten und Olivenöl zuzubereiten, die so köstlich ist, dass ich am liebsten zu singen anfangen würde, möchte ich Sie bitten, sich noch folgenden Hauptgedanken einzuprägen: Hören Sie auf, Ihre Helden nachzuahmen. Niemand auf der Welt kann etwas auf dieselbe Weise schaffen, umsetzen oder betreiben wie Sie. Statt sich abzumühen, die zweitbeste Version von jemandem zu sein, den Sie bewundern, möchte ich Ihnen in aller Bescheidenheit vorschlagen, Ihre kostbare Arbeitszeit darin zu investieren, die großartigste Version von sich selbst zu werden.

78

Seien Sie einfach freundlich

Bei der Arbeit Erfolg zu haben ist deshalb so einfach, weil es heutzutage so wenige Menschen gibt, die tun, was zum Erfolg führt.

Erfolg beruht maßgeblich darauf, dass man die Grundvoraussetzungen erfüllt, dass man das Wesentliche meisterhaft beherrscht. Und zu wenige Menschen verstehen sich wirklich gut darauf, zum Beispiel ihren Job mit einem Gefühl von Stolz, Sorgfalt und Freundlichkeit gegenüber anderen zu verrichten. Das folgende Beispiel soll meinen Standpunkt verdeutlichen, gewürzt mit einer Prise Humor.

In einer nordamerikanischen Großstadt machte ich einmal einen langen Spaziergang im Regen (Regenspaziergänge gehören zu meinen Lieblingsbeschäftigungen).

Unterwegs wurde ich auf einen kleinen Laden aufmerksam, der Kaffee mit Adaptogenen anpries – Substanzen, die die Konzentration, das Gedächtnis, die Energie und die Widerstandsfähigkeit gegen die toxischen Folgen von unkontrolliertem Stress stärken. Ich war fasziniert von der Art und Weise, wie die Idee präsentiert und vermarktet wurde. Also betrat ich den Laden.

Der junge Hipster mit der coolen Mütze hinter dem Tresen blickte mich lediglich ausdrucklos an, sagte kein Wort und widmete sich dann wieder seinem Handy. Obwohl der Laden so gut wie leer war, schien sich der junge Mann keineswegs über meine Anwesenheit zu freuen.

Kein Problem. Ich lächelte und sagte »Hallo«. Er brummte so etwas wie einen Gruß, wie es Leute zu tun pflegen, die zu viel Zeit vor dem Bildschirm verbringen und nicht mehr wissen, wie man mit Menschen kommuniziert und wie angenehm diese Gewohnheit ist. Und die vergessen haben, was für ein erfülltes Leben am wichtigsten ist.

Ich musterte die Produkte. Sie sahen verlockend aus. Der Firmengründer hatte eindeutig viele Gedanken (und reichlich Geld) in die

Entwicklung hervorragender Produkte investiert, die Menschen zu Höchstleistungen befähigen sollten.

Ich fragte den jungen Mann, ob es sich hier um einen einzelnen Laden oder um eine Ladenkette handelte.

»Einzelladen«, erwiderte er einsilbig. Dann wiegte er sich im Takt der Hipster-Musik, die den Raum erfüllte. Statt meine Frage ernst zu nehmen, vollführte er ein paar wilde Bewegungen zu der Musik. Wenn Sie dabei gewesen wären, hätten Sie seine Tanzbewegungen wohl auch recht seltsam gefunden.

Ich fragte ihn, ob es die Nahrungsergänzungsmittel auch in kleinen Abpackungen gäbe, die ich mitnehmen könnte, statt sie direkt im Laden mit dem Kaffee, den sie anboten, zu mir zu nehmen.

»Nein. Früher haben wir kleine Packungen verkauft, aber jetzt nicht mehr«, antwortete er, ohne von seinem Handy aufzublicken.

Dann vollführte er weitere bizarre Tanzbewegungen wie ein außerirdischer Roboter, tippte mit den Fingern auf das Handy und beschäftigte sich mit etwas, das anscheinend deutlich wichtiger war als ich.

Einem anderen Menschen gegenüber Präsenz zeigen. Einem Menschen das großartige Geschenk machen, bei der Begrüßung wenigstens einen Hauch von Begeisterung zu zeigen. Ihm helfen, indem man fundiertes Produktwissen und beeindruckende Kompetenz zum Ausdruck bringt. Wenn Sie anderen Menschen gegenüber echte Zuwendung an den Tag legen, um deren Leben glücklicher zu machen, entdecken Sie den Erfolg, den Ihre Arbeit Ihnen beschert, während Sie Ihre handwerklichen Fähigkeiten verfeinern. Und dadurch verbessern Sie auch Ihre Selbstachtung, Ihre Inspiration, Ihre Karrierechancen und Ihren Lebensstil. Wie leicht vergisst man das! Bemühen Sie sich einfach darum, die Grundvoraussetzungen zu erfüllen, und konzentrieren Sie sich auf das Wesentliche, was heute viel zu wenige Menschen tun.

Wenn Sie sich fragen, wie Sie sich präsentieren sollten, wenn Sie mit einem Kunden, einem Teamkollegen, einem Lieferanten oder einer anderen Person konfrontiert sind, denken Sie an den Hipster mit den grotesken Tanzbewegungen, an den jungen Mann mit der coolen Mütze.

Und seien Sie einfach freundlich.

79

Legen Sie Ihre Täglichen Fünf fest

Ein Produktivitätstool, das die Kunden, die ich berate, als äußerst nützlich empfinden, sind die Täglichen Fünf. Es ist ziemlich einfach – wie alle wertvollen Tools. Nehmen Sie sich vor, jeden Tag fünf winzige Triumphe oder kleine Erfolge zu erzielen oder fünf konkrete Vorhaben umzusetzen, die Sie bis zum Ende des Tages erledigt haben wollen. Wie Sie inzwischen wissen: *Kleine, tägliche, scheinbar unbedeutende Verbesserungen führen, sofern über einen längeren Zeitraum kontinuierlich umgesetzt, zu erstaunlichen Ergebnissen.* Nicht das, was Sie von Zeit zu Zeit tun, führt Sie zu großartigen Ergebnissen, sondern was Sie täglich tun.

Unabhängig davon, was Sie gerade bewegt und wie Ihr Leben im Augenblick verläuft, können Sie *definitiv* jeden Tag fünf Mikroerfolge erzielen.

Beispiele für leicht zu bewerkstelligende Dinge sind:

- Machen Sie Ihr Bett gleich nach dem Aufstehen.
- Machen Sie nach dem Zähneputzen zwanzig Liegestütze.
- Meditieren Sie vor dem Frühstück für fünfzehn Minuten.
- Lassen Sie das Frühstück aus und fasten Sie ein paar Stunden.
- Notieren Sie morgens ein paar Dinge, für die Sie dankbar sind, in Ihrem Tagebuch.
- Entwerfen Sie einen Liebesbrief an Ihren Partner.
- Verbringen Sie die erste Stunde Ihrer Arbeitszeit mit echter Arbeit statt einer sinnlosen Tätigkeit.
- Schicken Sie eine handschriftliche Dankeskarte an jemanden, der Ihnen geholfen hat voranzukommen.
- Schauen Sie sich ein Lernvideo an, das Ihre größten und wichtigsten Fähigkeiten optimiert.

- Widmen Sie dem Projekt, das Ihre Karriere am meisten voranbringen wird, eine Stunde Zeit.
- Finden Sie ermutigende Worte für einen Teamkollegen.
- Finden Sie etwas in Ihrem Tagesablauf, das Ihnen das Gefühl von mehr Lebendigkeit verleiht, und genießen Sie es.
- Erweisen Sie einem Passanten draußen auf der Straße einen Gefallen.
- Zelebrieren Sie ein Familienessen ohne Handy.
- Schreiben Sie vor dem Zubettgehen drei Dinge auf, für die Sie dankbar sind.

Das ist der entscheidende Punkt. Aus fünf kleinen Erfolgen täglich werden hundertfünfzig in nur einem Monat und gute achtzehnhundert Verbesserungen in nur einem Jahr. Die bevorstehenden zwölf Monate werden mit absoluter Gewissheit die produktivsten, erfolgreichsten und phänomenalsten zwölf Monate Ihres Lebens sein, da Sie achtzehnhundert kleine Erfolge verbuchen.

80

Denken Sie wie ein Künstler

Ich bewundere die Kunstwerke des amerikanischen Meisters Jean-Michel Basquiat. Ich bin ein leidenschaftlicher Fan der abstrakten Malerei der österreichischen Lichtgestalt Martha Jungwirth. Ich kann stundenlang in einer Galerie auf ein Porträt des modernen südafrikanischen Malers Lionel Smit starren und mich von seiner brillanten Malkunst faszinieren lassen.

Für mich macht die Kunst das Leben schöner, einfacher und besser. Sie bringt Licht in trübe Tage. Und wenn ich von künstlerischer Brillanz umgeben bin, färbt etwas davon auf mich ab und verleiht meinem Handwerk etwas mehr Glanz.

Denken Sie wie ein Künstler. Das ist meine Bitte an Sie. Egal welchen Beruf Sie ausüben: Sie sind kreativ. Und das, was Sie produzieren (ob Pizza oder Drehbücher, Firmen oder Codes, Start-ups oder Indoorcycling-Kurse) ist Ihre wertvolle Kunst, die mit Ihrem guten Namen verbunden ist. Machen Sie also das, was Sie tun, überdurchschnittlich gut, oder lassen Sie es lieber bleiben.

Vier praktische Lektionen, die Sie anspornen sollen:

Lektion Nr. 1: Verbessern Sie die Arbeit, die Sie heute leisten, im Vergleich zu der Arbeit vom Vortag und verrichten Sie die Arbeit, die Sie insgesamt in diesem Jahr leisten, exponentiell besser als im Vorjahr.

Lektion Nr. 2: Achten Sie mehr als jeder andere in Ihrer Branche auf Qualität, erbringen Sie eine Meisterleistung oder lieber gar nichts! Bedenken Sie, dass *Höchstleistung Energie darstellt*. Das spüren die Menschen, ohne dass Sie darauf hinweisen müssen. Wir alle können es spüren, wenn wir es mit Großartigkeit zu tun haben.

Lektion Nr. 3: Nutzen Sie Ihre Andersartigkeit und offenbaren Sie Ihre Besonderheit. Die eigenartigen oder auffälligen Dinge an Ihnen sind genau jene Dinge, die Ihr angeborenes Genie zum Ausdruck bringen. Denken Sie darüber nach, meditieren Sie über die besonderen Macken, Talente und Stärken, die Sie von allen anderen Menschen unterscheiden, und notieren Sie alles in einem Tagebuch. Entwickeln Sie diese Eigenschaften dann weiter und festigen Sie sie.

Lektion Nr. 4: Vertrauen Sie darauf, dass Fehler das Tor zur Kunst sind und dass Scheitern der Preis ist, den Ihr Talent zahlen muss, um sich voll entfalten zu können. Nutzen Sie Ihre Fehler, Rückschläge und Misserfolge als Treibstoff für die Entfaltung Ihrer künstlerischen Kraft. »Man muss noch Chaos in sich haben, um einen tanzenden Stern gebären zu können«, verkündete Nietzsche.

Leben Sie auf dem dünnen Ast (das ist gefährlich, aber hier reifen die Früchte!). Gehen Sie mehr kreative Risiken ein. Scheuen Sie sich nicht davor, albern auszusehen, und behalten Sie immer im Hinterkopf: Niemand nimmt jemanden ernst, der sich selbst zu ernst nimmt.

Denken Sie wie ein Künstler. Denn Sie sind einer.

81

Finden Sie Ihr persönliches *Goldeneye*

Um Ihr Meisterwerk zu schaffen, müssen Sie viel Zeit allein verbringen. Damit will ich nicht sagen, dass die Zusammenarbeit mit einem Team nicht wichtig oder hilfreich sei. Je größer der Traum, desto wichtiger ist das Team. Und wie ich bereits erwähnt habe, ist eine innige Verbindung mit der Familie und mit Freunden eine grundlegende Voraussetzung für echten Erfolg.

Mein Anliegen hier ist folgendes: In einer Zeit ungeheurer technologischer Stimulation, Hyperablenkung und kognitiver Überlastung muss man sich energisch dazu zwingen, regelmäßig sein gewohntes Leben zu verlassen, um erstklassige Arbeit zu leisten, selbst wenn es nur für ein paar Stunden täglich ist.

Künstler haben ein Atelier, in das sie sich jeden Tag zurückziehen. Wissenschaftler haben ihre Labore, in denen sie forschen und Experimente durchführen. Profisportler haben ihre Sporthallen, und legendäre Musiker verfügen über eigene Studios.

»Alle Medizinmänner leben in Höhlen«, sagte der Künstler Jean-Michel Basquiat. Für mich bedeutet das, dass man entweder inmitten des Lärms der Welt leben oder Meisterwerke schaffen kann, indem man allein lebt – aber niemals beides. Ihr Genie verlangt nach mehr Ruhe, Alleinsein und Stille. Und alle Künstler, die regelmäßig Kunstwerke schaffen, wissen, dass der Arbeitsort die Qualität des Werkes maßgeblich mitbestimmt – und daher wählen sie Orte, die sie zu optimaler Produktivität inspirieren.

Ian Fleming, der berühmte Autor der James-Bond-Romane, erwarb auf Jamaika ein wunderschönes Ferienhaus am Meer, wo er Ruhe fand und den so wichtigen Flow-Zustand herstellen konnte, um die Geschichten zu schreiben, die Millionen von Menschen unterhalten haben. Er nannte diesen Ort Goldeneye.

Wenn dieser berühmte Autor so viel Inspiration, Antrieb und Produktivität für die Realisierung seines außergewöhnlichen Gesamtwerkes daraus schöpfte, dass er sich von der lärmenden Gesellschaft fernhielt, sollten Sie dann nicht auch Ihr Goldeneye finden?

82

Legen Sie eine Schippe drauf

Als ich mein Buch *Der 5-Uhr-Club* schrieb (ich brauchte für die Fertigstellung volle vier Jahre. Ich wollte das Buch so gut wie möglich machen, und im Laufe der Zeit wurde es für mich gewissermaßen zu einer Mission, die an Besessenheit grenzte), als ich also an diesem Buch schrieb, reiste ich mit dem Zug in eine kleine europäische Stadt, wo ich mir ein Hotel suchte, in dem ich eine Woche lang an meinem Buch arbeiten konnte. In dieser einen Woche kam ich mit dem Manuskript schneller voran als in den Monaten zuvor, in denen ich zu Hause gearbeitet hatte.

Jemand vom Zimmerservice brachte mir morgens meinen Tee mit einer einmaligen Besonderheit, die ich heute noch in Erinnerung habe: Aus den beiden Zitronenhälften waren die Kerne entfernt worden.

Ich weiß nicht, ob ich mich klar genug ausdrücke, also will ich noch ein bisschen deutlicher werden: Statt die Zitrone einfach in zwei Hälften zu teilen, damit ich den Saft in das heiße Wasser pressen konnte, hatte sich eine Servicekraft die Mühe gemacht, die Kerne sorgsam herauszuschneiden, damit sie nicht in meinen Tee fallen würden.

Ich war so fasziniert von diesem ungewöhnlichen Diensteifer, dass ich ihn in meinem Buch erwähnte. Ich nannte das Konzept »Deseeding the Lemon Wedges« (»Entkernen von Zitronenscheiben«), eine Metapher für akribische Detailgenauigkeit, die als Grundlage dient, um Meister seines Fachs zu werden.

Während ich Ihnen die heutige Mentoring-Botschaft schreibe, befinde ich mich abermals in dem erwähnten Hotel. Und wissen Sie was? Ich habe eine neue Metapher für Sie, die auf der heutigen Tasse Tee gründet.

Ich bestellte frischen Pfefferminztee. Eva, die temperamentvolle junge Frau, die meine Bestellung telefonisch entgegennahm, verhielt sich großartig. Sie kümmerte sich um jedes Detail, verhielt sich sehr verantwortungsbewusst und äußerst fürsorglich.

»Es dauert fünfzehn Minuten. Ist das in Ordnung?«, sagte sie mit ihrer Singsang-Stimme.

Und tatsächlich genau fünfzehn Minuten später (ich befinde mich in der Schweiz) stand Eva vor meiner Tür. Sie strahlte übers ganze Gesicht und ihre Augen funkelten. Und sie verbreitete eine Atmosphäre, die mich glücklich darüber machte, ein Teil der Menschheit zu sein.

Als mein Blick auf das Tablett fiel, das sie behutsam auf dem Tisch vor mir abgestellt hatte, bemerkte ich, dass Eva nicht nur ein Bündel frischer Pfefferminzblätter in die Teekanne gelegt hatte, sondern auch noch eine Dekoration: ein einzelnes grünes Minzblatt, das kunstvoll in der elfenbeinfarbenen Teetasse arrangiert war.

Sie könnten einwenden: »Aber Robin, das ist doch nicht der Rede wert.« Doch. Für mich war es *gigantisch*.

In einer Zeit, in der so viele Menschen mehr versprechen, als sie liefern, und in der so viele ein Leben im Wohlstand führen wollen, ohne sich dafür engagieren zu müssen und die erforderliche Arbeit zu leisten, hat sich Eva in ihrem Handwerk hervorgetan. Sie verkörperte damit die vierte Art des Reichtums. Sie setzte ihre Kreativität um und demonstrierte Meisterhaftigkeit, indem sie dieses eine Minzblatt abzupfte und es so geschickt in die Teetasse legte, dass ein kleines Kunstwerk entstand.

Jetzt habe ich eine neue Metapher dafür, wie man im Job die sprichwörtliche Schippe drauflegt, um all jene, denen man begegnet, in seinen Bann zu ziehen: nämlich die optimale Verwendung des Minzblatts. Und da sich diese Gewohnheit bei Eva als praktikabel erwiesen hat, wird sie dies gewiss auch bei Ihnen tun.

83

Seien Sie geduldig wie ein Profi

Ich verrate Ihnen ein Geheimnis, wie Sie das Spiel beherrschen können, das eigentlich gar keines ist. Aber ich nenne es so, weil ich hoffe, dass Sie ihm dann größere Aufmerksamkeit schenken.

Das Geheimnis ist … *Geduld.*

Also ganz einfach. Praktisch. Nicht zu übersehen. Es handelt sich um eine Strategie, die sich im Verborgenen abspielt. Deshalb wenden nur wenige Menschen (und ich meine wirklich wenige) sie mit Beständigkeit an. »Flüsse wissen dies: Es gibt keine Eile. Irgendwann kommen wir an«, schrieb A. Milne, der Autor von *Winnie the Pooh.*

Heute befinde ich mich in der eleganten Stadt Mailand. Die Bäume stehen in Blüte und die Blumen entfalten all ihre Pracht. Meine italienischen Freunde und Mailänder Leser werden es mir übel nehmen, dass ich Ihnen das erzähle, aber ich habe hier das pompöse Starbucks zum ersten Mal besucht. (Ich verrate Ihnen hinter vorgehaltener Hand: Es war sehr gut!)

Ich lauschte einem fantastischen Straßenmusikanten, der einen Song von Coldplay zum Besten gab, dann etwas von Drake, dann »Love Yourself« von Justin Bieber (unter uns, ich mag diesen Song wirklich).

Dann begab ich mich zu Mailands berühmtem Monument, dem Dom. Er ist faszinierend, buchstäblich atemberaubend.

Ich bewunderte die Türme und Bögen und die höchst aufwendige Handwerkskunst.

Wussten Sie, dass der Bau 1386 begann und die letzten Details erst 1965 fertiggestellt wurden? Das liegt jetzt *sechshundert Jahre* zurück, so viel Zeitaufwand für ein einziges Projekt!!!

Nun frage ich Sie: Besitzen Sie so viel Hingabebereitschaft, *sechshundert Jahre lang* an der Vollendung Ihres Projekts zu arbeiten? Bis zu seiner erhabenen Vollendung, bis es so ist, wie es sein soll. Und Ihre natürlichen Talente würdigt. Dabei denke ich an einen Ausspruch Michelangelos: »Genie ist ewige Geduld.«

Wir leben in einer Zivilisation, in der die meisten Menschen so viel Aufmerksamkeit aufbringen wie ein Spatz. Wollen Sie bei Ihrer Arbeit wirklich Erfolg haben und Ihren Kollegen so weit überlegen sein, dass diese Sie (in *sechshundert Jahren*) niemals einholen können?

Ja? Großartig.

Dann entwickeln Sie sich zur ausdauerndsten Person in Ihrem Umfeld und zum unermüdlichsten Schöpfer auf Ihrem Gebiet. Kümmern Sie sich um das winzigste Detail. Streben Sie nach den Standards der Superstars. Bleiben Sie dran. Geben Sie niemals auf. Lassen Sie den kleinsten Pinselstrich aussehen wie von Meisterhand getan. Verbessern Sie dann das Ganze noch, dazu möchte ich Sie animieren.

84

Verhalten Sie sich wie der Hund mit dem Knochen

Ja, verhalten Sie sich wie der Hund mit dem Knochen, den er nicht loslässt. Einer der wichtigsten Schlüssel zu Meisterhaftigkeit besteht in der Ausdauer. Und es ist wirklich erstaunlich, wie weit Sie bei der Verfolgung Ihrer höchsten persönlichen Ziele kommen können, wenn Sie unerschütterlich dem Verlangen widerstehen, aufzugeben.

Das ist völlig klar. Und doch tun es so wenige. Gerne möchte ich Ihnen eines meiner Lieblingsbeispiele verraten.

Jimmy Iovine, heute ein Titan der Musikindustrie und ein legendärer Plattenproduzent, wollte Trent Reznor, der mit seiner Band Nine Inch Nails bekannt geworden war, von der kleinen unabhängigen Plattenfirma abwerben, die die Rechte an seiner Musik hielt. Der Inhaber dieser Firma war knallhart, wollte seinen geschätzten Künstler keineswegs aus dem Vertrag entlassen.

Iovines Lösung, wie sie in der wunderbaren Dokumentarserie *The Defiant Ones* dargestellt wird, bestand darin, jeden Morgen früh aufzustehen und ein Ritual zu vollziehen. Er ging ins Badezimmer, wo er ein Telefon installiert hatte, schloss die Tür und rief den Eigentümer der kleinen Plattenfirma an. Jeden Morgen um sechs Uhr praktizierte er dieses Ritual – *fast ein ganzes Jahr lang.*

Schließlich gab der Eigentümer nach, weil Jimmy Iovine sich nicht von seinem Ziel abbringen ließ. Er erklärte, dass er sich von dem Produzenten durchaus verstanden und respektiert fühle. Also ließ er sich auf den Deal ein und trat die Rechte ab, was zu einer sehr erfolgreichen Partnerschaft führte.

Als Iovine in der Dokumentation gefragt wurde, warum er den Plan, Reznor für seine Firma zu gewinnen, nicht aufgeben wollte und warum er fast 365 Tage lang hintereinander jeden Morgen telefonierte, erwiderte er, es sei wichtig, sich von seinem Ego nicht von dem Ergebnis abbringen zu lassen, das man erzielen wolle.

Diese Lektion hat sich mir für immer eingeprägt. Man darf nicht zulassen, dass Stolz und die abwertende Einschätzung seitens anderer einen bei der Realisierung eines Ziels behindern. Und ich hoffe von Herzen, dass auch Sie diese Erkenntnis nie vergessen.

Und wenn andere über Sie spotten, weil Sie unbeirrt an sich selbst glauben und an Ihr Anliegen, einen kühnen Traum zu realisieren, erinnern Sie sich daran, was Dr. Seuss einst schrieb: »Bleiben Sie sich treu und sprechen Sie aus, was Sie fühlen, denn jene, die sich daran stören, sind nicht wichtig, und die, die wichtig sind, nehmen keinen Anstoß daran.«

85

Geniessen Sie die Zeit, die Sie verplempern

»Zeit, die man gerne verplempert, ist nicht vergeudet«, sagte der Musiker John Lennon.

Ich habe einen großen Teil meines Erwachsenenlebens gebraucht, um dies zu verstehen.

Wenn ich nicht arbeitete, meinen Zeitplan nicht einhielt oder meine To-do-Liste nicht abhakte, hatte ich Schuldgefühle und verspürte oft auch eine gewisse Scham. Ich will ehrlich sein.

Ich sehe viele Offline-Gurus und Online-Influencer, die ihren Anhängern empfehlen, »anzupacken und sich ins Zeug zu legen« und »jeden wachen Moment zu nutzen, um produktiv zu sein und voranzukommen.« Du lieber Himmel!

Ist diese Art von Rat nicht nur ein Glaubenssystem, das uns von einer Kultur beigebracht wird, die besessen ist von Leistung, Umsetzung, Streben und Erfolg? Aber warum muss Erfolg ausschließlich dadurch definiert werden, dass man mehr weltlichen Erfolg als andere erreicht? Warum haben Ruhm und Reichtum einen höheren Stellenwert als innerer Frieden und persönliche Freiheit?

Warum wird der Unternehmer, der zig Dinge erledigt, und der Milliardär, der massenhaft Geld anhäuft, (in unserer so seltsamen Kultur) mehr geschätzt als der Mönch, der sich den ganzen Tag im Kloster der Meditation hingibt? Oder der fröhliche Gärtner, der seine leuchtend gelben Tulpen pflegt?

Wie ist es möglich, dass die Person, die ihre Arbeit gut erledigt, ihre Abende mit der Familie und mit leidenschaftlich betriebenen Hobbys verbringt, als weniger »produktiv« angesehen wird als ein Mensch, der 365 Tage im Jahr, rund um die Uhr auf Abruf ist? Wer hat uns das Märchen von der Bedeutung des Produktivseins aufgetischt? Und warum verdienen wir es nicht, als erfolgreich zu gelten, wenn wir nicht jede wache Stunde mit Arbeit verbringen?

Um noch einen Schritt weiter zu gehen: Warum wird Nichtstun als etwas Negatives angesehen? Erklären Sie es mir. Ganz im Ernst. Wer hat uns beigebracht, dass etwas zu tun besser sei, als nichts zu tun? In Wirklichkeit – und ich bin mir nicht sicher, ob das für Sie gerade noch Sinn ergibt – sind es einfach zwei unterschiedliche Dinge. Das eine ist nicht unbedingt besser als das andere, oder? Lediglich unser Urteil und unsere Überzeugung lassen es so erscheinen.

Uns wurde einfach von Vertrauenspersonen (und Menschen, die uns beeinflussen) weisgemacht, dass das eine besser sei als das andere.

Ich habe gelernt, wirklich effizient im Nichtstun zu werden. Denn eine Arbeitsmoral ohne intensive Ruhemoral wird sich auf die Dauer nicht durchhalten lassen.

Wenn ich arbeite, arbeite ich flink, intensiv und genau – in höchstem Maße auf die wenigen Dinge fokussiert, die zählen. (Konfuzius hat es wie folgt auf den Punkt gebracht: »Wer zwei Hasen jagt, fängt keinen.«) Und wenn ich nicht arbeite, genieße ich das Leben und ernte die Früchte meiner Arbeit. Ich schlendere durch meinen Olivenhain und betrachte die Bäume. Mit Elle unternehme ich kurvenreiche Fahrten durchs Land, ich bereite meiner Tochter ein Abendessen zu und besuche mit meinem Sohn eine Kunstgalerie. Ich lese interessante Bücher, fahre mit meinem bewährten Mountainbike durch die Gegend, schreibe in mein Tagebuch, höre Country-Musik und schwimme im Meer.

Ich möchte Sie dazu anspornen, manchmal ein genießerischer Faulpelz zu sein. Ein absoluter Meister des Nichtstuns, wenn es Zeit zum Auftanken und Erneuern ist. Wie ich es gestern tat. Ich saß einfach draußen in der kühlen Nachtluft, mit einer Decke über den Beinen, und blickte zu den Sternen hoch. Nichtstun ist manchmal wirklich etwas Großartiges.

86

Wenden Sie die Sechzig-Sekunden-Regel gegen Prokrastination an

Schalten wir, ausgehend vom letzten Kapitel, in einen höheren Gang. Alle Menschen, die Spitzenleistungen vollbringen, haben eines gemeinsam: Sie haben nicht nur kühne Träume, sondern tun auch alles Erforderliche, um diese zu verwirklichen.

Ihnen ist klar, dass eine Idee ohne Realisierung reine Illusion ist. Und dass die kleinste Handlung tatsächlich immer noch um so vieles besser ist als die großartigsten Absichten. Dadurch bekunden Spitzenleister, dass sie engagiert sind in ihrem Metier und dass sie es ernst meinen damit, zur Meisterhaftigkeit zu gelangen.

Ich möchte Ihnen daher zurufen: *Lassen Sie nie von einer großartigen Idee ab, ohne etwas, irgendetwas für deren Umsetzung zu unternehmen.*

Wiederholen Sie folgendes Mantra immer und immer wieder: »Ich tu es jetzt.« Worüber Sie sprechen, das formt, was Sie in der Welt hervorbringen werden. Wenn Sie eine kühne und gewagte Inspiration haben, handeln Sie schnell, innerhalb von sechzig Sekunden, um voranzukommen, und sei es nur ein winziges Stück, um die Prokrastination, die Aufschieberitis zu besiegen. Und machen Sie immer weiter.

»Solange man sich nicht engagiert, zögert man, verpasst die Chance voranzukommen, was immer ineffektiv ist. Für alle Initiativ- und Schöpfungsakte gilt eine grundlegende Wahrheit, deren Unkenntnis zahlreiche Ideen und fabelhafte Pläne zum Scheitern bringt: In dem Augenblick, in dem man sich definitiv festlegt, tritt auch die Vorsehung auf den Plan«, sagte der Bergsteiger William Hutchison Murray einmal.

Ich nehme an, er wollte uns vermitteln, dass ein Unterschied besteht zwischen Geschäftigkeit und Produktivität, zwischen Bewegung und Vorankommen.

Und dass nichts geschieht, bis wir beginnen.

87

Verbessern Sie sich stetig, während Sie arbeiten

Kürzlich hörte ich ein Gespräch mit an, von dem ich Ihnen berichten möchte:

Ich war zum Lunch in einem Restaurant. Ein Mann wollte ein Glas Rotwein. Er zeigte auf die Auswahl auf der Weinkarte. Der Kellner warf einen Blick darauf und fragte dann: »Wünschen Sie diesen hier? Ich werde ihn wohl nicht korrekt aussprechen können, aber ich werde es versuchen.«

Dann sagte er radebrechend den Namen des Weins auf und ging weg, um die Bestellung für den Gast zu holen.

Als der Kellner dann an unseren Tisch trat, fragte ich aus reiner Neugier, wie lange er schon in diesem Restaurant arbeite.

»Das ist mein elftes Jahr«, erwiderte er stolz.

Hmm. Seit elf Jahren nahm er in diesem Restaurant Bestellungen für Essen und Wein auf. Verbrachte hier viele seiner kostbarsten Stunden, investierte seine unendlich wertvolle Lebensenergie in diesen Job. Es bot sich ihm die Möglichkeit, ein Experte auf seinem Gebiet zu werden, ein Lieferant der »Wow!«-Momente, und zudem ungewöhnlich hohe Trinkgelder zu erhalten.

Doch aus irgendeinem Grund schien er seinen Job – sein Handwerk (eine Fertigkeit, die ihm nicht nur beachtliche berufliche, finanzielle und persönliche Belohnungen bescheren konnte, sondern auch geistige) – nicht ernst zu nehmen. Er hat sich anscheinend nie die Zeit genommen, die Weinkarte zu studieren und zu lernen, wie die Namen der Weine richtig auszusprechen sind. Ich gewann den Eindruck, dass er einfach nur jeden Tag im Restaurant aufschlug. Elf Jahre lang.

Das krasse Gegenteil dazu verkörpert Ferran Adrià. Er ist der Gründer und Chefkoch des Drei-Sterne-Restaurants El Bulli. Er ist bekannt für seine Pionierrolle auf dem Gebiet der Molekulargastronomie und seine Vierunddreißig-Gänge-Menüs. Außerdem faszinierte er seine Kochkollegen durch seine obsessive Besessenheit, alle Details akribisch zu beachten. Als der Ruhm des El Bulli den Höhepunkt erreicht hatte (zwei Millionen Menschen versuchten pro Saison eine Tischreservierung in seinem Lokal zu ergattern), schloss er das Restaurant.

Obwohl er mit seinen Kreationen ein Vermögen hätte machen können (mit seinem »Chicken Curry« revolutionierte er das traditionelle Rezept, indem er die Hühnersauce auf Curryeiscreme gab) und obwohl er vom Spitzenkoch Joël Robuchon als »der beste Koch des Planeten« hochgepriesen wurde, machte er sein Restaurant zu – weil er das Gefühl hatte, dass er als Koch an seine Grenzen gestoßen war. Für seine Weiterentwicklung als Künstler brauchte er neue Herausforderungen.

Hier ist das Fazit: In dem Augenblick, in dem Sie auf dem Höhepunkt Ihres Könnens stehen und Ihre Kräfte voll ausgereizt haben, ist es an der Zeit, Ihre Erfolgsformel zu durchbrechen, die Fähigkeiten, die Ihnen so hilfreich waren, neu auszurichten und sich neue Möglichkeiten vorzustellen, wie Sie sich völlig neu erfinden können. Denn was ist die Alternative? Mittelmäßigkeit. Und ein schneller Abstieg in die Versenkung.

88

Unternehmen Sie Anstrengungen des Zaubers, niemals des Geldes wegen

Der Spitzensportler und erfolgreiche Unternehmer Shaquille O'Neal, der eine meiner Live-Veranstaltungen beehrte, übermittelte drei wichtige Lektionen, die auch für Sie von Nutzen sein werden. Es handelt sich um folgende drei Erkenntnisse:

Lektion Nr. 1: Sorgen Sie dafür, dass Ihre Kinder bescheiden und bodenständig bleiben. Wenn seine Kinder sagten: »Dad, lass uns dies oder das kaufen, wir sind doch reich«, erwiderte er: »Nicht ihr seid reich, sondern ich.« Das alte Sprichwort »Erwerben, Vererben, Verderben« ist auch heute noch gültig. Häufig entsteht Reichtum durch die erste Generation, wird von der zweiten verprasst und in der dritten eingebüßt.

Lektion Nr. 2: Vergessen Sie nie Ihre Wurzeln. Allzu viele Menschen erlangen in ihrem Metier großen Ruhm, vergessen aber, wem sie ihn zu verdanken haben. Shaq erklärte meinen Zuhörern, dass er vor jedem Heimspiel der Los Angeles Lakers zu seiner früheren Wohnung in einem armen Viertel von Los Angeles fuhr und mit den Kindern auf der Straße Basketball spielte. Ich fragte ihn, warum er das tat. Seine Erwiderung war klassisch: »Weil auch ich einst zu diesen Kindern gehörte.«

Lektion Nr. 3: Arbeiten Sie nie nur des Geldes wegen. Shaq berichtete Folgendes: Wenn er als Unternehmer ein Geschäft nur aufgrund eines potenziellen riesigen Geldsegens abgeschlossen hatte, wurden diese Unternehmungen stets ein Flop. Wenn er jedoch eine Gelegenheit ergriff, weil sie ihn inspirierte, weil sie ihn zwingen würde, sich als Führungspersönlichkeit weiterzuentwickeln, oder weil er einfach das Gefühl hatte, dass es richtig war, waren die Ergebnisse stets hervorragend.

Ja, mein Freund, verrichten Sie Ihre Arbeit nicht nur wegen des Geldes, sondern wegen des persönlichen Wachstums, das Sie durch die Arbeit erfahren. Tun Sie Ihre Arbeit wegen der Talente, die sie Ihnen eröffnet. Verrichten Sie sie der Person zuliebe, die die Arbeit aus Ihnen machen wird. Und natürlich sollten Sie Ihre Arbeit auch immer außerordentlich gut verrichten (voll Optimismus und mit Leidenschaft, auch wenn es keiner sieht), für die Menschen, denen Sie helfen, und für die bessere Welt, die Sie erschaffen werden.

89

Drei Michelin-Sterne trotz einer häufig abwesenden Küchenchefin

Bei meinen Vorträgen für Führungskräfte erkläre ich meinen Zuhörern: »Nichts ist so sehr zum Scheitern verurteilt wie der Erfolg.« Wenn Sie am erfolgreichsten sind, sind Sie gleichzeitig am verwundbarsten. Wenn Sie Erfolg haben, sind Sie nur ein paar Schritte vom Misserfolg entfernt. Der Erfolg ist äußerst gefährlich! Wenn Sie so weit gekommen sind, glauben Sie, dass es immer weiter nach oben gehen wird. Sie sind nicht mehr innovativ, neigen eher zu Leerlauf. Sie sehen die Kunden als selbstverständlich an und betrachten Ihre stete Überlegenheit als gegeben. Ab diesem Punkt gleitet man fast unmerklich dem Niedergang entgegen, der schließlich in den Untergang mündet.

Um dies zu vermeiden, müssen Sie gierig bleiben und hungrig. Sie müssen immer bereit sein, Neues zu lernen, neue Risiken einzugehen; bereit sein, auf dem Weg zur Innovation zu scheitern, noch dankbarer zu werden für die Mahlzeiten auf dem heimischen Esstisch; bereit dazu, mit der Mentalität des Lehrlings zu agieren, die auf stetige Verbesserung aus ist.

Im Herbst letzten Jahres fuhr ich mit meinem Sohn nach Norditalien. Vor Kurzem hatte ich eine Vater-Tochter-Reise gemacht, jetzt war Colby an der Reihe. Wir gingen mit einem Hund namens Lady auf Trüffelsuche, unternahmen lange Wanderungen in den Bergen und belegten einen Kochkurs (wir bereiteten Ravioli zu).

Dann reservierte ich als besondere Überraschung für unseren letzten Abend Plätze in einem Drei-Sterne-Restaurant. Ich war schon einmal mit Elle dort gewesen und das Essen damals war überirdisch gut (vor allem die pochierten Eier mit Pecorino, frischer Sahne und weißen Trüffeln).

Wir erschienen also rechtzeitig im Restaurant, um eine der köstlichsten Mahlzeiten unseres Lebens zu genießen. Ein Vater-Sohn-Erlebnis der besonderen Art.

Und wissen Sie was? Die Küchenchefin war anwesend, aber sie stand nicht in der Küche. Stattdessen saß sie an einem großen Tisch neben unserem, an dem Tisch neben dem prasselnden Kamin. Sie befand sich in Gesellschaft von etwa sechs Freunden, unterhielt sich und lachte. Sie trank teuren Rotwein und gab Geschichten aus ihren ruhmreichen Zeiten zum Besten. Sie trug ihre weiße Uniform als Küchenchefin, obwohl sie an diesem Abend nicht für die Küche zuständig war.

Ich weiß nicht, wie Sie darüber denken, aber wenn ich mir zu einer besonderen Gelegenheit etwas leiste und ein Drei-Sterne-Restaurant (Michelin) aufsuche (was ich nur zweimal in meinem Leben getan habe), hätte ich gern, dass die Küchenchefin, der die drei Michelin-Sterne zugesprochen wurden, mein Essen zubereitet.

Und wie war das Essen? Geht so. Nichts Besonderes. Ein Gang war tatsächlich fast ungenießbar. Ich habe dieses Restaurant also zweimal besucht: das erste und das letzte Mal.

Worauf will ich mit meiner Schelte hinaus? Ganz einfach. Die Küchenchefin schaffte es zur Spitzenköchin in einem Sterne-Restaurant, betrachtete ihren Erfolg als selbstverständlich und ruhte sich auf ihren Lorbeeren aus. Sie verlor ihren Elan und nahm an, niemand würde es bemerken. Sie achtete nicht mehr darauf, ob alle Zutaten perfekt ausgewählt waren und jedes Gericht somit vollkommen war.

Wenn Sie Ihren Weg, neue Stufen der Meisterhaftigkeit zu erklimmen, fortsetzen, denken Sie an diese Geschichte. Und nehmen Sie Ihren Erfolg niemals als selbstverständlich hin, denn nichts vergeht so schnell wie der Erfolg. Wenn Sie sich nicht an diese Regel halten, werden Sie schneller aus dem Spiel sein, als Sie es sich vorstellen können.

90

Das Leben ist wichtiger als die Arbeit

Mein aktueller Held ist Kenny Sailors. Er hat mich nämlich daran erinnert, dass es wohl ein Grundelement eines wirklich erfüllten Lebens ist, sein Bestes zu geben, dass dies aber noch keineswegs ausreicht, um ein ausgefülltes Leben zu führen.

Neulich bin ich abends lange aufgeblieben, um mir den höchst inspirierenden Dokumentarfilm *Jump Shot* anzuschauen.

Es ging um, nun ja, den Sprungwurf.

Darum, wie dieser mittlerweile weithin übliche Basketball-Spielzug erfunden wurde, wie er den Sport revolutionierte und von einer Generation zur nächsten weitergegeben wurde.

Doch ich sah noch so viel mehr.

In dem Dokumentarfilm ging man davon aus, dass Kenny Sailors als junger Mann den Sprungwurf erfunden habe. Dies war in den 1940er-Jahren, zu einer Zeit, als – so seltsam es klingen mag – Basketballspieler beim Werfen die Füße am Boden ließen.

Was Kenny tat, hatte vorher noch keiner gewagt. Es war für den Sport weniger eine Innovation als vielmehr eine Revolution.

Die Fans waren sprachlos. Die Spieler überwältigt. Der Basketball wurde verändert. *Für immer.*

Kenny Sailors wurde der Kobe, der Jordan, der LeBron seiner Zeit. Er stand an der Spitze. Wurde gefeiert. Verehrt. Bewundert.

Und dann *verschwand* er.

Er kämpfte im Zweiten Weltkrieg als Marinesoldat. Riskierte sein Leben für sein Land.

Nach seiner Rückkehr zogen er und seine geliebte Frau in die Wälder des fernen Alaska. Dort beschäftigte er sich mit Jagen und Fischen und errichtete Zeltlager. Er lebte von dem, was der Boden hergab. Gründete eine Familie. Widmete sich dem Reiten. Kenny spielte nicht mehr Basketball, sondern baute sich ein neues Leben auf.

Er und seine Frau führten dieses karge Leben fünfunddreißig Jahre lang, bis seine Frau an Demenz erkrankte. Das brach ihm fast das Herz.

Nach ihrem Tod lebte er zurückgezogen. Er begann, junge Basketballspieler zu coachen, und unterstützte seine Gemeinde, oft anonym. (Die diskreteste Art zu geben, nicht wahr?)

Als sich sein Leben dem Ende näherte, wurde Kenny Sailors nach seinen »Final Four« gefragt – ein Begriff, der für die wichtigen Playoff-Spiele im College-Basketball verwendet wird, bei denen alle Liga-Teams bis auf die besten vier ausgeschieden sind. Der Interviewer bezog seine Frage eigentlich auf die vier Dinge, die für Kenny am wichtigsten waren.

»Gott, ein liebevoller Ehemann sein, ein liebender Vater und ein guter Marinesoldat.«

Basketball wurde nicht erwähnt.

Kenny starb im Alter von fünfundneunzig. Als Held. In meinen Augen – und in den Augen vieler anderer.

Dieser bescheidene Mann lebte einfach, rechtschaffen, glücklich und war durch und durch redlich. Worin besteht die eigentliche Essenz dieser Mentoring-Botschaft? Wenn es Ihnen darum geht, in Ihrem Metier absolute Weltklasse zu erreichen, dann verrichten Sie Ihre Arbeit mit all der Genialität, Kraft und Begeisterung, die Sie besitzen. Und wenn Sie nicht arbeiten, dann führen Sie ein ruhiges, besonnenes, ehrenwertes und sinnvolles Leben. Auch wenn Sie erfolgreich in Ihrem Job sind, darf Sie das nicht davon abhalten, sich ein großartiges Leben aufzubauen.

Die fünfte Art des Reichtums

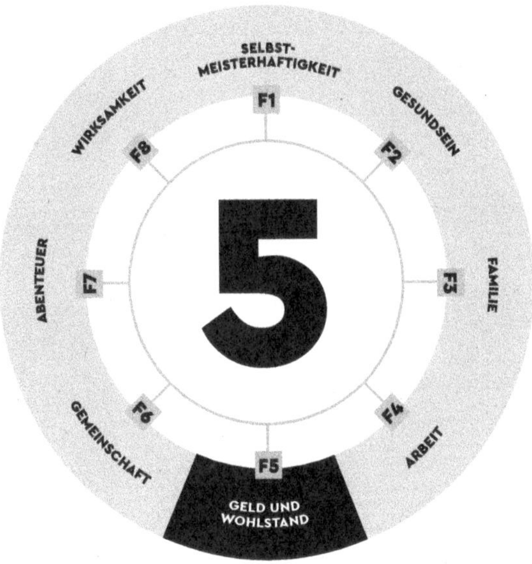

Geld und Wohlstand

Die Gewohnheit, Wohlstand als Triebkraft der Freiheit zu nutzen

»Wenn wir unseren Reichtum beherrschen, werden wir reich und frei sein; wenn unser Reichtum uns beherrscht, sind wir nämlich arm.«
Edmund Burke

Die fünfte Art des Reichtums

Geld und Wohlstand | Ein kurzer Überblick

Über genügend Einkommen und ein Vermögen zu verfügen, das Ihnen das Gefühl gibt, nach eigenen Vorstellungen leben zu können (und ganz frei den Lebensstil wählen zu können, den Sie für sich und Ihre Lieben wünschen), ist nicht nur ein wichtiges Element eines *wirklich* erfüllten Lebens, sondern sogar ein wesentliches.

Entscheidend ist, dass Sie das Geld für sich selbst nutzbar machen, statt dem Geld hinterherzujagen und dabei die übrigen sieben Grundpfeiler des Reichtums außer Acht zu lassen. Denn Sie wollen doch keineswegs nur über Reichtum verfügen und auf das Glück verzichten, richtig?

Das erinnert mich an eine faszinierende Geschichte, die in einer Ausgabe des *New Yorker* veröffentlicht wurde. Die berühmten Autoren Joseph Heller und Kurt Vonnegut nahmen an einer Cocktailparty im Haus eines Wall-Street-Titanen auf Long Island teil. Es war glamourös, und es hatten sich alle möglichen prominenten Gäste versammelt. Das Ganze war Luxus pur.

Vonnegut fragte seinen Freund: »Joe, was ist das für ein Gefühl, wenn du weißt, dass unser Gastgeber gestern mehr Geld eingenommen hat als du mit deinen gesamten Tantiemen für *Catch-22*?«

Heller erwiderte: »Weißt du, Kurt, ich habe etwas, das er nie haben wird.«

»Und das wäre?«, erkundigte sich sein Freund.

»Das Gefühl, genug zu haben«, lautete die schlichte Antwort.

Das Gefühl, genug zu haben. Wunderbar. Die Erkenntnis, dass man mit dem zufrieden ist, was man hat, macht einen reich. Davon ausgehend ist der Ansporn, angemessenen finanziellen Reichtum zu erlangen, erforderlich, um ein erfülltes Leben zu führen. Wirtschaftlicher Wohlstand gibt Ihnen die Freiheit, die Entscheidungen zu treffen, die zu Ihrem Besten sind, statt in die Ecke gedrängt zu werden und Dinge tun zu müssen, die Sie nicht tun wollen, aber notgedrungen tun müssen, weil Sie auf den Gehaltsscheck angewiesen sind. Viel Geld erleichtert auch Ihnen und Ihren Lieben das Leben und verschafft Ihnen die Chance, all die wunderbaren Dinge zu genießen, die mit Geld möglich sind.

Es ist wirklich ein Gleichgewicht, nicht wahr? Beherrschen Sie Ihr Geld, statt sich von ihm beherrschen zu lassen. Lassen Sie zu, dass Ihnen ein angemessenes Maß an Wohlstand zur Verfügung steht, sodass Sie einen komfortablen Lebensstil führen können. Aber lassen Sie nie zu, dass Geld Sie beherrscht. Niemals.

Vor diesem Hintergrund wollen wir uns nun mit den Lektionen beschäftigen, die ich für Sie vorbereitet habe, um uns auf die fünfte der acht Arten des Reichtums – Geld – in Ihrem kostbaren Leben zu fokussieren. Sollen wir beginnen?

91

Vermeiden Sie die Howard-Hughes-Geldfalle

Gestern Abend habe ich mir einen Dokumentarfilm über Howard Hughes angeschaut, einen Mann, der zu seiner Zeit einer der reichsten Menschen der Welt war. Dieser Film wirkte gleichermaßen inspirierend wie schockierend. Meiner Ansicht mach eignet er sich gut als Ausgangspunkt für unsere Diskussion über die fünfte Art des Reichtums. Lassen Sie es mich erklären.

- Howard Hughes verdiente mit seiner Werkzeugfirma 50 Millionen Dollar im Jahr (das wären heute 150 Millionen).
- Er verkaufte TWA-Aktien (von seiner Fluggesellschaft) für eine
- halbe Milliarde Dollar (1966).
- Er leistete Pionierarbeit als Chefpilot bei der Entwicklung neuer Flugzeugtypen und rief ein innovatives Hollywoodstudio ins Leben.
- Er erfand das verstellbare Krankenhausbett, weil er frustriert darüber war, dass er nach einem Flugzeugabsturz, bei dem er schwere Verletzungen erlitt, ständig flach liegen musste.

Doch sein Leben hatte auch gravierende Schattenseiten: Obwohl er Multimillionär war, verbrachte er seine späteren Lebensjahre allein in einem fast durchgehend dunklen Penthouse eines Hotels in Las Vegas. Er hatte keine Familie, kämpfte gegen seine Drogensucht, war gesundheitlich angeschlagen, litt unter der Entbehrung jeglichen echten Vergnügens und konnte das Geschenk des menschlichen Lebens nicht wirklich genießen.

Hughes war so mächtig, in gewisser Weise so unnahbar, dass er niemanden hatte, der Klartext mit ihm hätte reden und ihm hätte helfen können, den Bezug zur Realität wiederzufinden. Die Top-Manager um ihn herum schirmten den Mogul von den beängstigenden Herausforderungen ab, die sich in seinem Imperium abzeichneten. Und seine persönlichen Dämonen trugen das Ihre dazu bei, dass er wie ein Eremit in seiner luxuriösen, aber schmutzigen Hotelsuite lebte, obwohl er alles Geld der Welt besaß. Als seine geschäftlichen Aktivitäten immer umfangreicher und komplexer wurden, lockte er Menschen an, die nicht immer sein Bestes im Sinn hatten, und versäumte es, sich um eine angemessene Behandlung für seine psychischen Probleme zu bemühen. Als es immer weiter abwärts ging, verbrachte er seine Tage nackt – er weigerte sich, ein Bad zu nehmen, und hatte Angst vor Keimen und anderen Menschen. Oft wurde er lange Zeit in abgedunkelten Räumen isoliert, mit Nadeln in den Armvenen. Ein sehr trauriges Lebensende eines außergewöhnlichen Mannes.

Halten wir fest: Geld zu verdienen ist nichts Schlechtes. Geld kann das Leben um so vieles einfacher machen und viele Probleme lösen. Mit Geld können Sie so viel Gutes für Ihre Familie tun und Ihre Gemeinschaft wohlhabender machen. Viele der berühmten (aber unbekannten) Milliardäre, die ich im Laufe der letzten Jahrzehnte beraten habe, gehören zu den redlichsten, großzügigsten und freundlichsten Menschen, die ich kennengelernt habe. Sie engagieren sich mit Leib und Seele dafür, die Welt zu verbessern.

Ich möchte Ihnen, mein Freund, daher Folgendes ans Herz legen: Achten Sie bei der Vermehrung Ihres Reichtums darauf, dass das Geld Ihnen das Tor zum Guten öffnet und nicht zu einem Gefängnis wird, das Ihr Glück zerstört.

92

Erkennen Sie Ihre Narben des Mangels

Geld zu verdienen, um die fünfte Art des Reichtums zu vermehren, ist keine Sache des Zufalls. Vielmehr erfolgt die Anhäufung von Wohlstand durch die bewusste und konsequente Anwendung einer Reihe von bewährten Regeln, die diejenigen, die Geld haben, kennen, nutzen und optimieren.

Ein kluger Ausgangspunkt für die Steigerung Ihres wirtschaftlichen Wohlstands besteht darin, Ihre »Geldwunden« zu heilen. Das sind die falschen Überzeugungen und emotionalen Verletzungen, die sich im Laufe Ihres Lebens herausgebildet haben. Insbesondere in unserer Jugend übernehmen wir die Denkweise unserer Eltern und Lehrer über Geld (erinnern Sie sich an das EULAM-Prinzip mit den fünf Kräften, das ich Ihnen weiter vorne erklärt habe?). Wenn wir älter werden, erleben wir Enttäuschungen, Prüfungen und Verluste in diesem Bereich, die uns nicht für Möglichkeiten öffnen, sondern uns davon abhalten, Chancen zu nutzen; sie veranlassen uns dazu, zynisch zu werden, was unser Potenzial anbelangt, ein Finanzexperte in dieser Welt zu werden (oder zumindest frei von täglichen Geldsorgen).

Vielleicht haben Ihnen Menschen, denen Sie vertrauen, beigebracht, dass »reiche Leute Diebe sind«, dass »die Reichen anders sind als wir«, dass »Geld die Wurzel allen Übels ist« oder dass »die Menschen mit viel Geld einfach Glück hatten«. Oder vielleicht wurde Ihnen weisgemacht, dass »Investitionen in Aktien ein Glücksspiel sind« (das sind sie nur dann, wenn Sie nicht wissen, wie Sie den Wert eines Unternehmens einschätzen können und somit im Dunkeln tappen) oder dass »der Kauf ausländischer Immobilien eine Dummheit ist« (das ist nur dann der Fall, wenn Sie sich nicht ausreichend informiert haben). Wenn Sie diese Überzeugungen haben, glauben Sie dann wirklich, dass Sie den Ehrgeiz aufbringen werden, die Regeln zu lernen und anzuwenden, die Ihr höchstes Potenzial hinsichtlich Geldangelegenheiten zutage fördern? Die Grundüberzeugungen, an denen Sie festhalten, werden zu selbsterfüllenden Prophezeiungen. *Die Menschen erhalten, was sie erwarten.*

Ich möchte Sie heute anregen, damit zu beginnen, Ihre »Wunden des finanziellen Reichtums« zu heilen. Sodass Sie voll in den Genuss aller Vorteile kommen, die diese Währung bietet. Hier sind vier bewährte Praktiken, um die Mentalität des Wohlstands und die Emotionalität einer gesünderen Beziehung zu Ihrem Einkommen zu verinnerlichen:

1. Gönnen Sie sich etwas Besonderes. Ich möchte Ihnen keineswegs vorschlagen, etwas zu erwerben, was Ihre finanziellen Möglichkeiten übersteigt. Ich bin ein großer Fan von Genügsamkeit. Aber ich bin sicher, dass Sie einiges *sofort* tun könnten, um all das zu feiern, was Sie geworden sind, und sich selbst dafür zu belohnen, was Sie gemeistert haben.

Sie könnten an einem ruhigen, hübschen Ort eine schlichte Zeremonie abhalten, um all die Fähigkeiten zu würdigen, die Sie entwickelt haben, und den Wert, den Sie für andere geschaffen haben (denken Sie daran, dass Geld das Nebenprodukt von Wert ist, den Sie auf Ihrem Markt erzeugen). Oder Sie könnten sich eine Massage in einem Luxus-Kurort geben lassen oder die Reise unternehmen, die Sie schon lange machen wollten, oder ein Original-Kunstwerk eines unbekannten, aber hochtalentierten lokalen Künstlers erwerben, das Sie bei sich zu Hause aufhängen. Ich möchte Sie ermuntern, etwas zu tun – egal was –, um sich selbst für all das zu ehren, was Sie geleistet haben; so werden Sie das vertiefen, was ich in meiner Mentoring-Arbeit als *Deserve Ability* bezeichne. Das bedeutet Folgendes: *Wenn Sie sich selbst besser behandeln, werden Sie automatisch das Gefühl haben, dass Sie etwas Besseres verdient haben.* Und das wird dazu führen, dass Sie mehr ausgezeichnete Chancen ergreifen, bessere Leistungen in Ihrem Metier erbringen und die Honorare, die Sie Ihren Kunden berechnen, erhöhen können (und sich von jenen Kunden trennen können, die Ihnen die Freude nehmen).

Wenn Sie Ihre Selbst-Wertschätzung weiter steigern, werden Sie Ihre Ansprüche an die Qualität Ihrer täglichen Gewohnheiten, an Ihre körperliche Fitness, an die Honorare, die Sie in Verhandlungen verlangen können, die Qualität Ihrer Freundschaften und die Originalität der Orte, die Sie aufsuchen, erhöhen können. Ja, die Steigerung Ihres Selbstwerts führt eindeutig zu einer Steigerung Ihres Nettowerts. *Das Geld mag keine Menschen, die sich nicht selbst lieben.*

2. Besuchen Sie die Orte der Superreichen. Der nächste Grundsatz lautet: Wohlstand ist eine Energie, deren Vitalität Sie nutzen sollten.

Sie müssen behutsam vorgehen, doch *ein luxuriöses* Umfeld wird Ihr Selbstvertrauen stärken und verfestigen und es Ihnen dadurch ermöglichen, mehr Wohlstand in Ihrem Leben zu erlangen. In Ihrem tiefsten Inneren wissen Sie, dass Sie dafür geschaffen sind, sich an solchen herausragenden Orten aufzuhalten. Und schon bald werden Sie ganz automatisch die Meisterhaftigkeit anstreben, die diesen Lebensstil real werden lässt. *Einkommen spiegelt immer Identität wider* (lesen Sie das zweimal).

Vielleicht sieht das anfangs so aus, dass Sie eine Tasse Tee im Café eines hochmodernen Kaufhauses trinken oder im Restaurant des luxuriösesten Hotels Ihrer Stadt einen Salat essen. Wenn Sie sich in eine solche Umgebung begeben, bekommen Sie die Gespräche wohlhabender Menschen mit. Und Sie werden neue Kontakte knüpfen können. Und Ihre Selbstwahrnehmung sowie die Würdigung Ihrer Talente werden sich nach und nach auf subtile Art verändern. Bitte, glauben Sie mir. Geld stellt ein starkes Spiegelbild Ihrer Selbstwahrnehmung dar. Wenn Sie damit beginnen, sich selbst als wohlhabendere Person zu sehen, werden Sie anfangen zu tun, was wohlhabende Menschen tun – was Ihnen mit Sicherheit mehr Geld einbringen wird.

3. Erstellen Sie ein Mängelinventar. Tragen Sie alle Denkmuster, die Ihnen Ihre Eltern, Ihre Lehrer und die Medien über das Negative am Geldverdienen, Geldvermehren und -bewahren vermittelt haben, in Ihr Morgentagebuch ein.

Schreiben Sie auch Ihre »Reichtumswunden« auf: die Wunden, die entstanden sind, als Sie versuchten, Ihren Wohlstand zu vermehren, und es nicht funktionierte. Wenn Sie das alles notieren, werden die Ursachen, die Ihren wirtschaftlichen Fortschritt blockiert haben, stärker in den Fokus rücken und ans Tageslicht gelangen, und Sie können erkennen, wie Ihr Erfolg in dieser fünften Art des Reichtums sabotiert wurde. Schatten, die ans Licht gebracht werden, lösen sich auf, und die Wahrnehmung geht der Transformation voraus. Wie Maya Angelou empfahl: »Gib das Beste, was du geben kannst, bis du es besser weißt. Und wenn du es besser weißt, dann mach es noch besser.«

4. Kreieren Sie Ihre ideale Lebenscollage. Sie wissen, dass ich ein großer Verfechter der praktischen Umsetzung bin. Keine Idee funktioniert, wenn niemand bereit ist, etwas anzupacken. Und hervorragende Dinge offenbaren sich Menschen, die hervorragende Dinge tun. Klarheit ist die Voraussetzung für Meisterhaftigkeit, und Sie müssen sich im Vorfeld überlegen, was Sie wollen, bevor Sie etwas in die Tat umsetzen. Wie können Sie bekommen, was Sie sich wünschen, wenn Sie keine Ahnung haben, was Sie brauchen? Vage Pläne ziehen vage Erfolge nach sich. Opfern Sie auf keinen Fall Ihre besten Jahre dem Erklimmen von Bergen, die sich als die falschen herausstellen.

Fangen Sie also an, Ihren Geist umzuprogrammieren, zu stählen und dann zu befeuern, damit er sich ausschließlich auf den Lebensstil in Wohlstand fokussiert, den Sie anstreben.

Ein hervorragendes Tool dafür ist die Erstellung einer Traumcollage auf einer großen Tafel, die Sie täglich vor sich haben. Diese Collage besteht aus Bildern von dem majestätischen Leben, das Sie führen werden, sobald Sie den hierfür erforderlichen Reichtum erlangt haben. Die Bilder können ein Haus zeigen, in dem Sie gerne mit Ihren Lieben wohnen würden, tropische Inseln oder Skigebiete, wo Sie Urlaub machen könnten, Autos, die Sie besitzen möchten, Kleidung, die Sie gerne tragen würden, erstklassige Restaurants, die Sie gern besuchen möchten, aufregende Abenteuer, die Sie erleben möchten, und Wohltätigkeitsorganisationen, die Sie gern unterstützen würden. Auch hier geht es darum, Spaß an materiellen Dingen zu haben (denn wir leben ja in einer materiellen Welt), aber die Dinge, die Sie besitzen, nie wirklich zu *benötigen*. Definieren Sie sich nicht auf der Grundlage Ihrer Besitztümer.

Okay. Es ist Herbst um das alte Bauernhaus, und die Farben sind atemberaubend. Wenn Sie hier bei mir wären und vielleicht eine Tasse frischen Pfefferminztee trinken würden, wären Sie bestimmt derselben Meinung. Ich trete nicht mehr wie ein Wilder in die Pedale meines Mountainbikes, was ich in jüngeren Jahren getan habe, aber jetzt werde ich eine gemütliche Runde drehen. Wir reden später weiter. Bis dann.

93

Ihre Vitalität nutzt Ihnen auch finanziell

Fast alle Money Masters, die ich kennengelernt habe, sind körperlich äußerst fit. Sie trainieren fast täglich, gehen viel zu Fuß (und lieben Lauftreffs), investieren in die besten Fitnessgeräte und haben persönliche Trainer, Massagetherapeuten und Ernährungsberater. Es ist ihnen bewusst, dass einer der wichtigsten Schlüssel zu legendärem Wohlstand darin besteht, grenzenlose Energie aufzubauen.

Viele der Personen, die ich betreut habe, meditieren und achten auf ihre Schlafqualität, nehmen Eisbäder, schwitzen täglich in heißen Saunen, bewegen sich regelmäßig an der frischen Luft und suchen Kliniken für Langlebigkeit auf, um ein besonders langes Leben zu genießen. (Profitipp: Wenn Sie es ernst damit meinen, ein reiches und erfülltes Leben zu führen, *sterben Sie nicht*!)

Sie stellen sich vielleicht die Frage, wann diese Leute die Zeit finden, zu arbeiten. Nun, solche Menschen sind gewöhnlich Minimalisten: Sie verzichten auf die meisten Aktivitäten, sodass sie in einigen wenigen Meisterhaftigkeit erreichen können. Es sind also eher Essenzialisten als Maximalisten, wenn Sie verstehen, was ich meine.

Noch bedeutsamer ist: Sie sind sich bewusst, dass Geld, das sie für eine optimale Gesundheit und Vitalität investieren, für ihre finanzielle Meisterhaftigkeit absolut erforderlich ist. Sie begreifen, dass das oberste Gebot, um den Gipfel wirtschaftlichen Wohlstands zu erreichen, darin besteht, nicht krank zu werden. Unbestritten kosten all die Dinge, die sie tun und die ich erwähnt habe, Geld. Aber Krankheit ist noch teurer.

Bessere Gesundheit bedeutet mehr Energie. Mehr Energie bedeutet höhere Produktivität. Mehr Produktivität bedeutet, dass Sie in Ihrem Bereich auch einen höheren Mehrwert schaffen können. Und die natürliche Reaktion des Marktes auf Menschen, die hervorragende Produkte erzeugen und Dienstleistungen anbieten, die das Leben anderer

Menschen verbessern, ist ein höheres Einkommen. Wenn Sie mit mir in meiner Bibliothek vor dem prasselnden Kaminfeuer sitzen würden, würde ich ein Modell meiner Mentoring-Methode auf eine Serviette malen, und das würde dann in etwa wie folgt aussehen:

BESSERE GESUNDHEIT = MEHR ENERGIE: ▲ HÖHERE PRODUKTIVITÄT
= HÖHERER MEHRWERT IN IHREM
BEREICH ▶ HÖHERES EINKOMMEN

Ja, die Stärkung Ihrer Gesundheit erhöht die Vitalität, die Ihre Produktivität fördert und Ihre wirtschaftliche Wertschöpfung steigert – was zur Folge hat, dass Sie größeren Wohlstand genießen können.

Und wenn Sie Ihre Lebenserwartung um zehn oder zwanzig Jahre verlängern, indem Sie sich an die richtigen Gesundheitsleitlinien halten, können Sie sich vorstellen, wie viele Menschen Sie bereichern werden. Das bringt mich zu der Überlegung, wie viel mehr Geld Sie als Ergebnis Ihrer länger andauernden Hilfsbereitschaft verdienen werden. Einmal hörte ich, wie der berühmte Milliardär Ted Turner sagte: »Den größten Profit erzielt derjenige, der anderen am besten dient.« Wie wahr!

94

Die wichtigste Entscheidung der Money Masters

Nach der Verbesserung Ihrer Gesundheit und Steigerung Ihrer Energie besteht eine der wichtigsten Gewohnheiten für den Erfolg in der fünften Art des Reichtums im selbstständigen Denken. Das ist eine der wichtigsten Triebfedern für den Erfolg derjenigen Menschen, die ein Finanzimperium schaffen.

Diesen Menschen macht es nichts aus, wenn sie sich lächerlich machen, weil sie ihren Instinkten, ihrer Intuition und ihrer kühnen Vision für eine bessere Zukunft treu bleiben. Sie fangen die Steine auf, die die Kritiker nach ihnen werfen, und bringen sie in Bewegung, was ihre Kühnheit bezeugt.

In unserer modernen Kultur folgen die meisten von uns der Masse, halten sich daran, was sogenannte Influencer tun (und kaufen, essen, sagen), und verhalten sich so, wie man es uns vorgibt. Zu viele von uns werden zu gehorsamen »Herdentieren« statt zu stärkeren und weiseren Menschen.

Letzte Woche habe ich eine Rezension eines Buches über Kreativität gelesen, das von einem prominenten Musikproduzenten verfasst wurde. Der Kritiker griff das Buch massiv an, wie es Kritiker eben tun (wenn sie das Talent und den Mumm besäßen, selbst das Buch zu schreiben, das sie verreißen, hätten sie es getan!).

- Er schrieb, das Buch sei kein Memoir (was es auch nicht sein
- sollte!).
- Er schrieb, das Buch enthalte kaum Anekdoten über Erfahrungen des Produzenten, die er im Studio mit den Spitzenmusikern gemacht hatte, mit denen er zusammenarbeitete (darum ging es ja gar nicht, sondern vielmehr darum, Einblicke in den Schaffensprozess zu vermitteln).

- Er hob hervor, dass das Buch nicht von großem Nutzen sei, und empfahl, es nicht zu kaufen, da es sich nicht lohne.

Nachdem ich die Rezension nochmals gelesen hatte, studierte ich die Online-Kommentare.

»Danke für die hilfreiche Rezension. Sie haben mich vor dem Kauf des Buches bewahrt«, lautete ein Kommentar.

Hmm. Ich hatte nur Gutes über die Wirkung dieses höchst kreativen Mannes gehört, der eher als Künstler gelten könnte denn als Produzent. Und da ich sehr fasziniert davon bin, wie Künstler ihr Spiel verbessern und fesselnde Werke schaffen, habe ich das Hörbuch gekauft, ohne auf die dazu vorhandenen negativen Kommentare zu achten.

Wissen Sie was? Dieses Werk ist eine der besten und hilfreichsten Anleitungen für die Nutzung menschlicher Kreativität und die Hervorbringung meisterhafter Arbeit, die ich je gelesen habe.

Die Erkenntnis für uns lautet: *Denken Sie selbstständig.*

Ich zweifle ernsthaft daran, dass der Kritiker das Buch von Anfang bis Ende gelesen hat. Und das meine ich ernst. (Im Übrigen erinnert mich das an etwas, was auch Milliardäre tun: Sie gehen in die Tiefe statt in die Breite, sind bei allem, was sie zustande bringen wollen, akribisch, nicht oberflächlich oder leichtsinnig.)

Ich bin mir sicher, dass der Kritiker kein ernsthafter kreativer Mensch ist, denn ich spreche ihm ab, verstanden zu haben, was der Autor sagen wollte. Das erinnert mich an einen Rat von Bob Dylan: »Kritisiere nicht, was du nicht verstehen kannst.«

Was Sie aus diesem Kapitel also mitnehmen können: All die Kommentarschreiber haben für bare Münze genommen, was sie in den Besprechungen gelesen hatten (ohne selbstständig zu denken), und haben die Gelegenheit verpasst, sich mit Vorstellungen und Werkzeugen vertraut zu machen, die ihnen geholfen hätten, ihre Kunstfertigkeit exponentiell zu maximieren.

Einer meinte sogar: »Sie brauchen kein Buch, um zu lernen, wie Sie Ihre Kreativität zum Ausdruck bringen können. Sie müssen sie einfach umsetzen.«

Tatsächlich? Wie naiv!

Als ob die mühsam erworbenen Erkenntnisse, die von einem Menschen zu Papier gebracht wurden, der jahrzehntelang in diesem Bereich gearbeitet hat – und zwar auf höchstem Niveau –, nicht dabei helfen könnten, Fehler zu vermeiden, die Erfahrungskurve abzukürzen und die eigene Fantasie anzuregen, um Dinge zu erreichen, die zuvor als unmöglich angesehen wurden.

Vertrauen Sie Ihrer eigenen Meinung. Und stärken Sie Ihren Glauben an Ihre aufregende Aufgabe. Schützen Sie dabei auch Ihre ehrlichen Bestrebungen – selbst wenn alle Sie auslachen. Jeder Visionär wird anfangs belächelt, bis er schließlich verehrt wird.

95

Der Multimilliardär in der vereinsamten Villa

Vor ein paar Jahren erhielt mein Team eine Anfrage von einem berühmten Unternehmer. Der Mann wollte, dass ich ihn dabei unterstütze, sein Vermögen um ein oder zwei Nullen zu erhöhen, während er sich bemühte, seine Gesundheit wieder zu stabilisieren und mehr Freude, Frieden und Freiheit in seinem ungeheuer komplizierten Leben zu finden.

Nachdem ich einige Wochen lang intensiv über die Anfrage nachgedacht hatte, erklärte ich mich bereit, mich mit dem Magnaten zu treffen. Ich nahm einen langen Flug in seine Heimatstadt in einem fernen Land auf mich, checkte im Hotel ein und las nochmals meine Notizen durch, damit ich bei dem Treffen mit ihm gut vorbereitet wäre. (Ein weiterer Profitipp: Seien Sie immer optimal vorbereitet, denn wenn Sie nicht bis ins letzte Detail vorbereitet sind, sind Sie es gar nicht.)

Ich stieg in ein Taxi, das an berühmten Gebäuden vorbei und über baumgesäumte Boulevards fuhr, hinauf in ein Viertel, in dem sich Botschaften, weitläufige Anwesen und große Villen befanden.

Das Taxi hielt vor einem der größten und prachtvollsten Häuser, die ich in meinem Leben gesehen habe. Ein Mann empfing mich an den hoch aufragenden schmiedeeisernen Toren und führte mich vorbei an duftenden Blumengärten, kunstvollen Skulpturen angesehener Künstler und einer Reihe architektonisch einmaliger Gästehäuser.

Schließlich gelangten wir zum Hauptgebäude im Zentrum der weitläufigen Anlage. Der Mann öffnete die Eingangstür, führte mich durch das Marmorfoyer und in ein Wohnzimmer, in dem sagenhaft kostbare Gemälde an den Wänden hingen, prachtvolle orientalische Teppiche den Boden schmückten und maßgefertigte Möbelstücke mit Geschäftsbüchern vollgestopft waren.

Wir gingen einen langen Flur entlang, stiegen eine Treppe hinunter und gelangten in den unteren Bereich.

Eine Glaswand gewährte einen Blick auf eine Garage, in der Ferraris, Lamborghinis und Bugattis geparkt waren. Auf der linken Seite befand sich ein weiterer Flur, der uns zu einer Metalltür führte. Zigarrenrauch stieg mir in die Nase.

»Er wartet drinnen auf Sie, Mr. Sharma«, sagte der Mann. »Er ist heute in guter Stimmung, sodass Sie Ihr Treffen sehr genießen werden. Er hat sich schon sehr darauf gefreut, Sie zu sehen.«

Die Tür ging auf und gab den Blick frei in ein riesiges Büro, in dessen Mitte ein breiter Holztisch stand, auf dem ordentlich sortierte Papierstapel lagen. Regale, die vom Boden bis zur Decke reichten, enthielten jede Menge Bücher. Im Hintergrund war »For Whom the Bell Tolls« (»Wem die Stunde schlägt«) von Metallica zu hören.

Ein langer Zug an der Zigarre, und Rauch erfüllte den Raum.

Der Kunde war Anfang vierzig, trug einen schwarzen Kapuzenpullover, eine schwarze Jogginghose und ein schwarzes Baseballcap über seinem welligen braunen Haar. An einem Handgelenk trug er eine große Uhr aus rostfreiem Stahl und am anderen ein Armband aus dünnen Schnüren. Obwohl er jung war, sah er alt aus. Erschöpft und nicht mehr fit.

Der bekannte Milliardär und ich unterhielten uns über drei Stunden lang. Ich stellte eine Menge Fragen und machte mir seitenweise Notizen. Ich erkundigte mich nach seinem derzeitigen Leben, seinen größten Erfolgen und seinen schmerzlichsten Niederlagen. Ich sprach seine Hoffnungen und Träume an. Stellte ihm Fragen über sein Entertainment-Imperium und seine verschiedenen Investitionen. Behutsam erkundigte ich mich auch nach seiner morgendlichen Routine, seinen Arbeitsritualen, seiner Verhaltensweise vor dem Schlafengehen und seinem allgemeinen Lebensstil.

Dann sagte ich: »Bitte, berichten Sie mir von Ihrer Familie.«

Meine Nachforschungen waren in Bezug auf das Privatleben des Magnaten nicht sehr ergiebig gewesen, und ich nahm an, dass sein Business-Team damit beauftragt worden war, das Internet von allen familiären Details zu säubern. Aus welchen Gründen auch immer.

Es entstand eine lange Pause, während der er erneut einen langen Zug an der Zigarre tat.

»Gibt's nicht.«

»Was meinen Sie?«, fragte ich. »Es muss doch Menschen geben, die Ihnen wichtig sind und denen Sie wichtig sind. Sie leben doch hier nicht allein, oder?«

»Doch«, erwiderte er wie aus der Pistole geschossen. »Ich lebe hier allein mit meinem Team von Assistenten. Ich habe keine Familie. Keine echten Freunde. Bin ziemlich allein.«

Er wandte den Blick ab. Ich vernahm einen Seufzer.

Ich werde keine weiteren Einzelheiten von diesem Treffen preisgeben. Und ich erzähle nur davon, um ein abschreckendes Beispiel anzuführen: Viele Menschen, die viel Geld haben, sind in Wirklichkeit arm. Es gibt viele unglaublich wichtige Dinge, die man mit Geld, das ja nur eine Form der acht Arten des Reichtums darstellt, nicht kaufen kann. Es ist sicherlich wichtig, genug Geld zu besitzen, und deshalb führe ich Sie durch diesen Abschnitt. Aber in einer Zeit, in der die Gesellschaft den Erfolg im Allgemeinen nur noch nach dem Kontostand und der Größe Ihres Aktien-Portfolios bemisst, möchte ich Sie vorsichtig daran erinnern: Es ist sinnlos, Ihr Leben dem scheinbar befriedigenden Erklimmen des Gipfels zu widmen, nur um dann ganz allein oben anzukommen. Und völlig leer.

96

Dankbarkeit ist eine Gelddruckmaschine

Es ist ein sonniger Tag auf dem Hof. In der Ferne erkenne ich Weinberge, höre das Gebell von Hunden und werde durch das Vogelgezwitscher, das ich durch das Fenster meines Schreibzimmers höre, in gute Stimmung versetzt. Ich weiß nicht, warum, aber in dieser Zeit, in der alles so komplex ist, macht mich der Vogelgesang glücklich.

Gut, gehen wir damit zur nächsten Lektion über: Sie werden immer mehr von dem zu sehen bekommen, worauf Sie sich in Ihrem Leben fokussieren. Ihre Aufmerksamkeit auf konkrete Dinge zu richten, ist ein Verstärker, und Ihren Geist auf eine spezifische Sache zu konzentrieren, ist ein Maximierer. Zerbrechen Sie sich also nicht den Kopf darüber, was nicht funktioniert, wenn Sie die Wahl haben, sich darauf zu fokussieren, was heute großartig ist.

Dadurch wird die Bedeutung von Dankbarkeit noch deutlicher erkennbar. Dankbarkeit ist das Gegenmittel zur Angst. Und eine Übung, um Zugang zu Wohlstand zu finden. Wenn Ihre Gedanken nur um Unzulänglichkeit und Mangel kreisen und durch Unsicherheit gehemmt sind, weil Sie sich Sorgen machen und sich der Schwarzmalerei Ihrer Zukunft hingeben, verpassen Sie Gelegenheiten, schwächen Ihre Produktivität und schaffen es nicht, die Ideen zu entwickeln, die Sie zu Ihrem Glück führen können. Aus metaphysischer Sicht bedeutet die Tatsache, dass Sie sich für die Gaben, die Sie besitzen, nicht bedanken: Das Universum zieht daraus den Schluss, dass Sie für die Segnungen in Ihrem Leben nicht dankbar sind, was das Fließen von weiteren Segnungen hemmt.

Was Sie schätzen, das gewinnt an Wert, und was Sie zelebrieren, das steigert Ihre Freude.

Während Pinks Melodie »Cover Me in Sunshine« in meinem unaufgeräumten Schreibzimmer erklingt (mit meinem treuen Hund neben mir), schlage ich vor, dass Sie sich einen Überblick verschaffen über Ihre Gaben. Lenken (und trainieren Sie) Ihre Wahrnehmung auf die Dinge, die Ihre Freude verstärken und dafür sorgen, dass Sie sich sicher, gut und erfolgreich fühlen. Die Energie dieser positiven Einstellung hat zur Folge, dass mehr Geld in Ihr Leben fließt. Ja, das wird es ganz bestimmt tun.

97

Betrachten Sie den Erfolg eines anderen auch als den Ihren

Neidische Menschen erlangen selten finanzielle Freiheit. Das musste einmal gesagt werden.

Neid ist ein Gift für die Gedanken (und das Herz), das Ihre Kreativität ruiniert, Ihre Produktivität verpestet, Ihren Mut minimiert und Sie daran hindert, sich zur vollkommenen Version Ihrer höchsten Vision zu entwickeln.

Die Zeit, die Sie damit verbringen, sich über den Erfolg eines anderen zu ärgern oder feindselige Gefühle zu hegen, ist verschwendete Zeit, die Sie dafür hätten aufwenden können, Ihren eigenen Erfolg zu erringen. Es ist eine völlig nutzlose Angewohnheit. Und eine, die Ihres ausgeprägten, großartigen und edlen Charakters nicht würdig ist.

Vielleicht fragen Sie mich: »Robin, wie kann ich verhindern, dass ich auf das Glück anderer neidisch bin?«

»Hören Sie einfach auf damit«, erwidere ich sanft, aber bestimmt.

- Hören Sie auf, ständig danach zu schauen, was andere tun und was sie erreicht haben.
- Hören Sie auf, sich mit irgendwelchen Influencern zu vergleichen, und treten Sie für Ihre eigene Einzigartigkeit, Begabung und Besonderheit ein. *Sie* verfügen über Talente, von denen die Menschen, die Sie bewundern, nur träumen können.
- Hören Sie auf, nach dem zu streben, was andere besitzen, denn vielleicht weiß die Weisheit, welche die Welt regiert, etwas, was Sie nicht wissen – vielleicht hat sie beschlossen, dass es nicht das Beste für Sie ist, was Sie wollen.

Ich möchte Ihnen hier mit Liebe und Respekt Folgendes ans Herz legen: Was richtig ist für Sie, das kommt auf Sie zu, und was nicht zu Ihnen gehört, das wird auch nicht zu Ihnen gehören. Warum also sollten Sie es wollen?

Noch bedeutsamer ist: Eignen Sie sich nach und nach die fantastische Gewohnheit an, sich über die Leistung, den Triumph und den Erfolg anderer zu freuen. Mit Konzentration und ständigem Bemühen (wir werden besser in dem, was wir üben, nicht wahr?) werden Sie innerhalb weniger Wochen gute Erfolge bei der Neuprogrammierung und Umstrukturierung Ihrer inneren Architektur verbuchen. Sie werden eine neidfreie Person werden und sich auf eine Art und Weise verhalten, die zur Folge hat, dass auch Sie großartige Erfahrungen machen werden.

Noch ein letzter Gedanke hierzu: Wenn jemand neidisch auf Sie ist, dann weil er glaubt, Sie wären besser als er und würden das Leben führen, das er sich insgeheim wünscht.

98

Denken Sie daran: Gewohnheiten stechen den IQ

Die besten Gewohnheiten sind für den finanziellen Reichtum wertvoller als überdurchschnittliche Intelligenz, und zwar immer und in jedem Fall.

Prägen Sie sich diesen Merksatz ein, trällern Sie ihn auf den Straßen vor sich hin und schreien Sie ihn von den Dächern, denn er ist *unglaublich* wichtig.

Tatsächlich – und hier lehne ich mich weit aus dem Fenster – sind viele der Multimilliardäre, die ich betreut habe, nicht die klügsten Menschen auf dieser Erde. Sicherlich sind sie klug, aber auch nicht klüger als der Durchschnittsmensch. Meiner Erfahrung nach bewirken *zu viel* Intelligenz, zu viel akademisches Wissen sowie allzu gute Manieren, dass man die Dinge zu Tode denkt. Und nur das akzeptiert, was der Status quo als vernünftig erscheinen lässt. Doch alle Erfindungen, Innovationen und Fortschritte sind das Werk eines schöpferischen Geistes, der sich das Unmögliche ausdachte (und dann in die Tat umsetzte).

Erinnern Sie sich noch an den Läufer Roger Bannister? Es hieß, kein Mensch könne eine Meile in weniger als vier Minuten zurücklegen. Und wenn ein Mensch es trotzdem täte, glaubte man, dass sein Körper kollabieren und der Läufer vermutlich sterben würde. Aber Bannister war Optimist. Er trainierte jeden Tag, ernährte sich gesund, sorgte für ausreichend Schlaf, studierte seinen Sport, blieb positiv und lieferte dann sein bestes Rennen, durchbrach gewissermaßen die Schallmauer. Interessanterweise fand er, nachdem er demonstriert hatte, was möglich war, innerhalb weniger Wochen Nachahmer, also weitere Läufer, die es schafften, eine Meile in weniger als vier Minuten zurückzulegen.

Das erinnert mich an eines meiner Lieblingszitate des irischen Dramatikers George Bernard Shaw: »Der Vernünftige passt sich der Welt an: Der Unvernünftige versucht immer wieder, die Welt an sich anzupassen. Deshalb hängt jeder Fortschritt von unvernünftigen Menschen ab.«

Mein Hauptargument lautet, dass die großen Männer und Frauen, die große Reichtümer geschaffen haben, nicht unbedingt den höchsten IQ haben, sondern die besten Gewohnheiten.

Füllen Sie Ihre Tage mit großartigen Routinen. Und denken Sie zunächst einmal eine Weile über die Regel nach, dass die präziseste Möglichkeit, Ihre finanzielle Zukunft zu verbessern, darin besteht, Ihre täglichen Routinen unter die Lupe zu nehmen und zu vervollkommnen.

99

Verwenden Sie Worte des Reichtums

Bei dieser Mentoring-Sitzung möchte ich einiges mehr über die Macht der Worte sagen, die Sie verwenden.

Die Worte, die wir aussprechen, üben starken Einfluss aus und besitzen viel Energie. Zu viele gutgläubige Zeitgenossen gehen zu sorglos mit ihrem Vokabular um. Und glauben Sie mir, das schmälert ihren Wohlstand erheblich.

In meinen Vorträgen über Führungsqualitäten betone ich stets die ungeheure Macht der Worte. Ich erinnere meine Zuhörer zunächst daran, dass sie bei ihren Gesprächen Klatsch außen vor lassen und es grundsätzlich vermeiden sollten, schlecht über andere zu reden, weil diese das auf einer gewissen Ebene spüren können. Wenn Sie schlecht über andere reden, können Sie damit rechnen, dass diese auch schlecht über Sie reden werden.

Dann empfehle ich meinen Zuhörern: »Verwenden Sie Leadertalk statt Victimspeak.« Wenn Sie schwache Worte benutzen, wird nicht nur Ihre Leistung nachlassen, sondern Sie werden auch all diejenigen fortstoßen, die Sie umgeben und die Ihnen dabei helfen könnten, Ihre anspruchsvolle Aufgabe zu bewältigen und Ihre ethischen Ambitionen zu erfüllen – denn niemand fühlt sich von Negativität, Apathie und Toxizität angesprochen.

Wie immer beginnt eine Veränderung damit, Ihr Bewusstsein für die Qualität Ihrer Sprache zu schärfen. Wenn Sie sich der schalen Worte, die Sie aussenden, bewusster werden, können Sie anfangen, die überaus wichtigen Mikroverbesserungen in Angriff zu nehmen, um Ihre Kommunikationsfähigkeiten auf die nächste Stufe der Meisterhaftigkeit zu heben. Kleine, tägliche, scheinbar belanglose Optimierungen – sofern sie über einen gewissen Zeitraum hinweg konsequent erfolgen – führen wirklich zu *verblüffenden* Ergebnissen.

Ich biete Ihnen folgende Wortliste an, die Sie täglich verwenden können, um Ihre Wirkung, Ihre Leistungsfähigkeit und Ihren wirtschaftlichen Wohlstand zu erhöhen:

möglich	Führung	sensationell
können	Fokus	wunderbar
Meisterhaftigkeit	hilfreich	erstaunlich
ja	Exzellenz	positiv
mutig	dankbar	heldenhaft
mächtig	Kreativität	Wachstum
Konsistenz	magisch	inspiriert
Gelegenheit	grenzenlos	großzügig
schön	Willenskraft	Weisheit
Verbesserung	Liebe	engagiert
Transformation	Genie	Dienstleistung

Die Autosuggestion ist ein einfaches, starkes und superpraktisches Tool, um mehr von Ihrer angeborenen Kraft zum Tragen zu bringen und eine aufrichtigere und einflussreichere Führungspersönlichkeit zu werden, ein Kommunikator und Mensch, der die Währung einführt, die mehr Geld generiert.

100

Halten Sie sich an die Anti-Kokain-Regel von Tracey Emin

Ich bin ein großer Bewunderer der britischen Künstlerin Tracey Emin. Ihre Kunst spricht mich einfach an, verzaubert mich und verwirrt mich auch. All das erweckt das Gefühl von mehr Lebendigkeit, Kreativität und Kühnheit in mir.

In einem sehr coolen Interview mit der *Financial Times* erklärte sie, dass sie gut mit Geld umgehen könne. Sie besitzt einen Immobilienkomplex im englischen Margate, ein Haus in Südfrankreich und ein elegantes Stadthaus am Fitzroy Square in London.

Hier ist die Interviewpassage, die mir am besten gefällt:

> Als Künstler sollte man das nicht zugeben, denn die Tatsache, gut mit Geld umgehen zu können, bedeutet, dass man nicht kreativ und auch nicht spirituell ist. Warum ich ein so gutes Händchen fürs Geld habe, erklärt sich daher, dass ich in den 1990er-Jahren nie zu Kokain gegriffen habe. *Nie*. Ich glaube, der Kaufpreis für mein erstes Haus entsprach der Summe, die manche Leute damals für Kokain ausgegeben haben.

Schließlich noch ein kluger Rat für jeden, der ein Vermögen aufbauen möchte: *Vergeuden Sie nicht Ihr hart verdientes Geld*. Niemals.

Verzichten Sie nicht nur darauf, das Geld in Kokain zu stecken. Vergeuden Sie diese Belohnung für Ihre Genialität nicht, etwa in Form von:

- teuren und regelmäßigen Restaurantbesuchen, die Ihrer Gesundheit nicht guttun und Sie wertvolle Energie kosten,
- Wegwerfkleidung und teuren Uhren, die in der Schublade rumliegen,

- schicken Autos und luxuriösen Hotels, vor denen man coole Selfies machen kann, um zu beeindrucken, die aber nichts einbringen.

Es geht hier um gesunden Menschenverstand, der heutzutage aber selten geworden ist.

101

Leben Sie unter Ihren Möglichkeiten

Gestern habe ich mich eine Stunde lang mit einem führenden Finanzexperten unterhalten, der in gewissen Kreisen als der »Bankier der Milliardäre« gilt.

Ein Freund eines Freundes kennt ihn. Der Bankier liest meine Bücher und wollte mit mir einen Kaffee trinken.

Ich hatte eine Menge Fragen, die ich mir gut überlegt hatte, damit auch ich von der gemeinsam verbrachten Zeit profitieren konnte und damit keine peinlichen Pausen entstanden, wie es manchmal der Fall ist, wenn man jemanden kennenlernt.

Das Treffen mit dem Mann war sehr angenehm. Er war liebenswürdig, bescheiden und interessant.

Er war ein ausgezeichneter Zuhörer, ein scharfer Denker und jemand, der offensichtlich viel Zeit damit verbracht hat, seine persönliche Philosophie entsprechend seiner gewünschten Außenwirkung auszuformulieren.

Als ich ihn fragte: »Was ist Ihr bester Finanztipp?«, antwortete er ohne Zögern: »Keine Schulden machen.« (Ja, es ist mir bewusst, dass dies im Gegensatz zu den üblichen Ratschlägen steht, denn oft und gern wird der Einsatz von Fremdkapital empfohlen, um das eigene Vermögen zu mehren. Es gibt viele Möglichkeiten, finanzielle Freiheit zu erlangen, und nichts im Leben ist nur schwarz oder weiß, nicht wahr?)

Er erklärte: »Der beste Freund des Anlegers ist die Zeit.« Wenn genügend Zeit zur Verfügung steht, kann sich das Geld vermehren. Und wie Sie wissen, kann der Zinseszins ein *exponentielles* Wachstum Ihres Vermögens bewirken, wenn Sie die Disziplin und die Geduld aufbringen, zu warten.

»Aber wenn Sie Geld geliehen haben, könnte es sein, dass irgendwann die Bank wie ein Wolf vor Ihrer Tür steht und ihr Geld zurückfordert. Das bedeutet, dass Sie nicht von dem Zinseszins profitieren können. Deshalb ist es klug, unter seinen Möglichkeiten zu bleiben und ohne Fremdkapital zu arbeiten.«

Das ist zwar allgemein bekannt, gleichwohl wird diese Regel oft missachtet. Das erinnert mich an eine Weisheit der Investment-Legende Warren Buffett über die Gefahren der Überschuldung: »Erst bei Ebbe bemerkt man, wer nackt geschwommen ist.«

Ein Kunde, der einen Top-Hedgefonds aufgelegt hatte, vermittelte mir eine Erkenntnis, die ich bis heute nicht vergessen habe: »Der eigentliche Grund, aus dem die meisten Menschen finanziell nicht weiterkommen, besteht darin, dass sie mit der Erhöhung ihres Einkommens auch ihre Lebenshaltungskosten erhöhen. Sie verdienen mehr Geld, doch statt einen kleinen Betrag für ihren Lebensstil auszugeben und den Rest mit Bedacht zu investieren, verwenden sie das zusätzliche Geld, um in einem Prominenten-Viertel eine Immobilie zu erwerben. Das setzt sie dann unter Druck, dieselbe Automarke zu kaufen wie ihre Nachbarn, in der Karibik Urlaub zu machen und ihre Kinder auf dieselben überteuerten Schulen zu schicken wie die Leute von nebenan. So haben sie am Ende eines Jahres nichts mehr übrig zum Sparen und zum Investieren. Obwohl ihr Einkommen steigt, verschulden sie sich häufig noch mehr.«

Bevor Sie also Ihre nächste Anschaffung in die Wege leiten, sollten Sie ein Tool anwenden, das ich den »24er-Versuchungsdämpfer« nenne. Bevor Sie etwas Größeres anschaffen, schlafen Sie eine Nacht darüber. Lassen Sie vierundzwanzig Stunden vergehen und prüfen Sie dann, wie Sie zu der Anschaffung stehen. Sehr oft verspüren Sie dann keine Versuchung mehr. Ihr Impuls, zu bekommen, was Sie in diesem Augenblick wollten, ist überwunden. Und Ihr vernünftigeres (und verantwortungsbewussteres Denken) gewinnt die Oberhand und Sie sparen Geld (was sich im Laufe der Zeit summiert). Viele schlechte Finanzentscheidungen werden von Menschen getroffen, die im Augenblick der Entscheidung müde (oder gelangweilt, wütend oder hungrig) waren.

Achten Sie *unbedingt* darauf, dass Sie unter Ihren Möglichkeiten leben, damit Sie Ihr Geld bedachtsam in sinnvolle Dinge investieren können statt in irgendwelche sinnlosen Spielereien.

Das gesamte milliardenschwere Geschäft mit Einlagerungsräumen und -flächen entstand dadurch, dass viele von uns weit mehr kaufen, als sie benötigen. Schrauben Sie Ihre Wünsche herunter – und befriedigen Sie stattdessen lediglich Ihre *Bedürfnisse* – und erleben Sie dann, welche Fülle sich daraus ergibt. Wenn Sie weniger einkaufen, reduzieren Sie auch den Abfall auf unserem Planeten und tun Mutter Erde etwas Gutes (und tragen zum Wohlergehen künftiger Generationen bei).

»Der Weg zum Reichtum hängt in erster Linie von zwei Begriffen ab: von Fleiß und von Genügsamkeit, das heißt, vergeuden Sie weder Zeit noch Geld, sondern nutzen Sie beides optimal.« Dieser Rat stammt von dem Schriftsteller, Erfinder, Staatsmann und Philosophen Benjamin Franklin (auch seine Autobiografie kann ich Ihnen empfehlen, eines der interessantesten Bücher in meiner Bibliothek).

102

Die besonderen Gewohnheiten superreicher Menschen

Superreiche Menschen haben neben den bereits erwähnten noch weitere neun Gewohnheiten gemeinsam:

Gewohnheit Nr. 1: Obsessive Fokussierung. In einer Zeit, in der die meisten Menschen unter dem Syndrom einer gestörten Fokussierung leiden, haben die Geldmogule die großartige Fähigkeit *entwickelt,* sich fast ausschließlich auf die möglichst fehlerfreie Umsetzung der wenigen Projekte zu konzentrieren, die ihre ethischen Ambitionen zum Tragen bringen. Wenn sie arbeiten, leisten sie echte Arbeit und keine Scheinarbeit, und sie erkennen die Sinnlosigkeit vorgetäuschter Geschäftigkeit. Und sie vermeiden es, viele Stunden mit dem Surfen im Internet oder trivialen Beschäftigungen zu vergeuden.

Gewohnheit Nr. 2: Unbeirrbare Positivität. Finanztitanen sind unerschütterliche Optimisten. Sie erhoffen sich aufgrund ihrer Innovationen eine bessere Welt und aufgrund ihrer Erfindungen eine bessere Zukunft. Sie sind hervorragende Unternehmer, lehnen das Anspruchsdenken ab und sind überzeugt, dass ihre Kreativität und Produktivität, ihre Teamarbeit und ihre Leistungen in ihrem Metier weitaus wichtiger für ihren Erfolg sind als ein gnädiges Schicksal oder Glück.

Gewohnheit Nr. 3: Einzigartige Unkonventionalität. Sie sehen auch, was wir alle sehen, denken aber, was sich nur wenige zu denken trauen. Sie verzichten darauf, nachzuahmen. Solche Menschen sind höchst einfallsreich, entwerfen außergewöhnliche Pläne für neue Unternehmungen, die ihrerseits bestehende Unternehmen umkrempeln und Millionen von Konsumenten nie gekannte Vorteile bringen können. Sie wissen, dass ihre Träume nicht kühn genug sein können, auch wenn sie oft als verrückt bezeichnet werden. Und dass andere sich möglicherweise über sie lustig machen, lässt sie kalt.

Gewohnheit Nr. 4: Extreme Entschlossenheit. Trotz heftiger Kritik halten sie an ihren hoch gesteckten Zielen fest und lassen sich auch nicht durch Angriffe gemeiner Kritiker und schmerzliche Selbstzweifel davon abbringen. Ähnlich wie der Hund, der am Knochen nagt, haben sich diese Macher (durch Training) Belastbarkeit und Ausdauer angewöhnt und besitzen die übermenschliche Entschlossenheit, etwas auch zu Ende zu führen, das sie angefangen haben. Milliardäre haben die Fähigkeit entwickelt, auch große Schmerzen auszuhalten. Und dennoch stets weiterzumachen.

Gewohnheit Nr. 5: Intelligente Risikobereitschaft. Erfolgreiche Unternehmensführer zaudern nicht, wenn es darum geht, Chancen zu ergreifen und den Erfolg zu maximieren. Keineswegs. Vielmehr sind sie Meister der »abgesicherten Risikobereitschaft«. Sie lassen sich auf Risiken ein, bei denen eine hohe Wahrscheinlichkeit besteht, dass sie durch große Gewinne belohnt werden. Vergessen Sie nicht: »Wer nicht fragt, bekommt nichts«, und: »Kein Risiko, keine Belohnung.«

Gewohnheit Nr. 6: Gesteuerter Perfektionismus. Ja, diese Menschen sind meistens absolute Perfektionisten. Wenn sie eine Hotelkette ins Leben rufen, kann es vorkommen, dass sie die Eröffnung eines neuen Gebäudes um zwei Monate verschieben, wenn der Marmor, den sie für das Restaurant bestellt haben, nicht die richtige Farbe hat. Wenn sie ein Technologieunternehmen gründen, bestehen sie darauf, dass das Produkt vor seiner Markteinführung genauso vollkommen ist wie die *Mona Lisa* (Steve Jobs wollte, dass die Icons auf dem iPhone so unwiderstehlich aussahen, dass die Benutzer am liebsten den Bildschirm abgeschleckt hätten). Sofern sie Entertainment-Virtuosen sind, werden sie unermüdlich darauf achten, dass ihr Film oder ihr Album *verblüffend* gut gemacht ist, ungeachtet der Mühen, die sie dafür aufwenden müssen.

Gewohnheit Nr. 7: Die Entwicklung von Führungspersönlichkeiten. Herausragende Führungspersönlichkeiten ziehen weitere Persönlichkeiten mit Führungsqualitäten heran. (Bitte lesen Sie das zweimal.

Wenn Sie nämlich nicht selbst auch echte Führungstalente fördern und heranziehen, dann besitzen Sie nicht wirklich Führungsqualitäten, sondern erfüllen lediglich die Ihnen übertragenen Aufgaben.) Finanziell erfolgreiche Unternehmerpersönlichkeiten mehren ihr Vermögen durch die Nutzung der *Hebelwirkung*. Und damit meine ich nicht nur die Hebelwirkung im Sinne von »guten Schulden«, sondern eine Hebelwirkung durch die solide Entwicklung des Führungstalents der Menschen in Ihrem Umfeld. Wenn Sie weitere Führungskräfte heranziehen, die Ihre anspruchsvolle Aufgabe in höchster Perfektion ausführen können, haben Sie die Freiheit, nur *das* zu tun, was Sie am besten können (und am liebsten tun). Sie können es aber nicht allein schaffen. Und je höher Ihr Traum gesteckt ist, desto wichtiger ist es, ein Weltklasseteam aufzubauen.

Gewohnheit Nr. 8: Lösungsorientierung. Viele Menschen konzentrieren sich auf das jeweils anliegende Problem, statt auf die Lösung, die es enthält. (Jedes Problem trägt eine Lösung in sich, auch wenn Sie das nicht auf den ersten Blick erkennen.) Diese Eigenschaft ist auf die Neigung des menschlichen Gehirns zur Negativität zurückzuführen, mit der wir uns weiter oben befasst haben – eine Eigenschaft, die uns vor Zehntausenden von Jahren sehr genützt hat, als wir jeden Tag fürchten mussten, zu verhungern oder von wilden Tieren oder kriegerischen Stämmen angegriffen zu werden. Money Masters haben sich durch ständige tägliche Übung geduldig darauf programmiert, in jeder Schwierigkeit eine Chance zu sehen und in jeder Herausforderung die Lösung. Seien Sie sich bewusst, dass ein Problem nur dann zu einem Problem wird, wenn es als solches betrachtet wird.

Gewohnheit Nr. 9: Dauerhafte Hilfsbereitschaft. Sie wissen jetzt, dass Geld die Belohnung für erbrachten Nutzen ist. Herausragende Unternehmerpersönlichkeiten entscheiden sich für Geschäfte, die das Leben von Milliarden von Menschen verbessern. Was ihnen dann auch ein Einkommen in Milliardenhöhe verschafft. Es ist sehr schwer, wirtschaftlichen Wohlstand zu erlangen, wenn man sich auf Gelegenheiten stürzt, die wenig Aussicht darauf haben, wirklich etwas zu verändern.

Okay. Ich hoffe, dass Ihnen die Darstellung dieser neun Eigenschaften von Top-Mogulen für Ihr persönliches Wachstum hilfreich sein kann. Ich beende dieses ungewöhnlich lange Kapitel, weil ich meinen Eltern versprochen habe, sie anzurufen, was ich jetzt auch tun muss. Führen wir unser Gespräch später weiter.

103

Entwickeln Sie die Verdopplungs-Disziplin

Ein weiteres Merkmal der Wirtschaftsmagnaten, die ich berate, ist ihr fast als besessen zu bezeichnendes Verlangen, ihr Geld so schnell wie möglich zu verdoppeln. Wenn sie eine neue Gelegenheit wittern, lautet eine ihrer ersten Fragen: »Wie groß ist das Risiko und wie hoch ist die Gewinnchance, sodass ich zumindest mit einer Verdoppelung meines Kapitals rechnen kann?«

In Finanzkreisen ist diese Denkweise als die 72er-Regel bekannt, was bedeutet, dass es bei einer Rendite von 10 Prozent etwa sieben Jahre dauert, bis sich das Geld verdoppelt hat.

Die meisten Menschen arbeiten für ihr Geld und tauschen ihre Arbeitszeit gegen Einkommen ein. Aber die Schöpfer echten Reichtums setzen gern auf Projekte, die es ihnen ermöglichen, Geld im Schlaf zu verdienen und im Lauf der Zeit eine enorme Geldvermehrung zu verbuchen. Versuchen Sie das zu verstehen, denn es ist unglaublich wichtig – *sie lassen ihr Geld für sich arbeiten.* (Diese Angewohnheit wird manchmal auch als die »SWISS-Methode« bezeichnet – Sales While I Sleep Soundly, zu deutsch etwa: Umsatz im Tiefschlaf.)

Menschen, die über viel Geld verfügen, erlernen zuerst die Fähigkeit, Geld zu verdienen, und dann die *gesonderte* Fähigkeit, dieses Geld durch die Anwendung der Verdopplungs-Disziplin zu vermehren. Zum Beispiel werden nach der 72er-Regel bei einem Zins von 10 Prozent 100.000 Dollar in etwa sieben Jahren zu 200.000 Dollar, in vierzehn Jahren zu 400.000 Dollar, in einundzwanzig Jahren zu 800.000 Dollar, in achtundzwanzig Jahren zu 1,6 Millionen Dollar, in fünfunddreißig Jahren zu 3,2 Millionen Dollar, in zweiundvierzig Jahren zu 6,4 Millionen Dollar und so weiter, ohne dass Sie auch nur einen Finger rühren. Sie schlafen einfach gut und träumen selig.

Schließlich verfügen die Superstars des Geldes noch über eine dritte und völlig andere Fähigkeit, nämlich ihr Vermögen zu *erhalten*. Es ist eine Sache, Geld zu verdienen, eine andere, es zu vermehren, und noch eine andere, dafür zu sorgen, dass sie es nicht einbüßen. Würde ihnen auch nur eine dieser drei Fähigkeiten fehlen, wären sie nicht dort, wo sie heute sind.

Ich möchte Ihnen noch nachfolgende Worte des Komikers Steve Martin ans Herz legen:

> Ich liebe Geld. Ich liebe alles daran. Ich habe einige verdammt tolle Sachen gekauft. Ich habe ein Fellwaschbecken, eine elektrische Hundepoliermaschine, einen benzinbetriebenen Rollkragenpullover. Aber natürlich habe ich auch ein paar unsinnige Dinge gekauft.

104

Verdienen Sie lieber Geld, statt Videos zu schauen

Hier stelle ich Ihnen eine einfache, aber wirkungsvolle Idee vor, um Ihren Vermögensstand in der fünften Art des Reichtums erheblich zu erhöhen: Nutzen Sie die Stunden des Tages, die Sie gewöhnlich damit verbringen, belanglose Online-Videos anzuschauen, auf eine produktive Weise, von der auch andere Menschen profitieren können.

Das könnte bedeuten, dass Sie die Zeit zum Lesen nutzen, um Ihr Wissen und Ihre Kompetenz zu erweitern. Vielleicht nutzen Sie diese freie Zeit auch, um mehr über Ihre heroischen Ideale, Ihre aufregendsten Ziele und Ihren erträumten Lebensstil in Ihr Tagebuch zu schreiben. Oder vielleicht nutzen Sie die Zeit, die Sie sonst vergeuden, um Ihre Fitness auf Vordermann zu bringen, um einer außergewöhnlichen Leidenschaft nachzugehen oder an Ihren Beziehungen zu arbeiten.

Sie könnten diese zusätzlichen Stunden auch verwenden, um einen Online-Kurs zu einem Thema zu geben, das Ihnen am Herzen liegt (was letztlich vielleicht unzähligen Menschen auf der ganzen Welt hilft). Oder Sie entwickeln eine App, die eine ganze Branche auf den Kopf stellt, rufen ein Start-up ins Leben, das eine Bewegung auslöst, oder schreiben ein Drehbuch, das die Menschen begeistert. Irgendjemand wird es tun, warum also nicht Sie? Und wenn nicht jetzt, wann dann?

Noch sinnvoller wäre es, wenn Sie die Zeit, die Sie herumtrödeln, für einen Spaziergang mit Ihrem Partner nutzen würden. Suchen Sie die Nähe Ihrer Eltern oder führen Sie eine interessante Unterhaltung mit einem Freund oder einer Freundin.

Das Leben vergeht wie im Fluge. Und die Zeit, die wir sinnlos verschwenden, bekommen wir nie wieder zurück. Zugegeben, ab und zu kann es Spaß machen, mit unseren digitalen Geräten zu spielen. Aber ein Spiel, bei dem Sie Ihr Leben wunderbar, wohlhabend und auf ehrliche Weise reich gestalten, während Sie zum Wohlergehen der Welt beitragen, bereitet noch mehr Freude.

105

Warum etwas tun, das Sie nicht glücklich macht?

Bitte schicken Sie mir keine Nachricht mit folgendem Inhalt: »Das Leben ist hart und Sie haben leicht reden, aber wir müssen Rechnungen bezahlen und können unser Leben nicht so führen, wie Sie es vorschlagen.«

Ich weiß sehr wohl, dass das Leben hart sein kann. Ich habe mehr durchgemacht, als Sie sich vorstellen können.

Vielleicht überrascht es Sie, aber auch ich muss Rechnungen bezahlen, habe jede Menge Verpflichtungen zu erfüllen und trage mehr auf meinen müden Schultern, als Sie sich vielleicht ausmalen können.

Ich versuche Ihnen bei dieser Sitzung lediglich zu vermitteln: Warum sollen Sie etwas tun, wenn Sie es nicht mögen?

Früher hielt ich für Fortune-500-Kunden auf der ganzen Welt eintägige Vorträge. Ich reiste um den Globus und sprach in großen Stadien über Führungsqualitäten, gelungenes Change-Management sowie den Aufbau von Teams, in denen jedes Teammitglied auf jeder Ebene des Unternehmens echte Führungsqualitäten an den Tag legt, auch ohne entsprechenden Titel – und das tat ich viele Jahre lang.

Dann erreichte ich einen Punkt, an dem mir diese langen Stunden auf dem Podium keinen Spaß mehr machten. Es erschien mir zusehends wie ein Albtraum, nach einem frühmorgendlichen Start bis in den späten Nachmittag hinein Vorträge halten zu müssen.

Nach einem ausgedehnten Lunch in der Sonne von New York City sagte eines Tages ein Freund zu mir: »Warum gestaltest du deine verbleibende Karriere als Redner nicht so, dass du nur noch tust, was du tun willst?«

Es war ein Wendepunkt, ein lebensverändernder Augenblick. Eine radikale, einfache und sehr beglückende Erkenntnis.

Und genau so machte ich es. (Sie haben mehr Kraft, als Sie sich bewusst sind, und mehr Optionen, als Sie glauben, auch wenn Sie es im Augenblick nicht erkennen.)

Ich machte keine ganztätigen Veranstaltungen mehr und kehrte zu meiner wahren Liebe zurück, und das waren Vorträge von etwa fünfundsiebzig Minuten Länge. Das Ergebnis? Indem ich 70 Prozent der Anfragen ablehnte, erlangte ich den Spaß an der Sache zurück. Und wissen Sie was? Statt weniger Einladungen zu erhalten, bekam ich noch viel mehr Anfragen.

Genauso verhielt ich mich in anderen Bereichen meines Unternehmens.

- Ich weigerte mich, mit Menschen zu arbeiten, die mir Energie raubten.
- Ich trennte mich von Dienstleistern, die Vorwände vorbrachten, mir Probleme machten und sich nicht an Zusagen hielten.
- Ich vermied alles, was mein Glück beeinträchtigte.

Dass ich nur das tat, was mir Spaß machte (und was ich am besten konnte), hatte eine fantastische und etwas eigenartige Folge:

Unser Unternehmen expandierte, und ich zog noch mehr Kunden an. Neue Teamkollegen fragten bei mir an, die ihr Können unter Beweis stellen, ihre Kreativität zum Tragen bringen und sich unserer Mission anschließen wollten, unsere so kostbare Welt zu einem noch weitaus herrlicheren Ort zu machen.

Mein Privatleben war erfüllt von Inspiration, Enthusiasmus und Freiheit.

Welche Lehre ziehen Sie daraus? Gestalten Sie Ihre Karriere nach *Ihren* Vorstellungen.

Ihr Leben ist zu kurz, um unglücklich zu sein.

106

Rekrutieren Sie ein Beraterteam aus dem Jenseits

Keiner von uns kann alles allein schaffen. Alle Spitzensportler haben aus einem bestimmten Grund Coaches: um sie anzutreiben, über ihre Grenzen hinauszugehen, damit sie Spitzenergebnisse erzielen. Die erste bekannte Verwendung des Begriffs »Coach« als Bezeichnung für jemanden, der andere anleitet, findet sich um 1830 an der Universität Oxford. Die Bezeichnung wurde umgangssprachlich für einen Tutor verwendet, der einen Studenten durch ein Thema geleitet (wie in einer Pferdekutsche, auf Englisch: »horse-drawn coach«). Ein Coach ist also eine Person, die jemanden von einem Ausgangspunkt bis zu dem Ziel führt, das dieser Mensch erreichen möchte.

Ein guter Coach ermutigt Sie weiterzumachen, wenn Sie eine Blockade haben, erspart Ihnen Zeit, indem er Ihnen Abkürzungen zum Erreichen Ihres Ziels zeigt, und nimmt Sie in die Pflicht, damit Sie nicht irgendwelche Vorwände vorbringen, um etwas nicht zu tun, was Sie versprochen haben.

Natürlich hat ein ausgezeichneter Mentor seinen Preis. Und wenn Ihre augenblickliche Lage eine solche Ausgabe nicht zulässt, habe ich eine Lösung: Statt mit einem lebenden Berater zu arbeiten, suchen Sie sich einen nicht mehr lebenden. Ja, ja, das ist ernst gemeint.

Ich hatte so viele längst verstorbene Lehrer, die mir sehr geholfen haben, kann mich aber nicht mehr an alle erinnern. Jahrelang erhielt ich von Nelson Mandela Anweisungen für tägliche Heldenhaftigkeit, wandte mich zwecks der Vermittlung von Weisheit an den römischen Kaiser Mark Aurel; an Mutter Teresa wandte ich mich für Führungsqualitäten, die anderen dienen, an William Shakespeare wegen schriftstellerischen Könnens, an Benjamin Franklin wegen der Charakterbildung, an Amelia Earhart wegen des Bekundens von Mut, an den spartanischen

König Leonidas, um zu erfahren, wie man Schwierigkeiten in Erfolge verwandelt; an Michelangelo trat ich heran wegen Tipps, wie man ein Kunstexperte werden kann, an Isaac Asimov wegen der Kunst, hoch gesteckte Ziele zu erreichen (er schrieb fünfhundert Bücher, im Vergleich dazu bin ich nur ein Amateur), sowie an Florence Scovel Shinn, Joseph Murphy, Maxwell Maltz und Khalil Gibran, um mir Rat in den Bereichen Metaphysik und Spiritualität zu holen.

Diese Menschen und noch weitere berühmte Persönlichkeiten stellten für mich eine Art Beraterteam dar – dank der Erkenntnisse in ihren Memoiren oder Autobiografien sowie in Büchern über ihr erfülltes Leben. Ich kann Ihnen nur empfehlen, sich ebenfalls ein solches Team aus nicht mehr lebenden Persönlichkeiten zusammenzustellen.

107

Ziehen Sie sich zurück, um Ihren Ideenreichtum zu beflügeln

Der Autor Napoleon Hill schreibt in seinem berühmten Klassiker *Think and Grow Rich* über einen Erfinder mit einer ungewöhnlichen Angewohnheit, die ihn reich machte.

Der Mann hatte sich einen Raum eingerichtet, in den er sich zurückziehen konnte, um »Ideen zu sammeln«. Der Raum war karg eingerichtet, enthielt nur einen Tisch und einen Stuhl. Wenn der Erfinder den Raum betrat, schaltete er das Licht aus, schloss die Augen und wartete darauf, dass seine kreative Intelligenz ihm Lösungen für die größten Probleme offenbarte, die er gerade durch seine Erfindungen zu lösen versuchte.

In einer Zeit, in der so wenige von uns jemals allein sind (und selbst wenn, verzichten wir nicht auf unsere Handys), seien Sie eine dieser bemerkenswerten Personen, die die Kraft des Alleinseins und der Stille schätzen.

Suchen Sie Ihren Ort des Friedens auf. Schließen Sie die Tür und machen Sie das Licht aus. Und warten Sie ab, bis Ihnen Ideen kommen, die es ermöglichen, Lösungen für die dringendsten Probleme der Menschen zu finden. Ihre Kreativität und Ihr Ideenreichtum werden reichlich belohnt werden.

Das erinnert mich an einen Ausspruch des französischen Mathematikers Blaise Pascal: »Alle Probleme der Menschen rühren von der Unfähigkeit des Menschen her, allein in einem Raum still zu sitzen.« Gut, nicht wahr?

108

Segnen Sie täglich Ihr Geld

Ich bin heute Morgen später als üblich aufgewacht. Also nichts von wegen Fünf-Uhr-Club! Meine letzten Work-outs waren anstrengender, also benötigte ich mehr Erholung. Und natürlich ist das in Ordnung. Begehen Sie aber nicht den Fehler, Faulheit mit Erholung zu verwechseln.

Doch ich will auf den Punkt kommen. Vor ein paar Jahren fand ich in einem verstaubten Buchladen in London ein Buch mit dem Titel *Bring Out the Magic in Your Mind*. Es war vor langer Zeit von einem gewissen Al Koran geschrieben worden, der seinerzeit als »der beste Mentalmagier der Welt« bekannt war. In einem Kapitel mit der Überschrift »Das Geheimnis des Reichtums« schreibt er Folgendes:

> Wenn Sie Ihr Geld aus der Hand geben, denken Sie immer daran, es zu segnen. Bitten Sie es, jeden zu segnen, der es berührt, und tragen Sie ihm auf, die Hungrigen zu sättigen und die Nackten zu bekleiden, und befehlen Sie, dass es um das Millionenfache zu Ihnen zurückkehrt. Übergehen Sie das nicht einfach.

Warum machen Sie nicht in den nächsten Tagen Gebrauch von den seltsamen, aber faszinierenden Ratschlägen dieses Autors? Und beobachten Sie, was geschieht.

Wenn Sie Ihre Lebensmittel bezahlen, danken Sie im Stillen all jenen, die ihren Teil dazu beigetragen haben, dass diese Lebensmittel in Ihre Hände gelangt sind: den Landwirten, die sie angebaut haben, den Arbeitern, die sie geerntet haben, den Lastwagenfahrern, die sie befördert, und den Lebensmittelhändlern, die sie verkauft haben.

Wenn Sie einen Scheck für eine Autoreparatur ausstellen, warum sollten Sie dann nicht auch den Fabrikarbeitern, die bei der Herstellung des Autos mitwirkten, den Lieferanten, die es transportierten, und den Mechanikern, die Ihr Auto wieder fahrtüchtig machten, stille Anerkennung zollen?

Wenn Sie in einem Buchladen ein Buch kaufen, danken Sie dem Buchhändler, und wenn Sie in einem Café einen Kaffee trinken, loben Sie den Besitzer. Sie verstehen, was ich sagen möchte? Werden Sie zu jemandem, der mit höchstem Engagement Dankbarkeit aussendet. Um das Leben besser zu machen und Ihren Reichtum zu vermehren.

Eine zeitlose Wahrheit lehrt: »Die Hand, die gibt, wird belohnt.«

109

Es lohnt sich, gut zu sein

Gestern hielt ich einen Vortrag vor elftausend begeisterten Führungskräften in São Paulo. Ich sprach darüber, wie wichtig es sei, sehr schnelle Veränderungen für exponentiellen Erfolg zu nutzen. Ich erklärte, je größer der Traum sei, desto wichtiger werde das Team. Ich sagte, dass die besten Führungspersönlichkeiten weitere heranziehen würden, Helden im Dienste anderer seien und das Wachstum sowie Wohlergehen der Mitarbeiter über die Bedürfnisse des eigenen Egos stellten. Und ich vertrat folgende Meinung: Je klüger, mutiger, gesünder und anständiger wir uns als Menschen verhalten, desto vielversprechender fallen unsere geschäftlichen Ergebnisse aus. Denn was im Inneren geschieht, bestimmt, was sich im Äußeren abspielt. Um die Welt zu verbessern, müssen wir damit anfangen, uns selbst zu verbessern.

Nach der Präsentation kam ein sehr höflicher und gut gekleideter Mann in einem eleganten grauen Anzug mit glänzenden schwarzen Schuhen auf mich zu und fragte, ob ich kurz Zeit hätte, eine Frage zu beantworten.

»Aber ja, wie kann ich helfen?«, erwiderte ich.

»Ein Private-Equity-Unternehmen hat in mein Geschäft investiert. Um das Unternehmen zufriedenzustellen, muss ich die Gewinne schnell in die Höhe treiben. Mir gefällt Ihre Vorstellung, dass man auf eine Art und Weise handeln sollte, die sowohl für die Gesellschaft als auch für unsere Firma gut ist. Und auch, was Sie über ›die Verknüpfung von Gehaltsscheck und Zielsetzung‹ sagten, und darüber, wie Führungspersonen von Weltrang ›etwas finden, das größer ist als sie selbst‹. Doch das ist nicht praxisbezogen. Robin, es tut mir leid, dass ich Ihnen das sagen muss.«

Hmm. Ein Mensch von großer Integrität und Ehrlichkeit, mit starken Charaktereigenschaften und einem edlen Herzen zu sein, ist nicht nur gut für Ihre Seele, sondern absolut fantastisch für den wirtschaftlichen Fortschritt Ihres Unternehmens. Ich kann mir eigentlich keinen besseren Wettbewerbsvorteil vorstellen, als eine Person zu sein, die zutiefst respektiert wird und bedingungsloses Vertrauen genießt.

Gut zu sein, ist gut fürs Geschäft. Und Führungskräfte, die wunderbare Dinge tun, erleben auch selbst wunderbare Dinge.

Wenn Sie zu den Menschen gehören, die voll und ganz an ihr Unternehmen glauben und alles Menschenmögliche tun, um sich um ihre Mitarbeiter zu kümmern und gleichzeitig die Träume Ihrer Kunden wahr werden zu lassen, dann ist ziemlich gewiss: Ihr Ansehen wird wachsen, Ihr Team loyal bleiben und Ihre Kunden werden sich von Stammkunden zu *überzeugten Fans* entwickeln, die von Ihnen und Ihrem Team so inspiriert und begeistert sind, dass sie jedem in ihrem Bekanntenkreis von Ihrem Unternehmen berichten.

Natürlich wird dies das Endergebnis, nämlich den Gewinn steigern, und zwar *dramatisch.*

Die Bemerkung des besagten Herrn enthielt eine Annahme: Würde er mit geringem Ego, mehr Würde und größerer Hingabe zum Wohle anderer arbeiten, würde er dadurch weniger Geld verdienen. Völlig falsch.

Genau das Gegenteil ist der Fall. Auf großartige und meisterhafte Weise, mit Souveränität und Würde anderen zu dienen, wird ihn reich machen, sowohl finanziell als auch spirituell.

Wenn Sie mit Fürsorge, Authentizität, Anstand und Liebe führen, hat dies zur Folge, dass Ihr Team, Ihre Kunden, Ihre Lieferanten und Ihre Investoren Sie lieben und alles tun werden, um Sie zu schützen.

Die Menschen schließen Geschäfte mit Menschen ab, die sie mögen. Die Menschen treten mit denen in Geschäftsverbindungen, denen sie vertrauen. Und wir alle wollen uns Menschen gegenüber loyal zeigen, die uns das Gefühl geben, etwas Besonderes zu sein.

Vieles davon habe ich an den Mann weitergegeben, der an meiner Präsentation für Führungskräfte teilnahm. Er nickte zustimmend. Ich weiß nicht genau, ob er mir in allem zustimmte, doch dann schüttelte er mir die Hand und tauchte in der Menge unter.

110

Seien Sie eine bescheidene Führungspersönlichkeit

Das Besondere an einem Meister ist, dass er denkt wie ein Lehrling, und ein Profi zeichnet sich dadurch aus, dass er immer noch die Mentalität eines Amateurs hat, stets begierig ist zu lernen, sich zu verbessern und weiterzuentwickeln. Diese Einstellung haben wir bereits besprochen. Doch ich möchte es noch einmal hervorheben, damit Sie sich daran erinnern, wenn unsere gemeinsame Zeit vorbei ist.

Es ist gefährlich, wenn Sie ein Experte auf Ihrem Gebiet werden. Warum? Weil Experten irrtümlicherweise glauben, alles zu wissen. Sie sind überaus stolz auf ihr Wissen. Deshalb sind sie nicht mehr bereit, ihre Meinung zu ändern. Sie hören auf zu lernen, sich vorzubereiten, zu arbeiten, Abläufe zu erneuern und zu optimieren. Sie ruhen sich auf ihren Lorbeeren aus. Weil sie an der Spitze stehen, glauben sie, dass sie automatisch oben bleiben werden. Diese Arroganz ist der Anfang vom Ende.

Ich möchte Sie ermutigen, alles Mögliche zu tun, um sich Ihre Bescheidenheit zu bewahren, wenn Sie die Leiter des Erfolgs erklimmen, was Ihnen auch zu mehr Geld verhelfen wird. *Demut ist unabdingbar für dauerhafte Meisterhaftigkeit.* Die größten Führungspersönlichkeiten halten sich selbst nicht unbedingt für die Größten. Damit will ich nicht sagen, dass man kein ausgeprägtes Selbstbewusstsein haben sollte. Ich will damit lediglich ausdrücken, dass wir uns in dieser Kultur, in der zu viele Menschen sich selbst loben und ihre eigene Genialität verkünden, besser ein wenig zurückhalten, aber auch offen bleiben sollten.

Vielleicht halten Sie sich nicht für eine Führungspersönlichkeit, sind es aber in Wirklichkeit. Vor Jahren schrieb ich ein Buch mit dem Titel *The Leader Who Had No Title* (deutsch: *Jeder kann in Führung gehen*) – Sie können sehr wohl ohne die entsprechende Position eine Führungsrolle übernehmen, ohne ein offizielles Amt Einfluss nehmen und ohne formelle Autorität wirken.

Als eines meiner Kinder noch klein war, fragte ich, was es sich unter einer Führungspersönlichkeit vorstellte. Die Antwort habe ich nie vergessen: »Weißt du, Dad, wenn wir in der Schule alle zum Spielplatz gehen müssen, ist der Schüler, der die Reihe anführt, der Anführer. Aber cool ist, dass jeden Tag ein anderer Schüler vorne steht. So ist jeder Schüler einmal Anführer.«

Führen ohne Titel ist nicht das Hauptanliegen meiner Mentoring-Botschaft. Ich möchte Sie nur freundlich daran erinnern, bescheiden zu sein, was Ihre Fähigkeiten, Ihre Arbeit und Ihr Leben betrifft. *Der Mensch, der die größte Demut an den Tag legt, ist der größte.*

Dazu fällt mir die Geschichte von Konosuke Matsushita ein, dem Gründer von Panasonic, dem globalen Elektronikunternehmen.

Eines Tages hatte er in einem Steakrestaurant in Tokyo eine Verabredung zum Essen. Die Mitarbeiter des Restaurants waren in höchster Alarmbereitschaft und zeigten sich von ihrer besten Seite, weil sie wussten, dass eine der Ikonen der japanischen Geschäftswelt ihr Restaurant besuchen würde.

Unter den Blicken aller Anwesenden wurde dem Industrie-Tycoon ein perfektes Steak, das der Spitzenkoch mit großer Sorgfalt vorbereitet hatte, vollendet serviert. Matsushita verzehrte einen Teil dieses Steaks, das eigens für ihn zubereitet worden war, ließ aber den größten Teil auf dem Teller.

Die guten Geister in der Küche, die das Ganze beobachteten, waren verzweifelt und todunglücklich. Sie hatten das Gefühl, dass es ihnen nicht gelungen war, den hohen Gast zu beeindrucken, und sahen es als persönliche Niederlage an, dass sie ihn nicht hatten zufriedenstellen können.

Der prominente Geschäftsmann verlangte den Küchenchef zu sprechen, was die Nervosität des Teams noch verstärkte. Alle fürchteten, dass sie ihren Arbeitsplatz und auch ihren guten Ruf verlieren würden.

Doch es kam ganz anders.

Als der Küchenchef aus der Küche trat, sagte Mitsushita mit gesenktem Kopf und der Flüsterstimme eines alten Mannes: »Bitte, verzeihen Sie mir. Ihr Essen war vorzüglich. Aber ich bin ein alter Mann und kann nicht mehr so viel essen. Ich wollte Ihnen das sagen, damit Sie nicht denken, dass ich Ihr köstliches Essen nicht genossen habe. Ich danke Ihnen. Und ich bedanke mich bei Ihrem tollen Team für die großzügige Gastfreundschaft.«

Wenn Sie eine Führungsrolle ohne einen bestimmten Titel erlangen und durch aufrichtiges Bemühen ein Vermögen aufbauen, erinnern Sie sich daran, mit den Füßen am Boden zu bleiben. Und wenn Sie dann die Karriereleiter hinaufsteigen, werden Sie noch bescheidener, noch williger zu lernen. Hören Sie zu. Erfinden Sie. Optimieren Sie. Dienen Sie. Und verzichten Sie darauf zu prahlen, das ist schlechtes Benehmen und Ihrer nicht würdig.

Wenn Sie sich an all das halten, was ich Ihnen vorschlage, können Sie sicher sein, sich lange Zeit an der Spitze zu halten. Und wenn es um den Erfolg geht, ist eines der wichtigsten Ziele, ihn nicht nur zu erlangen, sondern ihn auch zu erhalten. Gewöhnliche Menschen streben nach dem Gipfel. Legenden bemühen sich darum, lange Zeit dort zu bleiben, damit die nachfolgenden Generationen wissen, dass sie dort oben waren.

Mein geliebter Vater pflegte Folgendes zu sagen: »Robin, der Baum, der die meisten Früchte trägt, neigt sich am stärksten nach unten.« Bitte denken Sie in den nächsten Stunden darüber nach. Selbst in einer Gesellschaft, in der die Menschen alles daransetzen, Ihnen zu zeigen, wie klug, stark und reich sie sind, sollten Sie als Führungsperson bescheiden bleiben, ein geerdetes menschliches Wesen sein.

111

Die Investition mit der höchsten Rendite

Aktien, Edelmetalle, Schatzbriefe und Immobilien – genau darin legen Investoren ihr Geld an.

Prima. Wenn Sie jedoch ernsthaft an einer hohen Rendite interessiert sind, dann empfehle ich Ihnen, in sich selbst zu investieren. Ihr bestes Ich aufzubauen, ist bei Weitem Ihre beste Investition.

Es ist üblich, dies als »Selbstfürsorge« zu bezeichnen. Oder als »persönliche Entwicklung«. Oder als »Selbstoptimierung«. Egal wie Sie es bezeichnen: Ihre Energie, Ihr Wissen und Ihre Zeit in die Verbesserung Ihres Mindsets (Ihrer Psychologie), die Reinigung Ihres Heartsets (Ihrer Emotionalität), in die Ausrichtung Ihres Healthsets (Ihrer Körperlichkeit) und in die Verbesserung Ihres Soulsets (Ihrer Spiritualität) zu stecken, ist absolut, unbestritten und eindeutig die beste Investition, die Sie tätigen können – Sie kennen das aus meiner Methodik als die »vier Inneren Reiche«. Diese Investition wirft die höchste Rendite ab.

Wenn Sie jeden Morgen Ihr Mindset durch Lesen, Affirmationen, Planung und MVG (Meditation, Visualisierung und Gebet) verbessern, wird sich Ihre Konzentration, Ihre Kreativität und Positivität, Ihre Belastbarkeit und Produktivität sowie Ihr allgemeines Gefühl von Frieden dramatisch steigern (und nichts kommt Sie teurer zu stehen als der Verlust Ihres Seelenfriedens).

Wenn Sie das Wohlbefinden Ihres Herzens durch Dankbarkeit, Zeiten der Stille, Tagebucheintragungen, Behandlung durch einen Therapeuten, regelmäßige Fitnessübungen, Spaziergänge in der Natur und Hypnose (um nur einige Beispiele zu nennen) erhöhen, wird dies Ihre privaten und beruflichen Beziehungen maßgeblich bereichern (weil Ihre emotionale Intelligenz zunimmt und Ihre Empathie sich voll entfaltet). Das hat zur Folge, dass Sie sich bei Stress weit weniger reaktiv verhalten, Schmerz in Kraft verwandeln und Angst in verschiedene Arten von Glück.

Wenn Sie die Fitness Ihres Healthsets durch tägliches, schweißtreibendes Training am Morgen erhöhen, sich gesund ernähren und die Nahrung dem Bedarf entsprechend ergänzen, gesund fasten, sich maßvoll in der Sonne aufhalten und an der frischen Luft, sich einen Mittagsschlaf gönnen und für ausreichend Schlaf sorgen, dann werden Ihre Energie, Kondition, Zufriedenheit und Leistungsfähigkeit einen enormen Aufschwung erleben, und Ihre Lebenserwartung wird sich erheblich verlängern.

Und die Intensivierung der Vertrautheit mit Ihrem Soulset durch Spiritualität, Kontemplation, inspirierende Bücher und Aufzeichnungen darüber, welcher Mensch Sie werden möchten und wie Sie anderen dienen können – all das steigert Ihre persönliche Heldenhaftigkeit und erweitert Ihre Weisheit auf wunderbare Weise.

Ich wiederhole: Ihr Leben spiegelt immer *Sie selbst* wider. Auf Ihrem Weg nach oben verbessern sich Ihre äußeren Bedingungen, um sich Ihrem neuen Level menschlicher Größe anzupassen. Ich weiß, das mag sehr esoterisch klingen, wenig praxisbezogen. Dennoch *ist* es praktisch. Wenn Sie selbst einen besseren Menschen aus sich machen, werden sich auch Ihr Einkommen, Ihr Einfluss und Ihre Wirkung um vieles verbessern.

Unsere Kultur lehrt uns das Gegenteil. Uns wird eingeprägt: Wenn wir in der Welt erfolgreich sind, werden wir irgendein Erwachen erleben und uns als Mensch siegreich fühlen, was aber nicht stimmt.

Das Tor zum Erfolg schwingt nach innen, nicht nach außen. Wenn Sie darin investieren, ein erhabenes Innenleben zu schaffen, indem Sie sich täglich um die vier Inneren Reiche kümmern, werden Ihnen Ihre Ergebnisse in der äußeren Welt eine exorbitante Rendite einbringen.

112

Stellen Sie die Milliarden-Dollar-Geschäftsfrage

Ich empfehle meinen Klienten, ihren Kunden eine bestimmte Frage zu stellen. Es ist eine einfache Frage. Eine, die ihnen, alle zusammengerechnet, Milliarden von Dollar eingebracht hat. Ich werde sie Ihnen verraten. Sie lautet wie folgt:

»Danke, dass Sie mir mitgeteilt haben, was Ihnen an Ihrer Erfahrung mit uns gefallen hat. Aber sagen Sie mir jetzt bitte auch, was Ihnen *nicht gefallen hat* und was Sie an meiner Stelle tun würden, um gewisse Dinge zu verbessern?«

Eigentlich ganz einfach – aber so wertvoll! Vertrauen Sie mir.

Nur selten haben Geschäftsmänner und -frauen den Mumm, die Personen, die ihre Produkte kaufen und ihre Dienstleistungen in Anspruch nehmen, um Feedback und konstruktiven Input zu bitten, obwohl diese Information reines Gold ist und für sie selbst und ihr Geschäft mehr Erfolg und Nachhaltigkeit zur Folge hat.

Nachdem Sie die Frage gestellt haben, *hören Sie aufmerksam zu*. Ich beobachte, wie viele eiligst versuchen, etwaige Probleme zu erklären und sich zu entschuldigen, sobald der Kunde das gewünschte Feedback gibt. Lassen Sie das. Stellen Sie einfach die Frage und verhalten Sie sich ruhig, damit der Käufer seine Erfahrungen an Sie weitergeben kann. Wenn Sie das Feedback umsetzen, besteht die Aussicht, dass Ihr Unternehmen eine völlig andere Erfolgsebene erreicht. Und nachdem Sie die erste Antwort des Kunden gehört haben, fahren Sie fort: »Und was noch?«, damit Ihr Kunde Sie noch mit weiteren höchst wertvollen Informationen versorgt.

Die Milliarden-Dollar-Geschäftsfrage hat etwas Magisches. Warum? Weil die meisten von uns unter einem gefürchteten Übel leiden – der Angst vor Ablehnung. Wir wollen nur Positives hören. Ein Kunde wird

Ihnen vielleicht berichten, was ihm an dem Geschäft mit Ihnen gefallen hat (weil die meisten Menschen Konflikte hassen, wird er Ihnen das Positive berichten, was Sie hören möchten); und dann wird er dem Unternehmen für immer den Rücken kehren (sofern er schlechte Erfahrungen gemacht hat). Dann wird der Kunde seinen Nachbarn und allen Freunden berichten, was ihm nicht gefallen hat, und dadurch Ihren Ruf und Ihre Marke beschädigen. Wenn Sie nur auf Positives hören, entgeht Ihnen, was wichtig für Sie ist.

113

Lieben Sie insgeheim Ihre schärfsten Kritiker und Neider

Ja, ich bin seltsam. Ich habe Sie nicht nur darin bestärkt, Ihr Geld zu segnen, ich werde jetzt noch weiter gehen und Sie dazu anhalten, Ihre Neider zu lieben.

Ich schätze meine Konkurrenten, ich schätze die Menschen, die mich verletzen, und begrüße meine Kritiker (Gott sei Dank habe ich nicht viele davon).

Ich liebe das in Indien so verbreitete *Namaste* bei der Begrüßung. Das Zusammenfalten der Hände ist eine Geste, die bedeutet: »Ich verneige mich vor dem Göttlichen in dir.« Stellen Sie sich vor, dass Sie sich vor dem Göttlichen (und den Gaben und der Güte) verneigen, das in jedem Menschen ruht. (Obwohl ich auch der Meinung bin, dass es in manchen Menschen wohl verschlossen ist.)

Wenn ich aufwache, spreche ich oft ein kurzes Gebet für die Gesundheit und das Glück meiner Familie, meiner Freunde, meines Teams und meiner geliebten Leser. Und dann segne ich jene, die in der Not für mich da waren. Diejenigen, die mir beistanden, als ich verletzt war. Diejenigen, die mit mir gemeinsam die wildesten Stürme überstanden haben.

Ich segne auch meine Kunden, meine Nachbarn und meine Mitbürger. Ich segne sogar einen Raum, bevor ich ihn betrete, und ein Publikum, bevor ich auf die Bühne gehe. So spürt jeder, dem ich begegne, meine positiven Schwingungen und meine erbauliche Energie.

Aber ich sende auch die herzlichsten Wünsche an die Personen, die es eigentlich nicht verdienen. Die Nörgler, die Hetzer, die Nehmenden und diejenigen, die mir nicht wohlgesinnt sind.

Im Stillen sende ich Licht, Liebe und ein aufrichtiges Gebet denjenigen, die mir Kummer bereitet haben, denjenigen, die mir Unrecht getan haben, und auch denjenigen, die alles Menschenmögliche getan haben, um mir das Leben zu vergällen.

Dieser Segen macht mich stärker, verleiht mir mehr Weisheit. Wenn wir all dies jeden Morgen tun würden, wäre meiner Meinung nach unsere Erde ein besserer Ort.

114

Gier ist nicht Glück

Der Mann mit dem Privatjet kann nicht schlafen, bevor er drei weitere hat. Die Frau, die eine eigene Insel besitzt, gibt sich erst dann zufrieden, wenn sie auch alle umliegenden Inseln aufgekauft hat. Der Unternehmer, der eine Milliarde besitzt, braucht unbedingt zehn Milliarden. Wissen Sie, wie ich diese Leute nenne? Süchtige.

Wissen Sie, wie man jemanden bezeichnet, der bereits ein riesiges Vermögen hat, aber es nicht als solches erkennt? Gierig, gierig, gierig.

Man neigt dazu, die Menschen, die reich an materiellen Gütern sind, als glücklich zu bezeichnen.

Aber gierige Menschen sind niemals glücklich, egal wie ihr Leben nach außen hin aussieht. Für einen Außenstehenden hat es den Anschein, als fehle es ihnen an nichts, als führten sie ein märchenhaftes Leben.

Dabei sind die meisten in Wahrheit unglücklich. Warum, fragen Sie? Weil sie nie genug bekommen. Und sobald sie einen Gipfel erreicht haben, nehmen sie schon begierig den nächsten in Angriff. Es gelingt ihnen nie, die Früchte ihrer Mühen zu genießen. Es geht immer um den Wettbewerb, besser zu sein als andere. Sie tragen einen langwierigen Wettstreit aus, um alle zu übertrumpfen.

Das ist keine kluge, erfolgreiche oder friedliche Art zu leben. Bitte vermeiden Sie ein solches Leben um jeden Preis.

115

Legen Sie den Fokus auf Beziehungen und nicht auf Geschäfte

»Kümmern Sie sich um die Beziehung, und das Geld wird sich von selbst regeln«, lautet ein Mantra, das es verdient, zitiert (und betont) zu werden.

Bei vielen Geschäften handelt es sich um kurzfristige schnelle Geldvermehrung und nicht um einen langfristigen Vermögensaufbau.

Ein Start-up-Unternehmer, den ich betreue (er wurde in knapp zwölf Monaten zu einem sehr vermögenden Mann), berichtete, dass er vor Kurzem ein bekanntes Restaurant in einer bei Touristen beliebten Stadt besucht habe. Innerhalb von fünf Minuten drängte man ihn, seine Bestellung aufzugeben. Und dann wurde ihm innerhalb von weiteren zehn Minuten das Essen serviert, sodass der Tisch bald wieder frei war und ein weiterer Gast bedient werden konnte.

Natürlich wird dieser Mann dieses Restaurant für immer meiden. Stellen Sie sich vor, welche Einnahmen dem Restaurant zugeflossen wären, wenn mein Kunde, seine Familie und seine Freunde zu Stammgästen geworden wären. Über Monate, Jahre und Jahrzehnte wären dabei mehrere Zehntausend Dollar zusammenkommen, wenn nicht sogar mehr (er liebt teure Rotweine).

Der Unternehmer war erst kürzlich in diese Stadt gezogen und erklärte mir, wenn man ihn gut behandelt hätte, wäre er mehrmals wöchentlich in dem Lokal eingekehrt und hätte ein fürstliches Trinkgeld gegeben.

Alles war verloren, weil der Restaurantbesitzer mehr daran interessiert war, Umsatz zu machen, als gute Beziehungen zu den Gästen aufzubauen, die sich für einen Besuch in seinem Restaurant entschieden hatten. Er behandelte die Menschen wie eine Ware, statt das Knüpfen von persönlichen Beziehungen als Chance zu sehen (was ihn selbst und andere zufrieden machen und seinen Umsatz steigern würde).

Jeder Mensch trägt heutzutage eine unsichtbare Plakette, die ruft: »Hilf mir, mich wichtig zu fühlen.« In diesem von Maschinen bestimmten Zeitalter sehnen wir uns alle nach vielseitigen menschlichen Kontakten, nach einem Ort, an dem wir ein Zugehörigkeitsgefühl empfinden und einfach Freundlichkeit erfahren. Eine dem entsprechende Verhaltensweise ist gut für Ihr Einkommen und förderlich für Ihr Wohlbefinden.

116

Meine zehn wichtigsten Bücher über Wohlstand

Wenn mir ein milliardenschwerer Kunde seine Bibliothek zeigt (nach einem gemeinsamen Dinner werde ich häufig eingeladen, unsere Unterhaltung beim Kunden zu Hause fortzusetzen), fallen mir folgende zehn Bücher ins Auge (von denen der Kunde sagt, dass sie ihm beim Aufbau seines Wirtschaftsimperiums am nützlichsten gewesen seien):

- *As You Think* von James Allen
- *Think and Grow Rich* (deutsch: *Denke nach und werde reich*) von Napoleon Hill
- *How to Win Friends and Influence People* (deutsch: *Wie man Freunde gewinnt. Die Kunst, beliebt und einflussreich zu werden*) von Dale Carnegie
- *The Richest Man in Town* von Randall Jones
- *The Millionaire Fastlane* von MJ DeMarco
- *How to Attract Money* (deutsch: *Mit der Kraft Ihres Unterbewusstseins den Wohlstand anziehen*) von Joseph Murphy
- *The Ten Roads to Riches* von Ken Fisher
- *The Magic of Thinking Big (*deutsch: *Denken Sie groß. Erfolg durch großzügiges Denken)* von David Schwartz
- *How to Get Rich* von Felix Dennis
- *The Seven Spiritual Laws of Success* (deutsch: *Die sieben Schlüssel zum Glück*) von Deepak Chopra

Lesen Sie jedes einzelne dieser Bücher. Und behalten Sie immer im Hinterkopf: Die Führungspersönlichkeit, die am meisten lernt, hat Erfolg.

117

Helfen Sie Millionen, um Millionen zu verdienen

Einige Veränderungen werden den Geldfluss in Ihrem Leben enorm steigern:

- Wenn Sie Ihre Geschichte loslassen und sie dadurch neu schreiben.
- Wenn Sie von ständiger Unterhaltung zu dauerhafter Bildung
- übergehen.
- Wenn Sie von endloser Geschäftigkeit zu langsamer, fokussierter und ergiebiger Produktivität gelangen.
- Wenn Sie nicht zum Konkurrenzkampf mit anderen, sondern zum Wettstreit mit sich selbst antreten.

Wenn es jedoch um den Vermögensaufbau geht, sind nur wenige Veränderungen so effizient wie die, weniger zu verbrauchen und mehr zu schaffen. Bernard Arnault, einer der reichsten Männer der Welt, sagte einmal: »Geld ist lediglich eine Folgeerscheinung. Machen Sie sich keine Gedanken über Rentabilität. Machen Sie einen guten Job. Tragen Sie zur Verbesserung des Lebens anderer bei. Die Rentabilität stellt sich dann von selbst ein.«

Um es noch deutlicher auszudrücken: Jeder, der ein Imperium schafft, stellt Dinge her, die die meisten Menschen konsumieren. (Lesen Sie das bitte zweimal!)

Je größer das Problem ist, das Sie lösen, desto mehr Menschen helfen Sie damit. Und Sie wissen genau: Das Geld ist die Belohnung für die gelieferte Wertschöpfung und den damit verbundenen Zauber. Um eine Million zu schaffen, dienen Sie einer Million Menschen. Um Milliardär zu werden, helfen Sie einer Milliarde Menschen.

Und dafür müssen Sie Ihren Social-Media-Feed vernachlässigen und sich keine sinnlosen Videos mehr anschauen, sondern etwas Sinnvolles auf die Beine stellen.

Weniger Konsum. Kaufen Sie nicht alles, was Ihnen ins Auge fällt. Hören Sie damit auf, Ihre Wohnung und Schränke mit Dingen vollzustopfen, die Sie nicht unbedingt benötigen und nicht wirklich mögen. Erschaffen Sie stattdessen etwas, erbauen und generieren Sie etwas aus Ihrer Vorstellung, Ihrem angeborenen Talent heraus und verwirklichen Sie es mit Ihrem engagierten Arbeitseinsatz.

Aus diesem Grund können Sie sich dafür entscheiden, das Anwachsen Ihres Reichtums als ein spirituelles Streben anzusehen. Wenn Sie anderen Menschen mit meisterlichem Können, Einfallsreichtum und hervorragenden Leistungen dienen, bereichert das deren Leben und offenbart Ihnen Ihre verborgenen Talente und Gaben, reduziert die Probleme der Welt (durch Innovation) und vermittelt Ihnen ein erhebendes Gefühl von Bedeutung, während Sie finanzielle Freiheit erlangen.

Vielleicht sind folgende Worte von Steve Jobs ein guter Fingerzeig, um diesen Abschnitt über die fünfte Art des Reichtums abzuschließen. Er sagte: »Es ist für mich nicht wichtig, die reichste Person auf dem Friedhof zu sein. Für mich ist es aber wichtig, abends mit dem Gefühl zu Bett zu gehen, etwas Wundervolles geschaffen zu haben.«

Die sechste Art des Reichtums

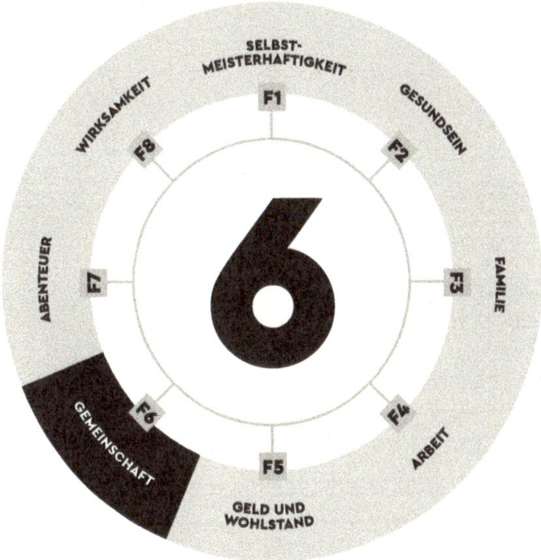

GEMEINSCHAFT

Die Grundregel: Sie sind Ihr soziales Netzwerk

»Gewöhnlich haben intelligente Menschen weniger Freunde als der Durchschnittsmensch. Je klüger ein Mensch ist, desto wählerischer wird er.«
Nikola Tesla

Die sechste Art des Reichtums

Gemeinschaft | Ein kurzer Überblick

Gemeinschaft bezeichnet für mich nicht nur Ihr Umfeld und die Gegend, in der Sie leben, einkaufen, essen und spazieren gehen. Ich verwende den Begriff in dem Abschnitt, den wir jetzt gemeinsam unter die Lupe nehmen werden, um Ihren weiteren Bekanntenkreis und die Familie zu beschreiben, die für ein sinnvolles, fröhliches und erfülltes Leben unerlässlich sind.

Das geflügelte Wort »Ihr Netzwerk bestimmt Ihr Kapital« muss ergänzt werden durch den Aspekt, dass Ihre Gemeinschaft und Ihre Verbindungen auch Ihren *Selbstwert* erhöhen. Je mehr gute und großartige Menschen Sie in Ihrem persönlichen Umfeld haben, desto wohler fühlen Sie sich in Ihrer Haut – und bei allem, was Sie in Ihrem Leben tun, haben und werden können.

Wenn Sie in die Währung eines außergewöhnlich guten sozialen Umfelds investieren, werden Sie vielfach belohnt. Sie werden durch die guten Beispiele anderer Menschen angespornt. Sie werden immer eine großartige Gruppe von Menschen um sich haben, die Sie unterstützen, ermutigen und die sich für Sie einsetzen. Sie werden immer Hilfe haben, wenn Sie diese benötigen, und eine Gruppe von Menschen, auf die Sie sich verlassen können, wenn Sie es am wenigsten erwarten. Türen, die verschlossen waren, werden sich für Sie öffnen (weil Ihre Freunde und Verbündeten ebenfalls Freunde und Verbündete haben). Chancen tun sich auf, wenn andere Menschen Sie in ihr Netz vertrauenswürdiger Personen mit einbeziehen. Die emotionale Verbindung mit großartigen Menschen wird Ihre Tage viel glücklicher, gesünder, befriedigender gestalten – und weitaus bunter.

Ein einziges Gespräch mit einer inspirierenden, klugen oder mitfühlenden Person genügt, um Ihre Weltsicht zu verändern und Ihre Präsenz in der Welt neu zu ordnen. Wählen Sie also die Menschen in Ihrem sozialen Netzwerk gut aus. Das ist eine wesentliche Art des Reichtums, von der Ihr erfülltes Leben abhängt.

118

WÄHLEN SIE SICH EIN STRAHLENDERES UMFELD

Wenn Sie die vorwitzigste, die euphorischste und die glücklichste Person in Ihrer Straße sind, wird es vielleicht Zeit, umzuziehen. Wenn Sie die klügste Person sind, die Sie kennen, wird es vielleicht Zeit, neue Bekanntschaften zu machen. Wenn Sie die visionärste und kreativste Person in Ihrem Bekanntenkreis sind, wird es vielleicht Zeit, Ihr Umfeld zu wechseln. Und wenn Sie die klügste, mutigste und freundlichste Person in Ihrer gesamten Nachbarschaft sind, dann wird es wirklich Zeit, in eine neue Gegend zu ziehen.

Ich will damit nur sagen: »Ihr Spiel wird immer besser, wenn Sie mit besseren Spielern zusammenspielen, nicht wahr?«

Einer meiner Lieblingsfilme ist *Burnt* (deutsch: *Im Rausch der Sterne*). Er handelt von einem »Bad Boy«, einem Zwei-Sterne-Koch, der gegen seine persönlichen Dämonen ankämpft, von einem Mann, der einst der Favorit der Pariser Restaurants war, sich aber wegen seiner Drogensucht gezwungen sah, sich an einen abgeschiedenen Ort zurückzuziehen, wo er als eine Form von Buße eine Million Austern ausschlachtet.

In einer Szene steht der Superstar der Kochkunst in der Küche seines Erzrivalen, der in einem Augenblick der Schwäche zugibt: »Du bist besser als ich, und deshalb bist du der Beste. Wir Übrigen brauchen dich, damit du uns zu einem Niveau verhilfst, das wir sonst nie erreichen würden.«

Um *wahres* Glück zu erleben, müssen Sie sich unbedingt mit *großartigen* Menschen umgeben. Schließen Sie Freundschaft mit Menschen, die in größeren Dimensionen denken, leben und lieben als Sie. Mit Menschen, die Sie an Orte führen, die Sie selbst nie aufsuchen würden. Und die Sie auf ein Level heben werden, das Sie allein nie erreichen würden.

119

Leben Sie das Leben Ihres Helden

Ich stelle den Führungskräften, mit denen ich arbeite, mit Vorliebe diese Frage, um ihre Beziehungen zu verbessern und zu verfeinern: »Wessen Leben würden Sie gerne führen – sofern Sie die Wahl hätten?«

Die Antwort bringt immer ihr ideales soziales Netzwerk und ihren persönlichen Lebensstil zum Vorschein.

Halten Sie einen Augenblick inne und beantworten Sie sich diese Frage selbst. Wären Sie gerne einen Tag lang Rosa Parks oder eine Woche lang Rembrandt? Oder einen Monat lang Alexander der Große oder ein Jahr lang Johanna von Orléans?

Vielleicht würden Sie gerne in die Haut von Martin Luther King Jr. oder John F. Kennedy, Mandela oder Mahatma Gandhi schlüpfen? Vielleicht könnte Sie die Vorstellung begeistern, den Rest Ihres Lebens wie Rockefeller oder Sam Walton, Michelangelo oder Harper Lee, die Popstars Prince oder Lady Gaga zu verbringen?

Ich weiß nicht, wovon Sie träumen würden, wenn Sie und ich auf der Terrasse meines Bauernhauses in der Toskana in der Sonne säßen und uns über Ihre Zukunft unterhielten. Aber das eine weiß ich genau: Ihr Denken ist tatsächlich eine sich selbst erfüllende Prophezeiung. Und Sie werden nie ein Ergebnis erzielen, das Sie noch nicht einmal in Betracht gezogen haben.

120

TUN SIE, WAS SIE ANKÜNDIGEN

Eine Kurzbotschaft an Sie: Wenn Sie jemandem, egal wem, in Ihrer Gemeinschaft ankündigen, dass Sie etwas tun werden, dann tun Sie es auch. So einfach ist das. So werden Sie für jeden, mit dem Sie zu tun haben, verlässlich, glaubwürdig und unvergesslich werden. Sie werden sich von den anderen abheben, statt sich anzupassen wie ein Rädchen im Getriebe oder ein Mitläufer.

- Sagen Sie, dass Sie mit einem potenziellen Arbeitgeber in Kontakt treten möchten, und tun Sie es genau zu dem Zeitpunkt, zu dem Sie es versprochen haben.
- Sagen Sie einem Freund, dass Sie ihn zum Geburtstag zum Essen einladen. Reservieren Sie dann einen Platz im Restaurant und gehen Sie mit ihm dorthin.
- Sagen Sie Ihrem Partner oder Ihrem Kind, dass Sie an einem bestimmten Abend etwas Besonderes mit ihm unternehmen werden. Planen Sie dann diese Unternehmung sorgfältig, legen Sie den Termin fest (denn was zeitlich festgelegt wird, das wird auch tatsächlich erledigt) und gehen Sie dann auch wirklich dorthin.

Ja, werden Sie ein Großmeister darin, Dinge umzusetzen, und ein Zauberer darin, Ihr Wort zu halten.

Nur allzu häufig halten sich die Menschen nicht an ihre Versprechen. Es ist verständlich, dass Sie sich bei einer Fülle von Verpflichtungen überfordert fühlen und Ihre Zusagen nicht einhalten können. Darf ich Ihnen also vorschlagen, es sich zur täglichen Gewohnheit zu machen, nicht zu viel zu versprechen? Versprechen Sie stattdessen lieber weniger. Und liefern Sie dann mehr. Gegenüber jeder Person, die Sie das Glück haben, in Ihrem Umfeld zu wissen.

121

Schliessen Sie ein Mastermind-Bündnis

Eine der Methoden, die mir erstaunlich hilfreich waren, ist das Mastermind-Bündnis. Dabei handelt es sich um eine Gruppe von zwei oder mehreren Personen, die sich regelmäßig treffen, um sich über ihre Fortschritte bei wichtigen Projekten auf den neuesten Stand zu bringen, sich gegenseitig zum Weitermachen anzuspornen, Lösungen für schwierige Probleme zu finden und an interessanten Gesprächen teilzunehmen, die ihr Leben reicher machen.

Jahrelang habe ich mich immer freitags um sechs Uhr morgens mit meinem Mastermind-Partner in einem Café getroffen, wo wir etwa zwei Stunden zusammensaßen. Manchmal brachten wir unsere Lieblingsbücher mit, um sie dem anderen zu schenken, oder wir teilten verschriftlichte Pläne miteinander, mit unseren Vorhaben, wie wir Neues lernen, fitter werden, neue kreative Projekte in Angriff nehmen oder neue spirituelle Wege gehen könnten.

Während unserer Sitzungen wurde gelacht, es wurden Geschichten erzählt, und wenn wir eine schwierige Lebensphase durchliefen, wurde auch geweint. Ich fing an, diese Meetings mit meinem Mastermind-Partner am Freitagmorgen als liebe Gewohnheit zu sehen (später wechselten wir vom Café in einen Wald, wo wir die Waldwege entlangschlenderten und uns unterhielten). Mir gefiel es, was ich lernte, und ich bin dankbar für den Ansporn, den ich erhielt. Ich erinnere mich noch genau daran, wie gut ich mich fühlte, wie es ich genoss, mit einer verwandten Seele zu sprechen, die die Welt zufällig genauso sah wie ich.

Bauen Sie sich auch ein Mastermind-Bündnis auf. In einem Jahr würden Sie sich wünschen, Sie hätten schon heute damit begonnen. Warum also zögern Sie?

122

Stephen Kings Regel über verlorene Briefe

Dankesbriefe, die Aufrichtigkeit und Wertschätzung bekunden, haben das Potenzial, die Welt zu verändern. Und das meine ich ernst.

Ich verfasse ständig Dankesbriefe. Auf edlem Briefpapier. Mit Tinte geschrieben. Für manche benötige ich eine halbe Stunde, weil ich so intensiv nachdenke. Dabei erinnere ich mich an einen Firmenchef, der es sich zur Gewohnheit machte, jedes Jahr im Dezember fünftausend Weihnachtskarten zu versenden. Um das zu schaffen, begann er bereits im Juni damit. Die Menschen konnten spüren, wie sehr er sie schätzte. Dieser Mann ist einer der reichsten Männer, die ich kenne, sowohl in finanzieller und gesellschaftlicher Hinsicht als auch charakterlich und geistig.

Ich habe mir ein Laufband zugelegt, um zu Hause zu trainieren. Es funktioniert unglaublich gut. Also schrieb ich dem Chef der Firma, die es herstellte, einen Brief. Ich wollte ihm dafür danken, dass er mir hilft, fit zu bleiben und gut zu laufen. Und dafür, dass er ein so großartiges Produkt auf den Markt gebracht hat.

Vor ein paar Wochen habe ich in einem besonderen Restaurant gegessen. Es war ein einfaches Lokal, in dem Erzeugnisse aus der Region über dem Feuer zubereitet wurden. Es war traumhaft! Ich war so begeistert, dass ich dem Chefkoch einen Dankesbrief schickte, ihm dafür dankte, dass er mein Leben durch sein köstliches Essen verschönert hatte.

Zurzeit lese ich *The Stories of My Life,* die Memoiren des Bestsellerautors James Patterson. In dem Kapitel mit der Überschrift »Die Ermordung von Stephen King« berichtet Patterson, dass er einmal eine Kurzgeschichte mit diesem Titel geschrieben hatte. Kings Freunde rieten ihm: »Veröffentliche sie nicht.« Sie befürchteten, es würde Kings Sicherheit gefährden. (Kings Ehefrau Tabitha war nämlich einmal mit einem Einbrecher konfrontiert gewesen, der in ihr Haus eingedrungen war.)

Patterson befolgte den Rat. Sein Verlag Little, Brown and Company zog die *gesamte Auflage* zurück. Der Autor fügte hinzu: »Niemand hat sich je dafür bedankt. Ich vermute, es fällt ihm schwer, sich zu bedanken.«

Schreiben Sie Dankesbriefe an Menschen, die Gutes getan haben, um ihnen Ihre Dankbarkeit zu zeigen. Um deren Leben schöner und Ihres reicher zu machen.

123

Das Karma ist nicht mystisch, sondern praktisch

Die Redensart »Lass das Karma deine Drecksarbeit machen und lass den Erfolg deine Rache sein« ist machtvoll und praktisch zugleich. (Nicht, dass ich im Geringsten an Rache interessiert wäre! Rache ist eine völlige Vergeudung von Aufmerksamkeit, Energie und Zeit.)

Ich lebe schon lange genug auf dieser Erde, um zu wissen, dass Menschen, die Gutes tun, auch selbst Gutes widerfährt. Und denjenigen, die andere schlecht behandeln, wird es letztlich nicht besonders gut ergehen. (Übrigens wird sich jeder Mensch, der Ihnen Schmerzen zugefügt hat, früher oder später schämen, peinlich berührt oder betrübt darüber sein, was er Ihnen angetan hat – das dürfen Sie mir glauben.)

Wie dem auch sei: Das Universum verfügt über ein wohlgeordnetes Buchhaltungssystem. Seien Sie also immer fair, seien Sie ehrlich und behandeln Sie jeden Menschen in Ihrem sozialen Umfeld mit der Achtung, die er verdient. Zeigen Sie sich anständig und großzügig und Sie werden genauso behandelt werden. Sie erfahren nur dann Achtung, wenn Sie selbst der anderen Person ebenso Respekt erweisen, nicht wahr?

Praktische (und einfache) Möglichkeiten, die wunderbaren Wirkungen des Karmas für sich zu nutzen und somit den Reichtum einer Gemeinschaft in Ihr Leben zu integrieren, sind folgende:

- Geben Sie dem Reinigungspersonal in Hotels großzügig Trinkgeld. Diese Menschen haben meist Kinder zu Hause und ihre Arbeit ist nicht einfach.
- Stellen Sie Ihr Tablett, wenn Sie im Einkaufszentrum etwas essen, an der vorgesehenen Stelle ab und machen Sie es zuvor sauber.

- Wenn Sie bei einem Spaziergang in der freien Natur Abfall entdecken, heben Sie ihn auf. Verpassen Sie nie die Chance, persönliche Führungsqualität und ein ungewöhnliches Maß an Integrität zu zeigen.
- Geben Sie alles, was Sie entliehen haben (ob ein Buch, einen Pullover, Geld oder auch einen Gefallen, den Ihnen jemand erwiesen hat), zurück. Ihr guter Ruf ist unbezahlbar.
- Wenn Sie Ihr Auto auf einem öffentlichen Parkplatz abstellen, parken Sie es so, dass auch noch andere Autofahrer daneben parken können (ich beobachte heutzutage immer wieder, dass viele Autofahrer zwei oder drei Plätze in Anspruch nehmen).
- Entschuldigen Sie sich als Erster, wenn Sie einen Fehler gemacht haben. Es ist besser, in Beziehungen glücklich zu sein, als ständig recht zu haben.

Ja, behandeln Sie die Menschen so, wie Sie auch von ihnen behandelt werden wollen. »Wir haben uns die Goldenen Regel ins Gedächtnis geprägt. Lasst sie uns jetzt auch dem Leben einprägen«, schrieb der amerikanische Dichter Edwin Markham. Wenn Sie das tun – und zwar mit der Konsequenz, die die Mutter der Meisterhaftigkeit ist –, wird das Gold eines tiefen, ausgedehnten und wunderbaren Beziehungsnetzwerkes funkeln wie eine Sternschnuppe in der hellsten Sommernacht.

124

Bedenken Sie das Gesetz über das Verschwinden geliebter Menschen

Ein Geständnis: Ich liebe nicht nur meine Familienmitglieder, sondern auch meine engen Freunde, die fantastischen Menschen in meinem Team, die Kunden, die mich als Coach engagieren, die Firmen, die mich für Keynote-Präsentationen buchen, und die Leser, die es mir seit über einem Vierteljahrhundert ermöglichen, Bücher zu schreiben.

Ich arbeite nach einer Regel, die mir so nützlich war, dass ich Sie einlade, sie ebenfalls anzuwenden: *Behandle jeden, dem du begegnest, als würdest du ihn nie mehr wiedersehen.* Es geschehen Unfälle, Menschen erleiden Verluste, auch unerwartete Ereignisse treten ein. All das gehört zum Leben.

Wenn Sie mit Menschen zusammen sind, die Sie lieben (oder mögen), seien Sie präsent, authentisch und höchst lebendig – legen Sie das Handy beiseite. Schauen Sie nicht auf digitale Geräte, wenn Sie jemanden vor sich haben, denn das ist unhöflich. Menschen sterben, wenn sie am wenigsten damit rechnen. Oder weniger dramatisch ausgedrückt, Kollegen wechseln die Firma, Lebenspartner werden alt und Kinder erwachsen. Die meisten von uns halten es für selbstverständlich, dass unsere Lieben immer bei uns sind – bis wir sie verlieren.

Dazu möchte ich Ihnen eine Geschichte erzählen. Ein besonderer Mann mit einem klugen Kopf, einem starken Charakter und einem großen Herzen fuhr mich zu einem Ferienhaus in einer Gegend, die ich besonders inspirierend fürs Schreiben fand. Als ich kürzlich erneut dort war, begrüßte mich eine fremde Person.

Ich erkundigte mich nach meinem Freund. »Er kann Sie nicht empfangen«, sagte die fremde Person, hielt einen langen Augenblick inne und fuhr dann fort: »Er ist vor ein paar Monaten gestorben. Er fiel eines

Tages beim Angeln plötzlich um und war sofort tot. Wir sind noch alle erschüttert. Er war erst siebenunddreißig Jahre alt.«

Vergessen Sie nie, dass sich das Leben auf einen Schlag ändern kann und Menschen plötzlich nicht mehr da sind. Um Ihre Gemeinschaft zu bereichern und Ihre Lebenszeit kostbar zu machen, sollten Sie jedes Mitglied der Gemeinschaft möglichst gut behandeln. Irgendwann in der Zukunft werden Sie froh sein, dass Sie es getan haben.

125

Warum jemanden zum Feind haben, wenn man ihn auch zum Freund haben kann?

Neulich konnte ich nachts nach einem Flug nach Delhi nicht schlafen und habe mir daher den Film *King Arthur* angesehen. Dabei habe ich eine wichtige Lektion gelernt, die ich Ihnen heute vermitteln möchte.

Es geht im Grunde genommen um Folgendes: *Warum soll ich jemanden zum Feind haben, wenn ich ihn auch zum Freund haben kann?*

Während ich Ihnen dies schreibe, halte ich mich in London auf – in einem hellen, sehr eigenwillig gestalteten Hotelzimmer. Gestern habe ich die Tate Modern besucht (eine meiner absoluten Lieblingsgalerien), schlenderte anschließend stundenlang die Themse entlang und habe dann mit einem alten Freund (in Wirklichkeit ist er gar nicht alt) gut gespeist.

Im Leben und im Job passiert immer einiges, nicht wahr? Es kommt zu Konflikten, Menschen tun schlimme Dinge. Dinge, die Ihnen letztlich Schmerz und Kummer zufügen.

Meine erste Empfehlung an Sie: Vergeben Sie den anderen. Ihr Verhalten in jenem Augenblick war für sie stimmig. Hätten sie ein höheres Bewusstsein gehabt, hätten sie sich besser verhalten. Verzeihen Sie ihnen also. Doch denken Sie daran: Auch wenn Sie jemandem sein schlechtes Benehmen verzeihen, bedeutet das nicht, dass Sie es vergessen.

Fehlverhalten zu verzeihen, bedeutet nicht, eine Verhaltensweise zu billigen. Es bedeutet lediglich, dass Sie verstehen, dass die anderen das nach ihrem Wissen Beste getan haben. Und Sie sind daher fähig, es loszulassen und Ihr kostbares Leben fortzuführen. Denn das Leben ist da, um gelebt zu werden.

Meine zweite Empfehlung: Sie müssen *sich selbst* vergeben. Sie sind ein Mensch, und wenn Sie sich darüber den Kopf zerbrechen, was die andere Person getan hat, wenn Sie frustriert, betrübt, enttäuscht oder wütend sind, ist das völlig in Ordnung. Und normal. Wesentlich ist, dass Sie diese Gefühle spüren, damit Sie sie loslassen können und kein Sammler von Ungerechtigkeiten werden, der jahrelang Groll und Verbitterung mit sich herumträgt, die jede Energie, Kreativität, Produktivität und jedes Glück blockieren.

Worauf will ich hier eigentlich hinaus? Gewöhnen Sie sich nicht an, sich Feinde zu machen, und brechen Sie auf keinen Fall Brücken hinter sich ab.

Ich bin immer wieder erstaunt, wie viele Menschen unklug, emotional und reaktiv handeln, eine Brücke hinter sich abbrechen, statt eine Lösung zu suchen, wenn etwas nicht wunschgemäß läuft. Doch wenn jemand Sie enttäuscht hat, dann nutzen Sie jede Chance (oder zumindest die meisten), einen neuen Freund zu gewinnen. Eine faszinierende Möglichkeit, Ihr Leben zu verbessern, nicht wahr?

Selbst ein einziger Feind ist einer zu viel. In all den Jahren meiner Erdenwanderung habe ich nur drei wirklich böse Menschen getroffen (Menschen, die ich nie wieder in mein Leben lassen würde). Es sind wirklich nur drei.

Die meisten Menschen versuchen lediglich, zu überleben. Verletzte Menschen verletzen andere. Menschen, die Schmerzen erleiden, tun selbst schmerzhafte Dinge. Seien Sie der klügere Mensch. Geben Sie den anderen eine zweite Chance und beobachten Sie, was sie tun. Gewöhnlich werden sie Sie überraschen. Und wenn nicht, können Sie dennoch ihr Freund sein, aus der Ferne.

126

Schenken Sie grosszügig

Ich muss Ihnen ein Geheimnis verraten: Eine meiner Lieblingsbeschäftigungen ist es, Menschen zu beschenken. Ich mag das! Eine der größten Freuden in meinem Leben besteht darin, großzügig und fürsorglich zu sein und den Menschen Freude zu bereiten. Auch wenn meine Geschenke nicht mit der Hoffnung auf ein Gegengeschenk verbunden sind, stellte ich fest, dass Großzügigkeit eine Art Saatgut ist. Wenn Sie sich darauf einlassen, regelmäßig zu schenken, werden Sie die erstaunlichsten Belohnungen erhalten.

Als ich etwa sechs oder sieben Jahre alt war, war ich begeistert von der Fernsehsendung *Mr. Dressup*. Die Sendung lief fast dreißig Jahre lang und wurde von der bekannten Kinderserie *Mister Rogers' Neighborhood* inspiriert.

Mr. Dressup (gespielt von dem Schauspieler Ernie Coombs) hatte zwei beste Freunde: eine Handpuppe namens Casey und einen Welpen namens Finnegan, der, wenn ich es mir recht überlege, ein bisschen meinem Hund SuperChum ähnelt.

Als die Puppenspielerin, die Casey und Finnegan spielte, beschloss, die Sendung zu verlassen – sie befürchtete, dass das Kinderfernsehen zu kommerziell würde –, erklärte Mr. Dressup seinen Zuschauern, seine beiden Freunde seien nicht mehr in der Sendung zu sehen, weil sie jetzt in den Kindergarten gingen.

Und am letzten Sendetag sagte er all den Kindern, die die Serie liebten, nicht direkt, dass heute die letzte Episode lief. Stattdessen wandelte er seine übliche Verabschiedung ab: »Wir beenden jede Show mit den Worten: ›Wir müssen jetzt gehen. Bis bald!‹ Dieses letzte Mal ist es eine Lüge.«

Als ich noch ein Junge war, kritzelte ich eines Tages einen langen, herzlichen Brief an Mr. Dressup und teilte ihm mit, wie viel er, Casey und Finnigan mir bedeuteten. Und wissen Sie was? Eine Woche später lag eine Postkarte mit einem Foto der drei in meinem Briefkasten. Auf der Rückseite standen herzliche Worte von dem Mentor, der mir als kleinem Kind so viel über das Leben beigebracht hatte.

Über fünfzig Jahre nach Erhalt dieses Geschenks – von einem Menschen, der sich die Zeit genommen hatte, einem kleinen Kind ein paar freundliche Zeilen zu schreiben – erinnere ich mich immer noch an diese Postkarte und an die Geste von Mr. Coombs.

- Wenn ich eine interessante Unterhaltung mit einem Taxifahrer habe, bitte ich ihn, seinen Namen und seine Adresse auf einen Zettel zu schreiben. Und dann mache ich *auf der Stelle* (damit ich es ja nicht vergesse) mit meinem Handy ein Foto davon, schicke es an meine zuverlässige Assistentin Angela und beauftrage sie, dem Taxifahrer eines meiner Bücher zu schicken.
- Wenn ich in einem Café ein anregendes Gespräch mit dem Barista hatte, suche ich danach oft eine nahe gelegene Buchhandlung auf und kaufe eines meiner Lieblingsbücher – zum Beispiel die *Selbstbetrachtungen* des römischen Kaisers Mark Aurel, *Der Baum, der sich nicht lumpen ließ* von Shel Silverstein oder *Der Fänger im Roggen* von J. D. Salinger. Dann kehre ich zurück, um dem Barista das Buch zu schenken (mit einer netten Widmung).
- Wenn ich den Portier eines Hotels, in dem ich abgestiegen bin (was häufig der Fall ist), um etwas bitten möchte, suche ich vorher eine Weinhandlung und bringe ihm eine gute Flasche Wein mit, sodass er sie mit seiner Familie genießen kann.
- Wenn mich eine Verkäuferin oder ein Verkäufer in einem Geschäft sehr zuvorkommend bedient, sehr aufmerksam ist, besorge ich eine Tüte mit Süßigkeiten und schenke sie ihm beziehungsweise ihr. (Ein klein wenig davon behalte ich für mich.)

Der französische Quäker und Missionar Etienne de Grellet formulierte es wie folgt: »Ich werde nur einmal auf dieser Welt sein. Alles Gute, das ich tun kann, oder jede Freundlichkeit, die ich einem Mitmenschen erweisen kann, sollte ich jetzt tun, sollte es nicht aufschieben oder ignorieren, denn ich werde nicht noch einmal auf die Welt kommen.« Wunderbar.

127

Steigern Sie Ihr Charisma

Ich habe gerade in der Zeitung von Bankenzusammenbrüchen, anhaltenden Protesten auf den Straßen und einem Erdbeben gelesen, das viele wertvolle Menschenleben kostete. Die Unbeständigkeit in unserer Welt bereitet mir Sorgen. Aber ich weiß auch, dass gerade in den schwierigsten Zeiten echte Helden in Erscheinung treten (also seien Sie einer!). Christopher Morley meinte: »Sie können entweder die Dunkelheit verfluchen oder eine Kerze anzünden.«

Ihre Leidenschaft ist ansteckend und Ihre persönliche Energie kann magnetisch wirken, wenn Sie das Richtige tun. Bitte denken Sie daran, dass Sie mehr Zauber in sich haben, als Sie zurzeit spüren. Ich nenne Ihnen hier sieben Möglichkeiten, Ihr Charisma zu steigern, damit Sie mehr Inspiration in die Welt bringen (und ein noch besseres soziales Netzwerk entwickeln):

Nennen Sie die Menschen bei ihrem Namen. Dies ist eine stark unterschätzte Möglichkeit, mit jemandem, zu dem Sie eine Verbindung herstellen wollen, eine echte Beziehung aufzubauen. Es ist psychologisch erwiesen, dass sich Menschen bei der Nennung ihres Namens wohlfühlen. Dadurch fühlen sie sich wahrgenommen, geschätzt und als etwas Besonderes.

Seien Sie pünktlich. Es ist besser, eine Stunde zu früh zu kommen als eine Minute zu spät. Das Ritual der Pünktlichkeit übermittelt der anderen Person das Signal, dass sie respektiert wird. Wenn Sie pünktlich sind, zeigen Sie, dass Sie die Zeit der Person, mit der Sie sich treffen, respektieren und dass Sie kein flatterhafter Typ sind.

Zeigen Sie gute Manieren. Es ist sehr inspirierend, eine dieser seltenen Führungspersönlichkeiten zu beobachten, die vollendete Manieren an den Tag legt. Dadurch hebt sie sich von der Masse ab, bei der mangelnde Höflichkeit so alltäglich ist wie die Luft zum Atmen.

Lächeln Sie von Herzen. Ein menschliches Lächeln ist ein absoluter Verbindungskatalysator. Und ein Vertrauensaktivator. Egal wohin Sie reisen, selbst wenn Sie die Sprache des Landes nicht beherrschen, können Sie Freundschaften schließen und Menschen aufrichtig für sich einnehmen, indem Sie ihnen ohne Falschheit zulächeln. Tun Sie es öfter. Mit etwas Übung entwickeln Sie sich zu Ihrem eigenen Meister des Lächelns.

Seien Sie mehr interessiert als interessant. Ich wiederhole dies, um es hervorzuheben: Wenn Sie so unsicher sind, dass Ihr Hauptbestreben darin besteht, die Aufmerksamkeit auf sich zu ziehen, werden Sie niemals Ihr natürliches Charisma voll zur Geltung bringen und den Menschen nie mehr Wohlbefinden vermitteln, als sie bereits vorher besaßen. Seien Sie in einer Welt der lauten Redner ein stiller Anführer. Werden Sie in einer Zeit schillernder Influencer der großzügigste Mensch, den Sie kennen. Ich weiß, es erscheint widersprüchlich, aber je mehr Sie den Fokus auf andere lenken, desto mehr Aufmerksamkeit wird Ihnen zuteilwerden.

Seien Sie verletzlich. Der Philosoph Marshall McLuhan stellte einmal fest: »Was am persönlichsten ist, das ist am universellsten.« Wenn Sie Ihre Narben offenlegen und von Ihren Kämpfen berichten, beginnen die Menschen an Sie zu glauben. Sie treten in Beziehung zu Ihnen. Sie erlauben es Ihnen, echt zu sein. Und daraus entstehen tiefe Bindungen.

Seien Sie ein Original. Steve Jobs' Rollkragenpullover. Anna Wintours große Sonnenbrille. Niki Laudas rotes Baseballcap. Warren Buffetts Hamburger. Mahatma Gandhis Lendenschurz. Das sind alles Beispiele für Accessoires von außergewöhnlichen Persönlichkeiten, die wirklich auffallen. Wenn Sie authentisch und ehrlich sind, sich auf eine Art und Weise kleiden oder verhalten, die sich von der Menge abhebt, aber ganz Ihnen selbst entspricht, steigert dies Ihr Charisma erheblich – und macht Sie in Ihrem Bereich unvergesslich.

Beim Thema Originalität fällt mir eine Geschichte ein, die sich bei einer Teeparty zu Ehren von König Georg V. im Buckingham-Palast zugetragen hat. Ein Reporter fragte, als er Mahatma Gandhi in Lendenschurz und Sandalen sah: »Mr. Gandhi, glauben Sie, dass Sie für das Treffen mit dem König angemessen gekleidet sind?«

Der berühmte Mann erwiderte schlagfertig: »Machen Sie sich keine Sorgen um meine Kleidung. Die Kleidung des Königs reicht für zwei.«

Elle und ich sind auf dem Weg ins Dorf, um ein ausgedehntes Mittagessen mit Burrata und Pasta zu genießen. Ich sollte also mit meiner Botschaft zum Ende kommen. Danke, dass Sie so offen für alles sind, was ich Ihnen anbiete. Ich glaube wirklich, dass Sie etwas Besonderes sind. Ciao.

128

Sprechen Sie persönlich mit den Menschen

In einer Zeit, in der wir ständig online miteinander kommunizieren, empfehle ich dringend, dass Sie jede Gelegenheit für den persönlichen Kontakt mit den Menschen nutzen.

Ich finde es faszinierend, dass wir noch nie so viele Möglichkeiten hatten, virtuell miteinander verbunden zu sein, während es gleichzeitig noch nie so viele einsame Menschen unter uns gab. Es ist nicht ungewöhnlich, ein paar Hundert Cyber-Freunde zu haben, aber weitaus ungewöhnlicher, drei Freunde zu haben, mit denen man sich regelmäßig zum Tee oder Kaffee trifft.

Ich hörte von einer Frau, die regelmäßig zehnstündige Flüge für ein Sechzig-Minuten-Treffen unternahm. »Beziehungen werden geknüpft, indem man gemeinsam das Brot bricht und sich persönlich trifft«, bemerkte sie.

In Italien heißt es: »Wir sind keine Freunde, bevor wir nicht zusammen gegessen haben.« Sehr weise, nicht?

Zauber entsteht häufig, wenn wir zusammenkommen, uns die Hände schütteln und in die Augen sehen, die Chemie zwischen uns spüren und gewissermaßen eine Einheit bilden, deren Zusammenwirken besondere Ergebnisse hervorbringt.

Legen Sie also Ihr Handy zur Seite, gehen Sie offline, schlüpfen Sie in Ihren Mantel und gehen Sie spazieren. Sprechen Sie persönlich mit den Menschen.

129

MAN WEISS NIE, WAS AUS JEMANDEM WERDEN WIRD

Ich bin zurzeit in Baku in Aserbaidschan und arbeite gerade an diesem Abschnitt des Buches. Ich schreibe in meinem Hotelzimmer. Der Hoteldirektor hat mir eine Notiz neben einer Obstschale hinterlassen, die ich bei meiner Ankunft entgegennehmen sollte.

Die Botschaft war geheimnisvoll. Sie lautete: »Wir haben uns vor zwanzig Jahren kennengelernt. Ich werde Ihnen bei unserem Treffen davon erzählen. Ihr Fan, Bob.«

Ich habe den Mann umgehend angerufen. Ich war neugierig zu erfahren, worauf er sich bezog. Er war sehr herzlich am Telefon. Sehr höflich. Und er lud mich zum Tee ein.

Als wir uns im eleganten Frühstücksraum des Hotels unterhielten, erzählte er mir, dass er seinen ersten Job im Bankettservice eines kleinen Hotels in einer winzigen Stadt absolviert hatte. Als ich meine Laufbahn als Redner begann, hielt ich dort meine Workshops ab (zu meinem ersten kamen dreiundzwanzig Personen, davon waren einundzwanzig Familienmitglieder). Das Personal organisierte einen Fernseher, auf dem ich meine Präsentation zeigen konnte (ja, einen Fernseher!). Es war dilettantisch, Anfängerniveau. Aber es war mein Start, also musste ich ihn feiern.

Bob legte sich ins Zeug, erledigte seine Arbeit außerordentlich gut und arbeitete sich zum Bankettmanager hoch. Beim gemeinsamen Tee erklärte er mir, dass er sich, obwohl er zum Management gehörte, sehr dafür interessierte, wie meine Workshops liefen, und dass er es war, der vor zwanzig Jahren den Fernseher in den Raum geschoben hatte.

Und nun stand er hier vor mir. Der Direktor des superstylischen und unvergleichlichen Four Seasons Hotels in Baku. Seine Kleidung war tadellos und er war eine Stütze der Gemeinschaft.

Ich habe seine großzügige Notiz aufgehoben, sie in mein Tagebuch gesteckt. Sie sollte mich daran erinnern, welche Kraft menschliche Beziehungen in einer digitalen Welt besitzen. Ich war froh, jemanden getroffen zu haben, dem bewusst ist, wie bedeutsam kleine Gesten der Verbundenheit und der Fürsorge sein können. Danke, lieber Bob. Ich werde mich immer liebevoll an Sie erinnern.

Seine Geste inspirierte mich dazu, vier Briefe auf dem Briefpapier zu schreiben, das gute Hotels wie dieses noch immer zur Verfügung stellen. Einen Brief richtete ich an meine Eltern, um ihnen für ihre Fürsorge und all die erstaunlichen Dinge zu danken, die sie im Lauf meines Lebens für mich getan haben (danke, Mom und Dad, dass es mich gibt). Den zweiten Brief adressierte ich an Elle, um ihr für ihre grenzenlose Liebe und ihre unermüdliche Unterstützung in allen Situationen Dank zu sagen. Zwei Briefe schrieb ich an meine geliebten Kinder, die mir so viel Freude machen.

Vielleicht ist noch wichtiger, dass Bobs Notiz mich daran erinnerte, jede Person, der ich begegne, mit größtem Respekt, ausnehmender Höflichkeit und Freundlichkeit zu behandeln. Diese Art und Weise, Ihren weiteren Lebensweg zurückzulegen, ist nicht nur gut für Ihr Gewissen und förderlich für Ihr Glück, sondern kann auch Ihr soziales Umfeld positiv beeinflussen, denn Sie wissen ja nie, was aus jemandem einmal werden wird.

130

Wünschen Sie den Menschen einen schönen Tag

In der Überschrift dieses Kapitels spiegelt sich ein Grundgedanke wider, der aber im Alltag nicht so häufig zu finden ist: Menschen einen schönen Tag zu wünschen.

Heute Morgen hielt ich nach einem Besuch im Fitnessstudio an einem Geschäft an und kaufte eine Flasche Wasser und einen Beeren-Hibiskus-Kombucha.

Ich beglückwünschte die junge Verkäuferin zu ihrer Produktpalette, die von ungewöhnlichen Proteinriegeln bis zu höchst erstaunlichen Croissants reichte, die ich noch nie gesehen hatte (ich beherrschte mich und kaufte keines, doch ich wache nachts schweißgebadet auf, weil ich von diesem vermaledeiten Croissant geträumt habe).

Sie bedankte sich auf sehr nette Weise für mein Kompliment. Und dann bezahlte ich meine Getränke.

Bevor ich den Laden verließ, sagte ich: »Noch einen schönen Tag!« Das zauberte ein Lächeln auf ihr Gesicht. Sie hielt kurz inne und betrachtete mich aufmerksam. Dann erwiderte sie: »Auch Ihnen einen schönen Tag!«

Es kostet so wenig Mühe, einen Menschen in gute Laune zu versetzen, einer Person etwas Gutes zu tun und ihr zu zeigen, dass sie wichtig ist. »Sei gütig, denn alle Menschen, denen du begegnest, kämpfen einen schweren Kampf«, schrieb der schottische Schriftsteller Ian Maclaren.

Folgendes entspricht meiner inneren Überzeugung: Begrüßt man jemanden mit ein paar netten Worten und verabschiedet sich von ihm, indem man einen schönen Tag wünscht, verbessert dies unser aller Lebensgefühl. Schließen Sie sich doch meiner Gewohnheit an.

131

Verbringen Sie Zeit mit Querköpfen

Ein kurzer Gedanke in dieser Mentoring-Botschaft: Unterhalten Sie sich mit Querköpfen, hängen Sie mit Außenseitern herum und essen Sie mit Spinnern.

Sie werden keine Steigerung Ihrer Kreativität, Ihrer Neugier, Ihrer Begeisterung und Ihrer Weisheit erfahren, wenn Sie sich nur mit Menschen unterhalten oder umgeben, die genauso denken, arbeiten und leben wie Sie. Wenn Sie Bäcker sind, befreunden Sie sich mit einem Gärtner. Sind Sie Dozent, dann relaxen Sie mit einem Studenten. Sind Sie Unternehmer, dann trinken Sie einen Kaffee mit einem Tätowierer. Sollten Sie ein Banker sein, dann gehen Sie mit einem Dudelsackspieler spazieren. Solche Unternehmungen machen Sie reich.

Ihr persönliches Wachstum spielt sich nicht im sicheren Hafen ab, sondern draußen auf dem weiten Meer. Und das größte Risiko im Leben besteht darin, keine Risiken einzugehen.

Machen Sie sich auf die Suche nach Menschen, die anders sind als Sie. Stellen Sie ihnen Fragen, kosten Sie ihr Essen, profitieren Sie von ihren Lektionen und hören Sie sich ihre Geschichten an (denn jeder Mensch, den wir treffen, hat eine Lektion zu vermitteln und eine Geschichte zu erzählen, sofern wir den Mut aufbringen, uns ihm gegenüber zu öffnen).

Folgende Worte, die von Mark Twain stammen sollen, sprechen mir aus tiefster Seele, und ich hoffe, es geht Ihnen genauso:

> In zwanzig Jahren wirst du mehr enttäuscht sein über die Dinge, die du nicht getan hast, als über die Dinge, die du getan hast. Also wirf die Leinen los. Verlasse den sicheren Hafen. Lass den Wind in deine Segel wehen. Erforsche. Träume. Entdecke.

132

Graben Sie Ihren Brunnen, bevor Sie durstig sind

Der Wirtschaftsexperte Harvey Mackay verfasste einen Klassiker mit dem Titel *Dig Your Well Before You're Thirsty* (»Grabe deinen Brunnen, bevor du durstig bist«). Darin beschreibt er, wie sorgsam er mit menschlichen Beziehungen umgeht. Wie gut er sich vorbereitet, indem er sich ausführlich über den Hintergrund, die Interessen und die Errungenschaften der Person informiert, mit der er zusammentreffen wird.

Dieses Verhalten löst bei Menschen, die Harvey neu kennenlernt, immer wieder verblüffende Reaktionen aus und hat zur Folge, dass die Beziehung gleich einen guten Start hat.

Vielleicht noch wichtiger ist, dass er den Menschen empfiehlt, »ihren Brunnen zu graben, bevor sie durstig sind«. Bauen Sie gegenseitig lohnende und höchst erfüllende Beziehungen auf, und zwar nicht, weil Sie etwas von jemandem brauchen, sondern weil die Verbindung von Mensch zu Mensch das Leben der anderen Person und Ihr eigenes reicher macht.

Die Menschen sind nicht dumm und können Unaufrichtigkeit auf Tausend Meilen Entfernung wittern. Bauen Sie ein soziales Umfeld auf, um anderen zu helfen, aus Spaß an der Freundschaft und um sich selbst weiterzuentwickeln, wenn Sie mit großartigen Menschen zusammen sind. Tun Sie es nie, weil Sie nach einem Gefallen gieren oder nach einer Chance lechzen.

133

Seien Sie nicht der Knecht Ihres Handys

Ich habe bereits eine Andeutung gemacht, muss es aber noch deutlicher sagen: Telefonieren Sie nicht in Gegenwart einer anderen Person, mit der Sie Zeit verbringen wollen.

Wenn ich mit jemandem beim Lunch bin, der während des Essens ständig seine Social-Media-Feeds im Auge behält oder seine Mails checkt, treffe ich mich gewöhnlich nicht mehr mit ihm. Diese Verhaltensweise zeigt im Grunde, dass mein Gesprächspartner das Scrollen wichtiger findet als unser Gespräch und wohl Besseres zu tun hat, als sich mit mir zu unterhalten.

Einmal wurde ich von den Gründern eines Technologieunternehmens zu einem Dinner eingeladen, weil sie meine Beiträge auf ihrer Online-Bildungsplattform verwenden und mich als Markenbotschafter für ihr Unternehmen gewinnen wollten. Das gesamte Essen über checkten sie ihre Handys, nahmen Anrufe entgegen und schauten sich Kurzvideos an.

Das Verhalten dieser Leute war nicht nur unhöflich, sondern bewies auch, dass sie süchtig sind, unfähig, auch nur für eine Stunde auf ihre blau leuchtenden Bildschirme zu verzichten, um sich mit der Person, mit der sie eine Partnerschaft eingehen wollten, zu unterhalten.

Intelligent eingesetzte Technologie ist großartig. Richtig eingesetzt, kann sie Großes bewirken und Ihre Beziehungen bereichern. Wird sie jedoch unvernünftig gehandhabt, kann sie Menschen abstoßen und Ihren Ruf schädigen.

Lassen Sie sich also nicht zum Knecht Ihres Handys machen. Zeichnen Sie sich durch Ihre Präsenz aus.

134

Vermitteln Sie anderen das Gefühl, etwas Besonderes zu sein

An dem Tag, an dem ich in Nelson Mandelas Gefängniszelle auf Robben Island stand, hat sich mein Leben verändert. Als ich durch den Kalksteinbruch ging, in dem er dreizehn Jahre lang Zwangsarbeit leisten musste, das Propagandabüro aufsuchte, in dem Zensoren als eine Art psychischer Folter Briefe seiner Familie versteckten oder veränderten, wonach ich dann schließlich seine winzige Zelle betreten durfte (es gab nicht einmal ein Bett darin) – da wurde mir bewusst, was es bedeutet, Schmerz in Kraft und Ärger in Triumph umzuwandeln.

Bei diesem Besuch erfuhr ich im Übrigen, dass Mandela einen Wärter, der ihn mit Höflichkeit und Respekt behandelt hatte, zu seiner Amtseinführung als Präsident Südafrikas einlud. Dabei hätte der Staatsmann nach siebenundzwanzig Jahren Haft sehr wohl verbittert und wütend sein können. Später sagte er: »Als ich durch die Tür und auf das Tor zuging, das mich in die Freiheit führen würde, wurde mir klar, dass ich weiter im Gefängnis säße, wenn ich meine Bitterkeit nicht hinter mir ließe.«

Ich berichte das, um Sie daran zu erinnern, dass Ihre Aufgabe als Mensch darin besteht, die Menschen in Ihrer Gegenwart größer erscheinen zu lassen. Kleinmütige Menschen versuchen, sich zur Schau zu stellen, sich ins Rampenlicht zu drängen und sich wie ein Riese aufzuführen. Gewöhnlich tun sie das, um ihre Unsicherheit zu überspielen. Doch großmütige Menschen vermitteln anderen das Gefühl, groß zu sein.

Vermitteln Sie *jedem*, den Sie treffen, das Gefühl, etwas Besonderes zu sein. Loben Sie die entsprechende Person und erkennen Sie ihre Vorzüge an, statt ihre Fehler zu verurteilen. Wenn Sie sich daran halten, werden Sie nicht nur mehr Freunde haben, als Sie sich vorstellen können, sondern auch eine Art des Reichtums erfahren, die weit über das hinausgeht, was man mit Geld kaufen kann.

Wir sind jetzt am Ende der sechsten Art des Reichtums angelangt, und Sie haben eine starke und vortreffliche Gemeinschaft großartiger Menschen um sich geschart. Sie machen das hervorragend (das muss ich Ihnen unbedingt sagen). Und ich bin dankbar, dass ich Ihnen aus der Ferne als Mentor dienen kann. Sollen wir uns jetzt der nächsten Art des Reichtums zuwenden? Sie werden herausfinden, dass das, was Sie lernen, wirklich wertvoll ist, denn ich führe Sie durch ein Leben voller Schätze, ein Leben, das reich an Abenteuern ist.

Die siebte Art des Reichtums

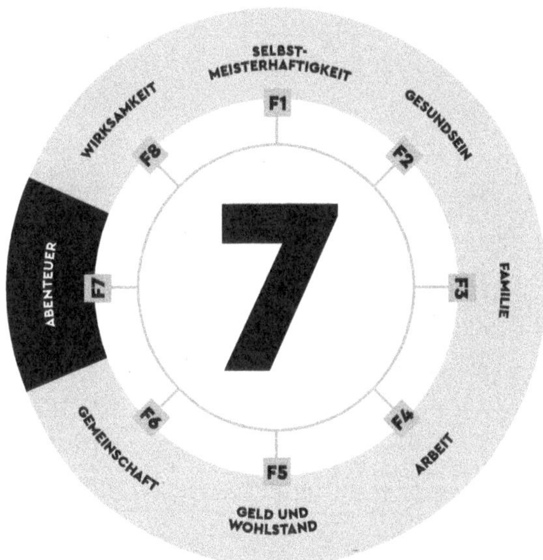

ABENTEUER

Die Grundregel: Freude entsteht durchs Erforschen, nicht durch Besitz

»Am Ende sind es nicht die Jahre, die im Leben zählen, es ist das Leben in den Jahren.«
Edward J. Stieglitz, Künstler

Die siebte Art des Reichtums

Abenteuer | Ein kurzer Überblick

Zu viele gute Menschen unter uns leben tatsächlich dasselbe Jahr achtzig Mal und bezeichnen dies als Leben. Sie stehen täglich auf dieselbe Art und Weise auf, haben immer dieselben Gedanken, werden immer von denselben Sorgen gequält, begeben sich an dieselben Orte, essen stets das Gleiche und sehen dieselben Gesichter. Doch es ist nicht vorgesehen, dass wir so leben. Von unserer Abstammung her sind wir voller Abenteuerlust, was uns die größten Chancen bietet, ein durch und durch erfülltes Leben zu führen.

Wenn Sie Ihren Alltag durch mehr Staunen beleben – sei es durch Reisen oder einfach durch eine Lektüre, die Sie in fremde Länder entführt, oder durch die Wahl eines neuen Wegs zur Arbeit oder einer neuen Routine –, stellt das eine wertvolle Währung dar. Wenn Sie mehr Ehrfurcht, Erstaunen und Begeisterung in Ihren Alltag einbringen, ist dies eine kluge Entscheidung, die Sie für immer schätzen werden. Erinnerungen sind wertvoller als Geld.

Ja, mein lieber Gefährte auf dieser Reise zu wahrem Erfolg und echtem Wohlstand, der immer mehr an Reife gewinnt: Vergessen Sie nicht, dass ein Leben voller Leidenschaft und fantastischer Entdeckungen eine Art des Reichtums darstellt. Wir sind am aktivsten, wenn wir erforschen und weiterkommen, uns auf die Reise begeben und etwas riskieren. Wir sind unserem besten Selbst am nächsten, wenn wir etwas wagen, statt übervorsichtig zu sein. »Nicht den Tod sollte man fürchten, sondern die Tatsache, dass man nie richtig gelebt hat«, meinte Mark Aurel, der berühmte römische Philosophen-Kaiser.

Unsere Gesellschaft findet es wichtiger, viele Dinge zu besitzen, statt das Leben optimal zu gestalten. Doch was hat es für einen Sinn, über massenweise Besitztümer zu verfügen, über Schränke voller Gegenstände und ein luxuriöses Haus, wenn man durch das falsche Verlangen nach materiellen Dingen sein Glück aufs Spiel setzt?

In aller Bescheidenheit wage ich zu behaupten, dass wir Menschen nicht für ein behäbiges Leben geschaffen sind. Wir sind dazu bestimmt, Nomaden zu sein, Pioniere. Wir blicken auf eine lange Reihe von Vorfahren zurück, die hohe Berge erklommen, die weite Meere entdeckten und die die behagliche Sicherheit gegen die gelegentliche Unsicherheit, die ein wildes, lebendiges Leben mit sich bringt, eingetauscht haben. Wenn Sie Ihre persönlichen Leidenschaften über Ihre materiellen Besitztümer stellen, können Sie davon ausgehen, dass Sie am Ende nicht reich an weltlichen Dingen, aber an geistigen Gütern sein werden.

Diese Art des Reichtums, die ich Ihnen hier präsentiere, bedeutet, dass die Neugier, die Faszination und das Gespür für den Zauber in Ihr Leben zurückkehren, indem sie Ihren Alltag mit bereichernden Erfahrungen und erstaunlichen Ereignissen überfluten. So werden Sie am Ende Ihres Lebens nicht feststellen müssen, dass Sie es nicht geschafft haben, ein intensives Leben zu führen.

Meine Mentorenzeit mit Ihnen nähert sich allmählich dem Ende. Sie werden mir fehlen, wenn sie vorüber ist. Nun denn, lassen Sie uns keine weitere Sekunde vergeuden – wenden wir uns der siebten Art des Reichtums zu: dem Abenteuer.

135

Finden Sie Ihr unsichtbares Panama

Vielleicht finden Sie diese Anleitung, die ich Ihnen hier, umgeben von der Energie einer Großstadt vorstelle, cool. Vielleicht auch nicht (was für mich durchaus in Ordnung wäre).

Nach einem frühen Work-out heute Morgen (bei dem ich kräftig ins Schwitzen kam, während ich mir das Hörbuch *The Wizard and the Prophet* von Charles C. Mann anhörte) ging ich zu einem beliebten Café, um mir einen Kaffee zu holen. Ich schlängelte mich durch die regennassen Straßen, vorbei an einem Wolkenkratzer, in dem sich die Büros und Studios einer nationalen Rundfunkanstalt befinden.

Es war noch dunkel und weit und breit keine Menschenseele zu sehen. Der Morgen gehörte allein mir. Dann hörte ich dröhnende Rockmusik. Ich vermutete, sie käme aus einer Art Außenlautsprecher, der zur Unterhaltung der Passanten angebracht worden war. Es ertönte der Song »Panama« von Eddie Van Halen. Ich stieß die Faust in die Luft, wie es bei einem Konzert eines Rockstars üblich ist, und dachte, niemand würde mich beobachten.

Als ich ein paar Schritte weiterging, erkannte ich, dass die Melodie aus einem kleinen Minivan, einem Dodge Caravan kam. Und der Mann in dem Van hatte zu seinem eigenen Vergnügen die Musik ordentlich aufgedreht, sodass der Boden unter dem Fahrzeug vibrierte.

Als sich unsere Blicke trafen, lächelte er mich an. Er hatte beobachtet, wie ich voller Begeisterung die Faust erhoben hatte, und schien sich darüber zu amüsieren.

Dieses Erlebnis machte mich nachdenklich. Ich bin nicht sicher, aber ich hatte das Gefühl, dass der Mann den Song abspielte, um gute Laune zu bekommen und sich zu motivieren, bevor er sich an seinen Arbeitsplatz in dem frustrierenden Betongebäude begab.

Und das bewog mich, über all die guten Menschen auf der Welt nachzudenken, die ihre wahren Leidenschaften unterdrücken, um einem Job nachzugehen, der sie unglücklich, unkreativ und manchmal sogar krank macht.

Vielleicht wenden Sie ein: »Aber es bleibt mir doch nichts anderes übrig, ich muss meine Rechnungen bezahlen.«

Doch, Sie *haben* eine Wahl. Sie haben Möglichkeiten. Sie könnten zum Beispiel einen Online-Videokanal einrichten, auf dem Sie Ihr Wissen weitergeben und die Zuschauer informieren, oder Sie könnten den Roman, den Sie schon immer schreiben wollten, zu Papier bringen und dann im Selbstverlag online veröffentlichen. Oder eröffnen Sie ein kleines Geschäft, um fantastische Artikel zu verkaufen, die Ihre Stimmung heben. Oder machen Sie eine Erfindung, die ein großes Problem löst, mit dem Sie sich herumquälen. Und wenn Sie nicht wissen, wie man das anstellt, dann lernen Sie es. Ich bin sicher, Sie können das.

Noch ein weiterer wohlmeinender Ratschlag, den ich gerne hervorheben möchte: Wenn Sie tun, was Sie in gute Laune versetzt, tragen Sie dazu bei, für alle eine freundlichere Welt zu schaffen. Und wenn Sie Ihren Zauber in das Universum strömen lassen, werden Sie ein Vorbild für andere.

Ihr Leben kann eine Kunst sein, Ihr Job ein Geschenk, und wenn Sie tun, was Ihr Herzenswunsch ist, dann ist das die Musik, die Wunder vollbringt.

Gerne zitiere ich in diesem Zusammenhang den von mir bewunderten Schriftsteller Herman Melville: »Denn so wie dieses erschreckende Meer das weite Land umgibt, so liegt in der Seele des Menschen eine Insel Tahiti, voller Frieden und Freude, aber umgeben von all den Schrecken eines nur halb gelebten Lebens.«

136

Schauen Sie sich Dokumentarfilme an

Ich schaue mir gerne Dokumentationen über großartig gelebte Leben an. Warum? Sie sind wie eine Autobiografie, in der man in knapp einer Stunde erfährt, wie ein großartiger Mensch seine Leistungen vollbracht hat. Verstehen Sie, was ich meine?

Der Film *Jiro und das beste Sushi der Welt* vermittelte mir tiefe Einsichten über Meisterhaftigkeit; durch *Salinger* wurde ich vertraut gemacht mit der Geschichte, den Gewohnheiten und den Problemen eines legendären Schriftstellers. *Amy* zeigte mir, wie gefährlich es sein kann, sich mit gefährlichen Menschen zu umgeben, und *Good Fortune* führte mir vor Augen, dass ein Leben, in dem man sich nicht bemüht, das Leben anderer Menschen zu verbessern, ein erbärmliches ist.

Ein guter Dokumentarfilm öffnet Ihnen eine Tür in das Leben anderer Menschen. Sie erfahren, warum sie ihre Träume geträumt und verwirklicht haben, welche Tücken das Schicksal für sie bereithielt und wie heroisch sie Niederlagen überwanden. Durch Dokumentarfilme können Sie Reisen zu unbekannten Orten unternehmen und dabei Ihre Inspiration weiterentwickeln.

Je mehr Filme Sie sich ansehen, desto mehr Anregungen erhalten Sie, wie Sie ein optimales Leben führen können. Ausgestattet mit diesem Wissen, können Sie jeden Tag als Plattform nutzen, um Ihre Ideen zu realisieren. Es wird nicht immer leicht sein, aber ich kann Ihnen versichern, dass es sich immer lohnen wird.

137

Nehmen Sie ein digitales Sabbatical

Um Ihren Lebensstil zu verbessern und sich lebendiger zu fühlen, empfehle ich Ihnen, *mindestens* einen Tag in der Woche auf technische Geräte jeglicher Art zu verzichten.

Das bedeutet: vierundzwanzig Stunden lang kein Handy, keine sozialen Medien, keine Chats und keine Online-Käufe. Und das alle sieben Tage.

Geben Sie sich einfach dem Leben hin. Genießen Sie die elementaren und oft auch sensationellen Freuden des Lebens. Seien Sie präsent (statt zerstreut) und fokussiert (statt gestresst). Besuchen Sie ein unbekanntes Viertel oder entdecken Sie einen neuen Buchladen. Probieren Sie ein unbekanntes Nahrungsmittel oder gehen Sie barfuß durch einen abgelegenen Park. Lassen Sie die Liebe zu Menschen, die Ihnen viel bedeuten, wachsen, und werden Sie besser darin, einfach nichts zu tun.

Nehmen Sie sich vor, Ihr Handy mindestens an einem Tag der Woche, vom Aufstehen bis zum Schlafengehen, auszuschalten und in eine Schublade zu legen, damit Sie es nicht mehr sehen und offen sein können für die Wunder dieser Erde, für ihre Schönheit, für die Natur und für das Jetzt.

Es gibt noch eine weitere wirkungsvolle Methode, die digitalen Ablenkungen in Ihrem Leben zu reduzieren, die Ihre Abenteuerlust eindämmen. Ich nenne sie die »Zwei-Telefone-Technik«.

Sie besitzen ein Handy, mit dem Sie all Ihre sozialen Netzwerke, Medien, Nachrichten, Wettervorhersagen und anderen Apps aufrufen können. Legen Sie sich noch ein zweites, schlichteres Gerät zu, das Sie bei sich tragen, wenn Sie etwas Neues anpacken, etwas schaffen oder etwas tun, das Ihre volle Konzentration erfordert. Somit vermeiden Sie, dass Sie an Ihrem Haupthandy hängen oder von ihm abgelenkt werden, wenn Sie sich lieber etwas Wertvollerem und Wichtigeren widmen würden.

Einige Generationen vor unserer Zeit haben sich die Menschen einmal pro Woche einen Tag freigenommen (den Sabbat). Es war ein Tag ohne Arbeit, ohne Sorgen oder Aktivitäten; hier ging es vor allem darum, zu leben. Diese Gewohnheit förderte eine positive Einstellung der Menschen und gab ihnen ihre Lebendigkeit zurück. Ich hoffe von Herzen, dass Sie es ihnen gleichtun und wieder bereit sind für die Wunder in unserer unbeständigen und doch nach wie vor majestätischen Welt. Dass Sie den Funken Ihrer Kindheit neu entfachen und Ihre ausgetrocknete Quelle wieder auffüllen.

138

Schütteln Sie die Energievampire ab

Wir haben dies bereits erwähnt, aber ich muss es noch einmal ansprechen, weil es so unglaublich wichtig ist, dass Sie die segensreiche Reise genießen können, die sich Ihr Leben nennt. Und weil gutes Mentoring regelmäßigen Ansporn erfordert.

Sie können entweder glücklich sein oder mit toxischen Menschen zusammen, aber Sie werden nie beides vereinbaren können. Wenn Sie nach einem Weg suchen, um Ihr Leben fast schlagartig zu verändern, dann kehren Sie all den Menschen, die Ihnen Unbehagen bereiten, den Rücken.

Wenn es Familienmitglieder sind, vermeiden Sie häufige Treffen. Handelt es sich jedoch um einen langjährigen Freund, der aber nur noch wenig mit Ihnen zu tun haben will oder mit dem die Chemie nicht mehr stimmt, weil er negativ ist oder anmaßend oder ständig nörgelt, dann bleiben Sie ihm weiter in Liebe verbunden, aber mit Abstand.

Schütteln Sie die Energievampire ab und lassen Sie Ihr Leben nicht von den Traumfledderern vergiften. Befreien Sie sich von Menschen, die Sie unglücklich machen. Das Leben ist einfach zu kurz, um sich die Tage durch pessimistische Menschen vergällen zu lassen.

139

Legen Sie einen Garten an

Ich besaß einmal ein Haus, in dem meine Familie und ich viele Jahre wohnten. Ich mochte es. Ich genoss den Sonnenaufgang, den man vor dem Haus durch die Bäume beobachten konnte. Im Winter zündeten wir ein Feuer an und verfolgten jeden Abend, wie über dem Wald hinter dem Haus die Sonne unterging.

Ich mochte die lichtdurchfluteten Zimmer, die ruhige Lage und dass ich meistens am Nachmittag nach der Arbeit im nahe gelegenen Wald Mountainbike fahren konnte. Aber das Highlight an diesem Haus war der Garten. Ich liebe Blumen. Sie erfüllen mich mit Zufriedenheit und vermitteln mir Gelassenheit. Ein Gartenbauer half mir, den Garten anzulegen. Im Frühjahr begann ich dann, ihn zu pflegen, und im Sommer war ich hauptsächlich mit Gießen beschäftigt.

»Im ersten Jahr schläft er, im zweiten kriecht er und im dritten schießt er in die Höhe«, erklärte mir der Experte. Im dritten Jahr blühte der Lavendel tatsächlich üppig, der Sonnenhut leuchtete und die Tulpen waren fast so groß wie Kokosnüsse.

Eines Tages besuchten mich meine Eltern. Sie wollten lediglich im Garten sitzen und diese Blütenpracht bewundern. »Wer braucht da noch einen extra Rückzugsort?«, sagte meine großartige Mutter (dieselbe Frau, die es mit einer Motorradgang aufnahm – und gewann!).

Legen Sie einen Garten an. Um Ihren Alltag etwas abenteuerlicher zu gestalten, müssen Sie nicht in fremde Länder reisen. Manchmal muss man lediglich bei sich zu Hause anfangen.

140

WERDEN SIE EIN DICHTER

Um weniger Geschäftigkeit, Komplexität und Negativität in Ihr persönliches Universum einfließen zu lassen, schlage ich Ihnen vor, Dichter zu werden. Etwas aufs Papier zu zaubern ist eine großartige Möglichkeit, Ihren Verstand herauszufordern.

Ich werde Ihnen erklären, was ich damit meine, aber zuerst möchte ich Ihnen ein Gedicht präsentieren, das ich heute Morgen um fünf Uhr für Sie in mein Tagebuch geschrieben habe. Ich weiß, dass ich kein begnadeter Dichter bin, aber ich habe wirklich mein Bestes gegeben:

Das Stille Versprechen

Von der Geburt bis zum Lebensende
gibt es ein Versprechen.
Dich deiner verborgenen Talente anzunehmen.
Dich an deinen höchsten Visionen zu erfreuen.
Dich über dein menschliches Straucheln zu amüsieren.
Die Anweisungen deiner Seele zu erfahren.

Vom Kind bis zum Greis
wird das Versprechen gebrochen.
In einem Strudel täglicher Hektik und endloser Geschäftigkeit.
Wenn man tut, wozu Erwachsene gedrillt werden.
Verantwortung übernehmen, sich der kultivierten Gesellschaft anpassen.
Reich werden, um den anderen zu zeigen, wie viel man besitzt.

Das Versprechen bleibt zunächst ungehört,
wird schließlich ignoriert.
Eine erniedrigte Menschheit.
Flecken auf deinem Geburtsrecht der Möglichkeiten.
Ketten um dein Schicksal geschlungen.
Geh schlafwandelnd durchs Leben.
Bis zu deinem unsichtbaren Tod.
In aller Stille.

Um den Glanz, den Sie als Kind erlebt haben, wiederzuerlangen, möchte ich Sie dazu anspornen, Dichter zu werden. Vermutlich werden Sie ein großartiger Dichter sein, auch wenn Sie es noch nicht wissen. Sie sind bestimmt nicht so miserabel wie ich.

Und darunter verstehe ich nicht, dass Sie sich am Meer in einem weiß getünchten Ferienhaus mit hellblauen Fensterläden an einen großen Holztisch setzen, um Gedichte zu schreiben. (Sollte dies jedoch inspirierend für Sie sein, dann tun Sie's!)

Ich meine einfach, dass Sie wieder *leben* sollten! Denken Sie häufig über all das nach, was Sie werden wollen, und machen Sie täglich kleine Schritte, um das alles zu verwirklichen, sodass Sie am Ende feststellen können, dass die Reise Spaß gemacht hat. Dass sie aufregend war. Erfüllend. Und der Mühe wert.

Denken Sie daran, dass die meisten Ängste, die uns herunterziehen, falsche Drachen und falsche Träume sind. Durch falsches Denken errichten wir unsere eigenen Gefängnisgitter und verbringen dann unsere besten Jahre eingeschlossen in unseren eigenen Gefängnissen. Es gibt keinen Fortschritt ohne gelegentliche Probleme und kein Glück ohne Kämpfe, die hin und wieder auszufechten sind.

Vergessen Sie das Bedürfnis, *allen* gefallen zu wollen. Kümmern Sie sich zuerst um den Aufschrei Ihrer Seele. Denn Sie können anderen nicht geben, was Sie nicht haben. Und wenn Sie Ihr Genie verwirklichen, senden Sie ein Signal an Ihr Umfeld, es Ihnen nachzumachen.

Ja, seien Sie ein Dichter. Setzen Sie Ihre künstlerische Ader um. Nehmen Sie Risiken auf sich. Leben Sie gefährlicher. Halten Sie Ausschau nach mehr Schönheit. Intensivieren Sie alles: Beobachten Sie mehr Sonnenaufgänge als bisher, pflücken Sie mehr Blumen, essen Sie mehr Pizza, umarmen Sie mehr Menschen, haben Sie mehr Selbstvertrauen und zählen Sie die Sterne am dunklen Himmel. Kämen diese nur einmal in Ihrem Leben zum Vorschein, würden Sie sie betrachten gehen. Weil sie aber immer am Himmel stehen, wissen Sie sie vielleicht gar nicht zu schätzen.

Seien Sie auf jeden Fall ein »Wen kümmert es, was andere denken«-Dichter. Nicht nur auf dem Papier, sondern auch in Ihrem reich erfüllten Leben.

141

Verlangsamen Sie die Dinge

Schließen Sie sich der Entschleunigungs-Bewegung an. Viele Menschen wollen langsam kochen, langsam essen und langsam arbeiten (sodass sie viel geduldiger, bedachtsamer und sorgfältiger sind bei der Ausübung ihres Berufs).

Ich empfehle Ihnen, sich eine langsame *Lebensweise* anzugewöhnen. Nehmen Sie weniger Anfragen an, Dinge zu erledigen, die Sie im Grunde nicht tun wollen, kaufen Sie weniger Plunder, verwenden Sie weniger To-do-Listen, nehmen Sie sich mehr Zeit für interessante Gespräche und halten Sie inne, um die offen dargebotenen Geschenke des Lebens zu genießen. Leider sind die meisten von uns so überbeschäftigt, dass sie sie übersehen.

Atmen Sie langsamer. Kauen Sie langsamer. Gehen Sie langsamer. Reden Sie langsamer. Denken Sie langsamer und fühlen Sie intensiver.

Alles zu entschleunigen, statt alles zu beschleunigen und zu leben, als ob Ihr Haus in Flammen stünde, bedeutet nicht, dass Sie faul wären – es bedeutet vielmehr, dass Sie klug sind.

142

Werden Sie ein Jahr lang zum Geist

Ich stelle Ihnen jetzt eine seltsame, aber vielleicht faszinierende und mitreißende Idee vor (versprochen): Tauchen Sie ein Jahr lang unter. Seien Sie schwer erreichbar. Werden Sie zu einem Geist.

Sagen Sie zwölf Monate lang Nein zu den meisten gesellschaftlichen Anlässen, weisen Sie neue Freundschaftsangebote zurück, hören Sie mit dem Shopping auf, besuchen Sie keine Restaurants mehr und kehren Sie der Welt den Rücken.

Ziehen Sie sich stattdessen in die Wildnis zurück, werden Sie zum Minimalisten. Fokussieren Sie sich obsessiv, zentriert und geerdet auf das, was ich in meiner Mentoring-Methode »The Vital Few« (sinngemäß etwa »die Unabdingbaren«) nenne.

- Widmen Sie sich ein volles Jahr Ihrer persönlichen Selbst-Meisterhaftigkeit und Ihrer Selbstheilung und begreifen Sie, dass das Universum außerhalb von Ihnen das Universum im Inneren perfekt widerspiegelt. Lernen Sie zu meditieren, zu visualisieren, zu beten, Tagebuch zu führen und die Begrenzungen aufzuheben, die Sie daran hindern, Ihr Versprechen einzuhalten und Ihr Potenzial auszuschöpfen.
- Sorgen Sie dafür, dass Sie so fit werden wie noch nie. Laufen Sie oder machen Sie Liegestütze, entdecken Sie Yoga oder beginnen Sie zu surfen, gehen Sie öfter an die frische Luft und sorgen Sie für mehr Schlaf.
- Lesen Sie jedes Fachbuch, das Ihnen in die Hände fällt, und üben Sie, was Sie gelernt haben, täglich über Stunden, damit Sie so kompetent, wertvoll und herausragend werden, dass Ihnen niemand das Wasser reichen kann. Und kein Problem wird Sie je aufhalten.

- Schränken Sie Ihre Ausgaben ein, reduzieren Sie Ihre Bedürfnisse und erhöhen Sie Ihre Ersparnisse, damit Sie gegen unerwartete finanzielle Engpässe oder eine globale Rezession gefeit sind (damit sorgen Sie auch für den Seelenfrieden, der sich bei Schuldenfreiheit einstellt).
- Erleichtern Sie Ihr Leben und optimieren Sie Ihre Tage, indem Sie alles von sich weisen, was Ihnen die Freude nimmt und Ihren Prioritäten in die Quere kommt.
- Genießen Sie die Klassiker, beschäftigen Sie sich mit Ihren Helden, hören Sie wunderbare Musik, ernähren Sie sich gesund, trinken Sie sauberes Wasser, verzichten Sie auf jede Art von Sucht (Verzicht auf Internetsurfen, Überlastung, Jammern und Alkohol wäre ein guter Anfang) und unternehmen Sie so oft wie möglich lange Waldspaziergänge.
- Vergeben Sie denjenigen, denen Sie vergeben müssen, lieben Sie diejenigen, die es verdienen, geliebt zu werden, und entwickeln Sie sich zu der Person, die Sie werden müssen, um das echte Glück zu erlangen, nach dem Sie sich derzeit am meisten sehnen.

Ich bitte Sie darum, ja, ich fordere Sie sogar dazu auf, zwölf Monate lang für die Welt unsichtbar zu sein, sich an einen Ort zurückzuziehen, den Sie schon immer einmal besuchen wollten. Oder vielleicht verkriechen Sie sich in Ihrem Zuhause. Vollziehen Sie zwölf Monate lang Ihre optimale Verwandlung zu Ihrem höchsten Ziel.

Wenn Sie das geschafft haben, kehren Sie in die Welt zurück. Verwandelt. Neugeboren. Grundlegend verbessert. Bereit, uns allen Auftrieb zu geben.

143

Suchen Sie das Geheimnisvolle in Ihrer Arbeit

Eine hervorragende Möglichkeit, die Wunder und die Qualität der Möglichkeiten in Ihrem Leben zu intensivieren, besteht darin, Ihre Arbeit als ein Tor zu neuen Horizonten des Erforschens zu sehen und als höhere Umlaufbahnen des Nervenkitzels.

Wenn Sie Ihre Arbeit mit den Augen eines Künstlers betrachten und sich bemühen, Grenzen zu überschreiten, neue Wege zu erkunden und für Neues offen zu sein, bedeutet dies nicht nur eine erhebliche Steigerung Ihrer Inspiration, Ihrer Energie und Ihres persönlichen Mutes, sondern verwandelt auch Ihr alltägliches Leben auf wunderbare Weise.

Ein Fallstrick, in dem wir uns oft verfangen, ist die Beibehaltung unserer Arbeitsweise. Wir wollen damit den Erfolg, den wir erreicht haben, schützen und haben Angst, jede Art von Erneuerung könnte zu einem Misserfolg führen. Doch diese Vorgehensweise ist die beste Garantie dafür, dass man sich auf die Dauer langweilt, leblos und zynisch wird.

Halten Sie stattdessen Ausschau nach dem Unerwarteten. Versuchen Sie, auf scheinbar seltsamere Weise produktiv zu sein oder das, was Sie tun, auf ungewöhnlichere Art zu verrichten. Manch einer mag Sie vielleicht für verrückt halten, doch letztlich treiben die Eigenbrötler und die Exzentriker den Fortschritt voran.

Der berühmte Künstler Georg Baselitz änderte eines Tages radikal seinen Arbeitsstil, den er jahrelang praktiziert hatte, und begann 1969 im Kopfstand zu malen. Können Sie sich das vorstellen? Im Kopfstand!

Er vollzog diese Wandlung zur »umgekehrten Malerei«, weil er einfach seinen eigenen Stil entwickeln wollte, ohne sich dem Druck zu beugen, so zu malen, wie es die Kunstwelt erwartete.

Auch Sie können so frei entscheiden. Ihre Arbeit kann eine heilige Mission sein – eine faszinierende Odyssee, die Sie nicht nur zu Ihrer optimalen Kreativität, sondern auch zu Ihrem größten Selbst führt. Denn die Projekte, vor denen Sie Angst haben, machen Sie stärker. Und nur Menschen, die ihre Grenzen überschreiten, erfahren, wie frei sie in Wirklichkeit sind.

144

Gewinnen Sie die Lotterie der Erinnerungen

»Robin, ich bin zu dem Schluss gekommen, dass es ein Übel ist, zu viel Geld zu haben«, erklärte mir einer der reichsten Männer der Welt, als wir einen Fluss in der Nähe eines Waldes entlanggingen, der voll war mit Wildblumen, Rotwild und hoch aufragenden Bäumen, Jahrhunderte oder gar Jahrtausende alt.

»Warum?«, fragte ich.

»Nun, zu viel Geld ist für ehrgeizige, motivierte und perfektionistische Menschen wie mich wie eine Droge. Menschen wie ich sind ständig hinter dem Geld her, damit sie das Gefühl haben, zu gewinnen. Aber das ist nicht der Fall.«

»Was bedeutet für Sie gewinnen?«, fragte ich, als ein Rehkitz an uns vorbeisprang.

»Für mehr Erinnerungen zu sorgen statt für mehr Geld. Wenn ich alt werde, möchte ich voller Genugtuung an all die besonderen Augenblicke zurückdenken, die ich mit meiner Familie erlebte. Nach meinem Tod werde ich das viele Geld, das ich erwirtschaftet habe, nicht mitnehmen können. Ich habe noch nie am Ende eines Trauerzugs einen Geldtransporter gesehen«, flüsterte der Milliardär.

Mehr Erinnerungen zu schaffen, statt dem Geld hinterherzujagen. Was für eine schöne Empfehlung für uns! In unserer modernen Welt, in der zu viele Menschen vergessen haben, dass Freiheit so viel mehr bedeutet als exorbitante Zahlen in einer Vermögensaufstellung.

145

Tun Sie alle drei Monate etwas Beängstigendes

Ich möchte Ihnen eine kurze Geschichte erzählen. Ich hatte einmal einen Segellehrer, der einer der dynamischsten, lustigsten und interessantesten Menschen war, die ich je kennengelernt habe. Er hieß Bob. Ein besonderer Mensch.

Auf einer langen Segeltour an einem Sommertag erzählte Bob von einer Strategie, die ihn jung und energiegeladen hielt und dazu beitrug, dass das Funkeln in seinen Augen nie erlosch (verlieren Sie *nie* das Funkeln in *Ihren* Augen!). Jedes Vierteljahr tat er etwas, das ihm Angst einjagte, und alle zwei Jahre nahm er sich vor, eine neue Fertigkeit zu erlernen, wodurch er sich neu erfand.

Wenn Sie und ich zusammen auf einem Segelboot wären, würde ich Sie behutsam nach all den Dingen fragen, die Sie nicht tun, weil sie Ihnen Angst machen. Dann würde ich Sie bitten, alle drei Monate eines dieser Dinge in Angriff zu nehmen. Auf diese Weise erlangen Sie die Macht zurück, die Sie jedem einzelnen dieser beängstigenden Dinge verliehen haben.

Als Nächstes würde ich Sie bitten, die wichtigsten Fähigkeiten oder Fertigkeiten aufzuzählen, die Sie schon immer lernen wollten. Und dann würde ich Sie sanft, aber bestimmt bitten, mir zu versprechen, dass Sie sich diese aneignen werden, indem Sie sie alle nacheinander in Angriff nehmen, und das alle zwei Jahre.

Dann würde ich Ihnen eine Frage stellen, die sich glückliche und großartige Menschen häufig stellen: »Wann haben Sie das letzte Mal etwas zum ersten Mal getan?«

Zuletzt würde ich Sie noch darum bitten, mir beim Segelsetzen behilflich zu sein, damit wir uns nicht auf dem Meer verirren.

146

Tun Sie so, als wären Sie ein Pirat

Bleiben wir beim Thema Meer. Tun Sie doch bitte einmal so, als wären Sie ein Pirat. Kein schlechter Pirat, sondern ein wirklich guter (mit hübschen Zähnen, anständigen Manieren und vorbildlichen Gewohnheiten).

Es ist mir ernst; ich möchte Ihnen dabei helfen, Ihr Leben mit den wunderbaren Erlebnissen zu bereichern, die unvergessliche Erinnerungen schaffen: *Seien Sie etwas gefährlicher.*

»Robin, wovon zum Kuckuck reden Sie da?«, wundern Sie sich. »Warum ermutigen Sie mich, *gefährlich* zu werden?«

Lassen Sie mich einige Beispiele aufzählen, wie Sie ein bisschen frecher oder weniger brav wirken können, als es zurzeit der Fall ist (sollten Sie jedoch bereits ein richtiger Querschläger sein, dann überspringen Sie dieses Kapitel und widmen sich dem nächsten).

- Bitten Sie Ihren Liebespartner, Ihnen genau das zu geben, was Sie wollen, und Ihre Freunde, Ihnen genau das zu geben, was Sie brauchen.
- Fragen Sie in Ihrem Lieblingsrestaurant nach dem besten Tisch, wenn Sie sehen, dass er frei ist, aber der Kellner Sie zu einem anderen führt.
- Bitten Sie um das Gebäckstück, das im Schaufenster der Bäckerei am verlockendsten aussieht, und lehnen Sie das ab, das der Bäcker Ihnen gerade reicht. Gehen Sie ein noch größeres Risiko ein (wie viel kostbare Lebenszeit vergeuden wir aus Angst, zurückgewiesen zu werden!) und verlangen Sie noch etwas Schokoladensauce darüber. Trauen Sie sich!
- Fragen Sie einen griesgrämig wirkenden Fremden nach dem Weg statt einem, der munter (und freundlich) aussieht.

- Bitten Sie den Taxifahrer, die Discomusik abzuschalten, die Sie nicht mögen, oder es zu unterlassen, am Handy mit seinem Therapeuten über seine Probleme zu sprechen. Denn Sie bezahlen ihn für die Fahrt und nicht fürs Telefonieren.
- Bitten Sie um ein Upgrade in einem Hotel (»Ich würde gerne im Penthouse wohnen«, würde ein echter Pirat fordern), scheuen Sie sich nicht, ein Familienmitglied um einen großen Gefallen zu bitten, und fragen Sie in der Eisdiele nach einer zusätzlichen Kugel (»mit jeder Menge Zuckerstreuseln, wenn es Ihnen nichts ausmacht«).

»Wer nicht fragt, bekommt auch nichts«, ist ein großartiges Mantra, und »Der einzige Misserfolg ist, es nicht versucht zu haben«, besagt eine großartige Autosuggestion. Erfolg ist in erster Linie ein Zahlenspiel, und es passiert nicht viel, wenn Sie immer den Mund halten.

Selbstbewusstsein ist nicht gleichzusetzen mit Aggressivität. Höflichkeit beeindruckt, und ich wünsche mir vor allem, dass Sie noch mutiger werden, statt sich zu sehr zurückzuhalten.

Piraten ergattern mehr Beute, führen ein viel farbenfroheres Leben und haben, soweit ich das beurteilen kann, bei Weitem mehr Spaß.

147

Gehen Sie Ihren Leidenschaften nach

Ist es nicht seltsam, dass wir als Erwachsene nicht mehr die Dinge genießen, die uns als Kinder Spaß gemacht haben? Wenn wir zusammen in meiner Bibliothek ein Abendessen einnähmen, würde ich Ihnen eine weitere wichtige Frage stellen: »Wie würde das Kind, das Sie einmal waren, den Erwachsenen finden, der Sie heute sind?«

Neulich unterhielt ich mich mit einem Titanen aus der Technologiebranche. Er sagte, er habe die glücklichste Zeit in seinem Leben gehabt, als er jede Woche mehrere besonders lange Fahrradtouren unternommen habe. Ich fragte ihn, warum er das nicht mehr mache.

Er hatte sich als Kunde an mich gewandt, weil er nicht sehr glücklich ist, betonte aber, dass ihn diese Fahrradtouren sehr glücklich gemacht hätten.

»Ich weiß auch nicht genau, warum.«

Dieser Mann, eine Koryphäe auf seinem Gebiet, hatte sich von seinen enormen Verpflichtungen und dem Streben nach Höchstleistungen derart vereinnahmen lassen, dass er eine der wichtigsten Voraussetzungen für ein glückliches Leben – viel Spaß zu haben – außer Acht ließ. Er hatte auch vergessen, dass wir durch Erholung neugeboren werden. Und wenn wir den Dingen nachgehen, die uns begeistern und erfreuen, sind wir viel glücklicher, kreativer, produktiver und friedlicher.

Es ist falsch, das Ausleben seiner Leidenschaften aufzuschieben, bis man zu alt dafür ist. Leider verhalten sich die meisten Menschen so. Sie hasten von einem Ort zum anderen, um ihren beruflichen und gesellschaftlichen Verpflichtungen gerecht zu werden, um ihre To-do-Listen abzuhaken, und lassen dabei ihre seelischen Bedürfnisse unbeachtet.

Die Wochen werden zu Monaten und die Monate zu Jahren und die Jahre zu Jahrzehnten. Bevor sie es merken, wird es zu spät sein, sich den Leidenschaften zu widmen, die sie auf die lange Bank geschoben haben. Mein lieber Freund, lassen Sie nicht zu, dass auch Ihnen das passiert!

148

Weniger Meisterhaftigkeit, mehr Mysterium

Ich habe mir gerade ein kurzes Video über einen Mann angeschaut, der in dem Interview als »Der König der Optimierung« bezeichnet wurde. Er wurde so genannt, weil er sich jahrelang in körperlicher und produktiver Hinsicht an die absoluten Grenzen des Möglichen herangekämpft hat.

Doch erstaunlicherweise hat er festgestellt, dass er jetzt ein anderes Spiel spielt. Es geht jetzt weniger um »Life-Hacks« – das heißt, mehr zu schaffen – als vielmehr darum, das Tempo im Leben zu verlangsamen und dafür mehr Abenteuer zu erleben. Es geht weniger darum, sein Leben mit militärischer Strenge zu organisieren, sondern eher darum, frei zu sein, um nach Belieben herumzuziehen (wenn man möchte) oder sich bei Bedarf auszuruhen (wenn man muss).

Das freute mich sehr. Unsere Zivilisation durchläuft einen tiefgreifenden Wandel. Viele von uns stellen sich wichtige Fragen: Wer bin ich? Was ist mein Ziel? Wie sieht echter Erfolg aus? Wie soll man sich an mich erinnern?

Meisterhaftigkeit ist wichtig. Wir Menschen wollen unsere Gaben und Talente ausleben. Und unsere Tage sinnvoll nutzen (es ist eine Quelle großen Glücks, wenn wir unsere Kreativität entfalten und Ergebnisse erzielen, die sich sehen lassen können), während wir unsere persönlichen Fähigkeiten perfektionieren, die unser Selbstvertrauen aufbauen, unsere Belastbarkeit stärken und eine höhere Version unseres optimalen Selbst entstehen lassen. Aber als Ihr Mentor aus der Ferne, der sich viele Gedanken über Sie macht, muss ich Ihnen ins Ohr flüstern: *Denken Sie an den Zauber.*

Seien Sie nicht so sehr damit beschäftigt, produktiv zu sein, dass Sie die Sehnsüchte Ihrer Seele außer Acht lassen und langweilig, uninteressant und leblos werden. Seien Sie nicht so humorlos, dass Sie nicht mehr über Albernheiten lachen können. Seien Sie nicht so ehrgeizig, dass Sie vergessen, Mensch zu sein.

Tauchen Sie häufiger ein ins Mysterium. Vielleicht dadurch, dass Sie ganze Tage damit verbringen, umherzuschlendern, Zeit zu vertun und einfach nur die Dinge in Ihrem Umfeld wahrzunehmen. Oder vielleicht fahren Sie in eine fremde Stadt, die Sie all die Jahre nicht besuchen konnten, weil Sie zu beschäftigt waren, und gönnen Sie sich dort ein wenig Muße. Oder fragen Sie einen Ladenbesitzer, warum er ein Leben lang alte Möbel restauriert hat. Oder plaudern Sie mit einer Nonna, einer italienischen Großmutter, die seit fünfundsechzig Jahren einmalige Pasta zubereitet (darf ich dabei sein?). Oder mit einem Landwirt, dessen Augen leuchten, wenn er das Gefühl beschreibt, wie die Erde durch seine Finger rieselt und sein Gemüse jemandem zum Essen serviert wird.

Vielleicht finden Sie diese Vorschläge, mehr Staunen und Wunder zu erleben, nicht sonderlich cool. Das ist auch in Ordnung, tun Sie, was Sie für richtig halten.

Viel zu viele Menschen halten an einer Definition von Erfolg fest, die uns von unseren Eltern, Lehrern und der Gesellschaft oktroyiert wurde. Wir haben uns an ihre Befehle gehalten und auf ihre Anweisungen gehört. Und was hat uns das eingebracht? Allzu oft Unzufriedenheit, Stress und manchmal sogar Krankheit (mental oder emotional, physisch oder geistig).

Ahmen Sie nicht das Leben Ihrer Eltern nach. Oder die Methode Ihres Nachbarn, von der die Influencer Ihnen einreden wollen, dass Sie sie anwenden müssen, um beliebt, akzeptiert und angesehen zu sein. Leben Sie *Ihr* Leben, denn es ist alles, was Sie haben – und Sie bekommen keine zweite Chance.

Während hier im Bauernhaus die Country-Musik etwas zu laut ist und die Bauern in der Ferne die Oliven mit den traditionellen Werkzeugen aus vergangener Zeit ernten, fasse ich Folgendes zusammen: Ein wirklich reiches Leben besteht nicht immer in dem Streben nach

Meisterhaftigkeit. Diese muss ausgeglichen werden mit der Erfahrung der während der Reise erlebten Wunder, mit mehr Zeit fürs Vergnügen, dem Spüren von mehr Zauber und dem Eintauchen ins Mysterium.

149

Salzen Sie Ihr Essen erst nach dem Probieren

Einmal war ich mit einem Freund in einem Restaurant, als sich etwas Besonderes ereignete. Ich möchte Ihnen davon erzählen, weil ich glaube, dass die Lektion, die ich gelernt habe, auch Ihnen von großem Nutzen sein kann.

Wir hatten unsere Bestellung aufgegeben und unterhielten uns angeregt. Das Restaurant war gut besucht und es herrschte eine gute Stimmung im Raum. Als unser Essen serviert wurde, griff ich nach dem Pfefferstreuer und würzte mein Essen. So mache ich es immer. (Ich mag Pfeffer.)

Mein Freund amüsierte sich auf einmal über meine exzentrische Art, das Essen mit Pfeffer zu würzen. Dann sagte er: »Henry Ford würde dich nie einstellen.«

»Ich verstehe nicht«, erwiderte ich und tat mich an meinem mit Pfeffer gewürzten Essen gütlich.

Mein Freund erklärte, es gehe das Gerücht, dass der kultige Tycoon potenzielle Mitarbeiter zum Lunch einlud, um sie zu testen. Er achtete nicht nur darauf, wie sie die Kellner behandelten (denn das sagt viel über den Charakter eines Menschen aus), sondern beobachtete auch, ob sie ihr Essen mit Salz und Pfeffer würzten, bevor sie es überhaupt angerührt hatten.

Ein Mythos besagt, dass jemand, der sein Essen von vornherein mit Salz und Pfeffer bestreut, drei Eigenheiten aufweist, die ihn zu einem schlechten Mitarbeiter machen:

Annahme Nr. 1: Das Verhalten ist ein Affront gegen die Fähigkeit des Küchenchefs und die Gastfreundschaft des Gastgebers, der Sie zum Essen eingeladen hat.

Annahme Nr. 2: Die Person, die dies tut, fällt Entscheidungen, die auf keinerlei Analyse beruhen. Hmm. Interessant.

Annahme Nr. 3: Der Übeltäter ist nicht aufgeschlossen (hält an seinen Gewohnheiten fest).

Ich lächelte und hielt mich etwas zurück mit dem Pfeffer, während ich feststellte, dass ich wohl ein schlechter Bewerber wäre.

Doch es gibt eine kluge Lebensweisheit, wenn es sich um die siebte Art des Reichtums handelt, die Sie bitte beachten sollten: Seien Sie nicht zu festgefahren in Ihren Gewohnheiten, wenn Sie ein inspiriertes und lebendiges Leben führen wollen. Seien Sie unvoreingenommen (es kann nie schaden, Überzeugungen, von denen Sie immer glaubten, dass sie wahr seien, gelegentlich zu hinterfragen), überprüfen Sie Ihre Vermutungen darüber, was für Sie möglich ist, und widersetzen Sie sich allen Einschränkungen, die Ihre Größe niederhalten wollen.

150

Glück ist etwas Innerliches

So viele aufrichtige Menschen stecken in einer Tretmühle, in der sie sich einreden, dass sie glücklich sein und das Leben genießen werden, wenn:

- Ich werde glücklich sein, wenn ich den idealen Liebespartner finde.
- Ich werde glücklich sein, wenn ich bei bester Gesundheit bleibe, einen Waschbrettbauch habe und schneeweiße Zähne.
- Ich werde glücklich sein, wenn ich das richtige Auto finde oder einen großartigen Job habe.
- Ich werde glücklich sein, wenn ich viel Geld habe und finanziell frei bin.
- Ich werde glücklich sein, wenn sich das Tempo des Wandels verlangsamt, wenn für all die Probleme in Politik und Gesellschaft sowie mit dem Klima Lösungen gefunden werden und unser Planet wieder sauberer wird.

Tut mir leid, aber kein einziger dieser Punkte wird Sie je glücklich machen; das ist lediglich eine Illusion, die uns von einer Gesellschaft vorgegaukelt wird, die in vielerlei Hinsicht die Orientierung verloren hat. Vielleicht bereiten diese Dinge Ihnen kurzfristig *Vergnügen*, aber das hat nichts mit *Glück* zu tun.

Nur etwas in Ihrem Inneren kann Sie glücklich machen. Freude ist ein innerer Zustand, den Sie erschaffen, und eine Entscheidung, die Sie fällen (durch Ihre täglichen Gedanken, Gewohnheiten, Verhaltensweisen, Erfolge und Abenteuer), und nichts, was auf geheimnisvolle Weise an einem sonnigen Morgen geschieht, an dem Sie den richtigen Partner, das richtige Haus, den richtigen Job oder die richtige Uhr finden.

151

Dünnen Sie Ihren Besitz aus

Unordnung erzeugt Stress. Wenn wir von zu vielen Dingen umgeben sind, raubt uns das Energie, lenkt uns davon ab, den Augenblick zu genießen. Zudem vergeuden wir Geld für Dinge, die wir nicht benötigen.

Also misten Sie einmal gründlich aus. Machen Sie eine große Entrümpelungsaktion.

Sortieren Sie Kleidung aus, die Sie seit Jahren nicht mehr getragen haben, Schuhe, die sie monatelang nicht benutzt haben, und Plunder, dessen Kauf vielleicht einst eine gute Idee war, der Ihnen aber jetzt völlig sinnlos erscheint.

Je mehr Sie entrümpeln, desto mehr Unordnung werden Sie um sich herum bemerken. Zögern Sie nicht, noch mehr Dinge hinauszuwerfen. Beseitigen Sie das Chaos. Kehren Sie alles zusammen. Vereinfachen Sie!

Wenn Sie meinem Vorschlag folgen, was werden Sie dann finden? Es wird Raum geschaffen für eine völlig neue Art von Kreativität. Ihre Energie wird schneller fließen und Ihr Gefühl persönlicher Freiheit wird sich immer mehr entfalten.

Plato lehrte einst: »Der größte Reichtum besteht darin, sich mit wenig zufriedenzugeben.« Möge uns seine Weisheit für immer begleiten.

152

Meine zehn besten Bücher über ein Leben voller Wunder

Die nachfolgend aufgeführten Bücher haben mir geholfen, ein Leben mit weniger Langeweile, mit mehr Spannung und mehr Staunen zu führen. Ich hoffe, dass Sie jedes davon lesen und entsprechend handeln werden (Informationen, die nicht umgesetzt werden, sind wertlos).

- *In die Wildnis* von Jon Krakauer
- *Small Graces* von Kent Nerburn
- *Der kleine Prinz* von Antoine de Saint-Exupéry
- *Hope for the Flowers* von Trina Paulus
- *Outsider: Die unwahrscheinliche Geschichte eines Mannes und die Suche nach seiner Vergangenheit* von Brett Popplewell
- *Der Baum, der froh und glücklich war* von Shel Silverstein
- *Endurance* von Alfred Lansing
- *The Water in Between* von Kevin Patterson
- *Ein Küchenchef reist um die Welt* von Anthony Bourdain
- *My Last Supper* von Melanie Dunea

Bedenken Sie, wie wichtig es ist, weniger im Internet zu surfen und mehr zu lesen, um ein fantastisches (und wirklich reiches) Leben zu führen. Und dass die meisten Ängste, die uns daran hindern, ein reiches Leben zu führen, lediglich Lügen sind, die uns ängstliche Menschen eingetrichtert haben.

153

Erstellen Sie ein Antihelden-Szenario

Manchmal muss man sich selbst etwas aufrütteln, um nicht in einen Trott zu verfallen. Um das zu vermeiden, bitte ich Sie, sich *ein wenig* in Angst und Schrecken zu versetzen, indem Sie eine Strategie aus meiner Methodik des »Antihelden-Szenarios« anwenden. Es ist eine einfache Strategie, die bestens funktioniert.

Schreiben Sie eine ganze Seite, aber *nicht* über all die beträchtlichen Belohnungen, die Sie erwarten, wenn Sie alles tun, was ich Ihnen beigebracht habe. Schreiben Sie stattdessen über all den Ärger, den Frust und die Gefahren, die Ihr Leben beeinträchtigen werden, wenn Sie *nicht* tun, was ich sorgfältig ausgearbeitet und Ihnen angeboten habe.

Dokumentieren Sie all die Träume, die platzen werden, das Vermögen, das Ihnen entgehen wird, und die Augenblicke, die Sie versäumen werden, wenn Sie Ihr Potenzial verraten und in Ihrer Komfortzone feststecken.

Halten Sie den Abwärtstrend fest, den Ihre Beziehungen einschlagen werden, wenn Sie Ihre Versprechen nicht einhalten. Öffnen Sie Ihr Herz und zeigen Sie Ihr wahres Ich.

Zeichnen Sie die schädlichen Einflüsse auf, die Ihr Mindset infizieren, den Schmerz, der in Ihr Heartset eindringt, die Erkrankung, die Ihr Healthset beeinträchtigt, und das Leiden, das Ihr Soulset befleckt, wenn Sie es versäumen, die notwendigen Dinge zu tun, um Ihr Leben so zu gestalten, wie es sein soll.

Ja. Erkennen Sie es klar und deutlich und haben Sie auch etwas Angst vor dem, was geschehen wird, wenn Sie nicht der siegreiche Held, sondern der böse Schurke in Ihrem Leben werden. Erschrecken Sie sich selbst (ein wenig), damit Sie die kleinen Veränderungen, die kleinen Triumphe und die kleinen täglichen Schritte machen, durch die Sie, sofern kontinuierlich durchgeführt, zu dem Menschen werden, der Sie immer werden wollten.

154

Vermeiden Sie den typischen Fehler alter Menschen

Ich habe großen Respekt vor älteren Menschen; ja, es ist so.

Sie sind oft – nach so vielen Lebensjahrzehnten – die freundlichsten, lustigsten und nachdenklichsten Leute, die man sich vorstellen kann.

Und doch muss ich auch erwähnen, dass viele einen Fehler begehen: *Sie unterhalten sich stundenlang über die Vergangenheit.*

- Sie erzählen von Heldentaten und Abenteuern, die sie in ihrer Jugend erlebt haben.
- Sie geben Anekdoten aus der Vergangenheit zum Besten, berichten über Triumphe und Entdeckungen, die schon einen langen Bart haben.
- Sie berichten in endlosen Monologen von den Drachen, die sie besiegt, den Bergen, die sie erklommen, und den Heldentaten, die sie vollbracht haben.

Ich will dies nicht verurteilen, sondern lediglich berichten. Ich beurteile dieses Verhalten in keiner Weise, ich sage lediglich: Es wird langweilig.

Und wenn ich beobachte, wie sich dieses Phänomen entfaltet, erkenne ich, dass diese guten Menschen *festgefahren sind.*

Sie sind dem Irrtum verfallen zu glauben, ihre besten Tage lägen hinter ihnen. Sie haben keine große Hoffnung mehr. Sie sehen keine besseren Zeiten in einer positiveren Zukunft. Denn die Zahl der Tage, die vor ihnen liegen, ist viel geringer als die Zahl der Tage, die vergangen sind.

Und so klammern sich diese Menschen an ihre Geschichten. Wärmen die besonderen Momente in ihrem Leben immer wieder auf.

Bitte seien Sie vorsichtig und passen Sie auf, dass Sie es nicht genauso machen. Sorgen Sie dafür, dass beim Älterwerden sogar noch bessere Tage auf Sie zukommen.

155

FINDEN SIE IHR METAPHORISCHES *WOLFGAT*

Was die häufigeren Abenteuer im Fortgang Ihres Lebens so zauberhaft macht, ist nicht zuletzt das Engagement und die Bemühung, die für die Realisierung Ihres Projekts X erforderlich sind (erinnern Sie sich an dieses Konzept aus einer der Mentoring-Sitzungen zum beruflichen Bereich?); hinzu kommt auch die Bewältigung der Herausforderungen, um mehr von Ihrem angeborenen Genie zum Tragen zu bringen und sich auf Ihre große Aufgabe zu konzentrieren. Ich möchte es wie folgt zusammenfassen: Etwas zu tun, was lustig und aufregend ist, ist umso schöner, *wenn es eine Belohnung für die Erledigung einer schwierigen Aufgabe ist.*

An der Westküste Südafrikas gibt es ein abgelegenes kleines Fischerdorf namens Paternoster, in das ich mich zurückzog, als ich am *5-Uhr-Club* arbeitete. Damit begann meine Liebe zu diesem Dorf, das ganz außergewöhnlich ist und in dem die Menschen sehr bodenständig sind. Das ist eine Überleitung zu Wolfgat, einem meiner Lieblingsrestaurants (auf der ganzen Welt).

Dieses Schmuckkästchen mit seinen zwanzig Plätzen ist in einem Cottage untergebracht, das auf einer Klippe über dem kargen Strand von Paternoster thront. Stilvolle Musik ist zu hören, während sich die Wellen am Ufer brechen. Wolfgat bietet derart außergewöhnliche Speisen, dass dieses abgelegene Restaurant zum besten Restaurant der Welt ernannt wurde.

Küchenchef Kobus van der Merwe ist ein Weltmeister der Zutatenbeschaffung (die meisten Zutaten für seine Speisen stammen aus der unmittelbaren Umgebung, und in seiner Küche finden sich alle möglichen einheimischen Pflanzen), außerdem ist er ein Großmeister in der Zubereitung einfacher, aber exquisiter Wildkräuter-Gerichte. Er wird beschrieben als ein »echter Mensch der Renaissance – er ist Arzt, Botaniker, Koch und Dichter.«

Gestern war ich mit Elle zum Lunch bei ihm. Das Erlebnis war sehr eindrucksvoll, überraschend und unvergesslich. Ich hatte die ganze Zeit ein Lächeln im Gesicht.

Nachdem ich mehrere Wochen an diesem Teil des Buches gearbeitet habe – ich fühlte mich kreativ ausgelaugt und leer –, nahm ich mir eine Auszeit, um zu dieser Oase zu reisen, die mir so viel Freude und Gelassenheit vermittelt.

Ich will damit nur sagen, dass das Leben auf seltsame Weise viel zu schnell entflieht. Das Sprichwort »Zu früh alt, zu spät weise« entspricht völlig der Wahrheit.

Finden Sie die Orte auf dieser Erde, an denen Sie glücklich darüber sind, dass Sie leben. Finden Sie die Orte, an denen Ihnen das Herz aufgeht und Ihr Glücksgefühl explodiert. Wenn Sie arbeiten, tun Sie es mit Hingabe, und wenn Sie sich vergnügen, tun Sie es mit Leidenschaft. Und finden Sie Ihr eigenes metaphorisches Wolfgat; suchen Sie es auf, bevor es zu spät ist.

Die achte Art des Reichtums

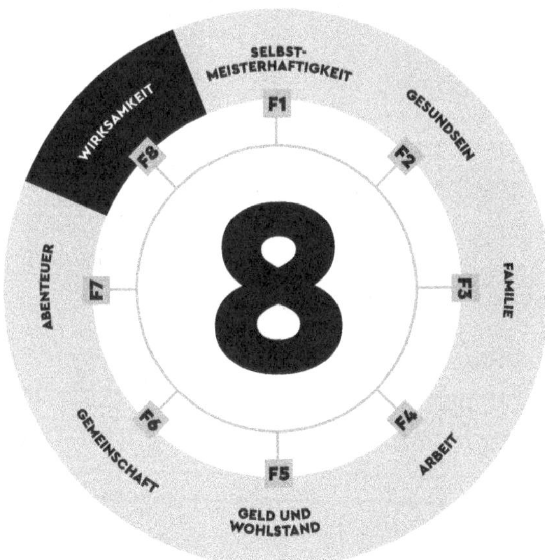

WIRKSAMKEIT

Die Gewohnheit, in diesem kurzen Leben hilfsbereit und gütig zu sein

»Auf sanfte Weise kannst du die Welt erschüttern.«
Mahatma Gandhi

Die achte Art des Reichtums

Wirksamkeit | Ein kurzer Überblick

Vergessen Sie den Autoaufkleber, auf dem steht: »Wer mit den meisten Spielsachen stirbt, gewinnt.« Wenn Sie sterben, können Sie sie nicht mitnehmen. Also genießen Sie Ihre Besitztümer, aber definieren Sie darüber auf keinen Fall, wer Sie sind, und messen Sie Ihren Erfolg nicht daran. Wie Sie mittlerweile wissen, sind materielle Dinge flüchtig. Sie kommen und gehen. Vertrauen Sie darauf, dass Ihr persönliches Wachstum, Ihre gute Gesundheit, Ihr intaktes Familienleben, Ihre berufliche Meisterhaftigkeit, Ihr ausgedehntes soziales Netzwerk und Ihre aufregenden Abenteuer die neuen Statussymbole eines luxuriösen Lebensstils sind.

Was mich zu dem Punkt bringt, zu einer Version Ihrer selbst zu werden, die von außergewöhnlicher Hilfsbereitschaft gekennzeichnet ist. Der Dienst am Nächsten ist eine überaus wertvolle Währung. Wenn Sie gut zu anderen sind, macht Sie das zu einem reichen Menschen. Das ist keine weit verbreitete Vorstellung, aber eine Aussage voller Wahrheit. Ihr Beitrag ist wichtig. Ihre Nützlichkeit sowie Ihr Einfluss sind wertvoll.

Nur wenige Tugenden verschaffen Ihnen so viel persönliche Erfüllung und inneren Frieden wie die Fähigkeit, einen positiven Einfluss auf andere Menschen auszuüben. Der Dichter Thomas Campbell schrieb: »Im Herzen derer weiterzuleben, die wir zurücklassen, bedeutet, nicht zu sterben.«

Ein Leben zu verbessern, sodass es sich erheblich von seinem bisherigen Verlauf unterscheidet, das machen sich Helden zur Gewohnheit, und das ist das Vermächtnis von Legenden.

Um es nochmals zu betonen: Ich behaupte keineswegs, dass es falsch sei, Geld zu erwirtschaften, finanziell hinzuzugewinnen und wunderbare materielle Besitztümer zu haben. Seit dem Beginn unserer gemeinsamen Reise habe ich immer betont, dass es bei einem großartigen Leben darum geht, für Ausgewogenheit zwischen allen acht Arten des Reichtums zu sorgen.

Vor diesem Hintergrund können wir uns nun mit der letzten Art des Reichtums befassen: der Wirksamkeit. Los geht's!

156

Finden Sie etwas, das grösser ist als Sie selbst

Der Psychologe Abraham Maslow stellte eine Hierarchie der menschlichen Bedürfnisse auf, ein Dreieck, das aussieht wie eine Pyramide. In dieser Maslow'schen Bedürfnispyramide stehen unten die Grundbedürfnisse der Menschen, die er als »physiologische Bedürfnisse« bezeichnet (zum Beispiel Nahrung und Unterkunft).

Wenn diese befriedigt sind, können wir uns Maslow zufolge der nächsten Bedürfnisebene zuwenden: unseren »Sicherheitsbedürfnissen« (persönliche Sicherheit, Arbeit, Gesundheit und Wohlstand), dann den »sozialen Bedürfnissen« (Liebe und Zugehörigkeit) und schließlich den »Individualbedürfnissen« (Selbstachtung und der Wunsch nach Anerkennung und Status).

Ganz oben steht schließlich die »Selbstverwirklichung«. Sobald alle niedrigeren Bedürfnisse befriedigt sind, haben wir die Kraft, das Selbstvertrauen und das persönliche Rüstzeug, um die hoch gesteckte und doch so wichtige Aufgabe anzugehen, all das zu werden, was für uns vorgesehen ist. Unser Potenzial auszuschöpfen. Unsere Gaben zum Tragen zu bringen und uns auf unser ursprüngliches Genie zu besinnen.

Faszinierend an dem Modell ist Folgendes: Kurz vor seinem Tod entschloss sich Maslow, noch eine Stufe über der »Selbstverwirklichung« einzubauen, die er »Selbsttranszendenz« nannte.

Mit anderen Worten: Nachdem er ein erfülltes Leben hinter sich hatte, erkannte er, dass das größte Verlangen von Ihnen, von mir und allen anderen Menschen, die zurzeit auf diesem Planeten leben, darin besteht, für etwas Größeres als uns selbst zu leben, für eine Aufgabe, die über unsere selbstsüchtigen Bedürfnisse hinausgeht. Für eine Berufung, die beinhaltet, jeden Menschen, dem wir begegnen, als besseren Menschen zurücklassen als zuvor, und für eine Sache, die einen echten Beitrag bedeutet. Als Menschen sind wir auf unsichtbare Weise darauf gepolt, zu dienen. Und auch wenn es nur ein kleiner Beitrag ist, bringen wir uns dadurch selbst zum Leuchten. Wir bringen Licht in die Welt.

Nur wenige von uns Menschen denken darüber nach, worin unser Hauptziel und unser Hauptzweck auf dieser Erde besteht, bis zu viel Zeit vergangen ist, um dieses Ziel noch anzupacken. Hoffentlich geht es Ihnen nicht genauso.

157

Stellen Sie Ihren letzten Tag an die erste Stelle

»Verstehen kann man das Leben oft nur rückwärts, doch leben muss man es vorwärts«, sagte der Philosoph Søren Kierkegaard. Wahre Worte!

Erst wenn wir uns dem Lebensende nähern, können wir die einzelnen Punkte verbinden, die Muster erkennen und spüren, dass *alles*, was geschehen ist – auch und vor allem die schwierigen Ereignisse –, einem großartigen Zweck diente, und zwar auf der Grundlage einer Art Masterplan.

Dies alles war ein fruchtbarer Boden für Ihr Wachstum, denn Sie haben dabei die Lektionen gelernt, die Sie benötigten, um sich mit allen Facetten zu der Persönlichkeit zu entwickeln, die zu werden in diesem Leben für Sie vorgesehen war.

Wie lautet mein heutiger Ansporn? *Stellen Sie Ihren letzten Tag an die erste Stelle.*

Ja, das wünsche ich Ihnen als Ihr stets aufmunternder und enthusiastischer Mentor aus der Ferne. Nehmen Sie sich ein bisschen Zeit und denken Sie ganz allein intensiv über Ihren letzten Tag auf dieser Erde nach. Stellen Sie sich vor, Sie liegen auf dem Totenbett, und schauen Sie in die Gesichter Ihrer Lieben. Angenommen, Ihr Leben war dynamisch, mutig, glücklich und wirklich erfüllt, was werden dann wohl Ihre Lieben sagen, wenn sie Ihr großartiges Leben preisen?

Denken Sie darüber nach, was Sie erreicht haben müssen und welche Dinge Sie Ihrer Meinung nach geleistet haben sollten, damit Sie Ihren letzten Atemzug in dem Wissen tun können, dass Sie Ihre Talente genutzt haben. Die Vertrautheit mit der eigenen Sterblichkeit ermöglicht es Ihnen, sich Ihrer wesentlichen Prioritäten bewusst zu werden und sie konzentriert umzusetzen. Der Schriftsteller Samuel Johnson, der im 18. Jahrhundert lebte, schrieb: »Wenn einem gesagt wird, dass er in zwei Wochen aufgehängt wird, dann arbeitet sein Gehirn wunderbar konzentriert.«

Lassen Sie mich ein kleines Geständnis machen: Früher gehörte es zu meiner morgendlichen Routine, Nachrufe zu lesen. Das hat mir dabei geholfen, mich auf die Dinge zu konzentrieren, die mir am meisten am Herzen lagen. Nur weniges verstärkt unser Engagement, Unwichtiges beiseitezulassen und uns auf das Wesentliche zu fokussieren, so sehr wie der drohende Tod. Ich sage das ungern, aber ich muss es sagen, um Ihnen behilflich zu sein.

In den Nachrufen auf Menschen, die ein erfülltes Leben geführt haben, ist nie zu lesen: »Er starb im Schlaf, im Kreise seiner Anwältin, seines Buchhalters und seiner Anlageberaterin.«

Nein. Alle Todesanzeigen für Menschen, die ein Leben voller Optimismus, Staunen und Vitalität, Integrität, Freude und Gelassenheit geführt haben, lauten mehr oder weniger gleich:

> Sie starben im hohen Alter friedlich im Schlaf, umgeben von den Mitarbeitern, die sie respektierten, den Nachbarn, die sie schätzten, und der Familie, die sie liebte. Noch im Tod lächelten sie sanft, denn sie wussten ja, dass sie im Leben Authentizität, Mut, Kreativität und Freundlichkeit bewiesen hatten.

Darf ich Ihnen folgende Frage stellen: Wenn am Lebensende solche Dinge am wichtigsten sind, warum trauen Sie sich dann nicht, sie schon heute zu Ihrem Hauptanliegen zu machen?

158

Prägen Sie sich die letzten drei Wünsche Alexanders des Grossen ein

In einer berühmten Legende wird berichtet, dass Alexander der Große auf dem Totenbett seine Generäle versammelte und ihnen seine drei letzten Wünsche mitteilte:

Nur die besten Ärzte der Welt sollten seinen Sarg tragen.

Das riesige Vermögen, das er im Laufe seines Lebens angehäuft hatte (Gold, Edelsteine, Schmuckstücke) sollte während der Prozession zum Friedhof verstreut werden.

Seine Hände sollten außerhalb des Sargs für alle sichtbar sein.

Einer seiner ranghöchsten Generäle fragte ihn, warum er diese drei Anweisungen erteilt habe. Der geschätzte Herrscher erwiderte Folgendes:

Zum einen, erklärte er, sollten die besten Ärzte seinen Sarg tragen, damit alle Trauernden und die gesamte Bevölkerung begriffen, dass nicht einmal die beste Medizin den Tod eines Menschen verhindern konnte.

Zweitens wolle er, dass die Straßen mit seinem Gold und anderen Reichtümern übersät würden, damit alle Anwesenden verstünden, dass das Geld, das auf der Erde gescheffelt wurde, nach unserem Tod dort zurückbleibt.

Und schließlich, sagte er, sollten seine Hände über den Sarg hängen, damit seine Anhänger wüssten und niemals vergessen würden, dass wir mit nichts geboren werden und mit leeren Händen sterben.

Wir sollten uns die drei letzten Wünsche Alexanders des Großen einprägen und sie beherzt auf unser Leben anwenden. Dadurch erleben wir unmittelbar, dass es Reichtum gibt, den man nicht mit Geld kaufen kann.

159

Übernehmen Sie eine Führungsrolle – auch ohne Titel

Seit fast dreißig Jahren reise ich um die Welt (von London bis Lagos, von New York bis Nairobi, von Dubai bis Durban und von Helsinki bis Hongkong) und bestreite Keynote-Präsentationen mit der Botschaft, dass jeder Mensch, egal wo er lebt und was er tut, eine Führungsrolle übernehmen kann, sofern er es nur will. Eine Führungsrolle ist das Gegenteil der Opferrolle. Und Menschen, die sich als Opfer sehen (indem sie sich beklagen, anderen Vorwürfe machen und darauf warten, dass sich die Umstände bessern, statt sie mithilfe ihrer natürlichen Kraft selbst zu verbessern), haben niemals einen positiven Einfluss.

»Jeder kann großartig sein, denn jeder kann dienen. Man muss keinen Hochschulabschluss haben, um zu dienen. Man muss nicht sein Subjekt und sein Verb in Kongruenz bringen, um zu dienen. Du brauchst nur ein Herz voller Gnade. Eine Seele, die von Liebe erfüllt ist«, sagte Martin Luther King Jr., einer meiner Helden.

Machen Sie also weiter. Fungieren Sie bei der Arbeit als Führungskraft, auch wenn Sie keine offizielle Position oder gewichtige Stellenbezeichnung haben. Übernehmen Sie auch zu Hause die Führung, indem Sie Ihre Familie ermutigen, unterstützen und lieben (und ein Fels in der Brandung sind). Führen Sie auch in Ihrer Gemeinschaft, indem Sie sich so verhalten, dass andere Menschen sich daran erinnern, was ihre eigentliche Bestimmung ist.

160

Vertrauen Sie der Macht der Unbekümmertheit

Vielleicht hört sich folgender Rat seltsam für Sie an: *Kümmern Sie sich viel, aber nicht zu viel.* Das möchte ich unterstreichen. Dabei geht es nicht darum, freundlich zu sein und seine Mitmenschen gut zu behandeln; hier darf man unbedingt etwas übertreiben.

Es geht darum, sich Ihren Frieden zu bewahren und mit der Realität so umzugehen, dass Sie in der Welt, aber nicht zwangsläufig an sie gebunden sind. Sie tun Ihr Bestes, halten aber an allem, was geschieht, nur locker (nicht energisch) fest – weil Sie darauf vertrauen, dass das Universum weiß, was es tut, und dass es für *alles*, was sich ereignet, einen wunderbaren Grund gibt, auch wenn Sie im Augenblick den großen Nutzen nicht erkennen können. Das Leben strebt nicht Ihr Scheitern an, sondern immer Ihr Glück, nicht wahr?

Wenn Sie das beherzigen, werden Sie zu einer Art modernem spirituellem Meister. Genießen Sie die Höhepunkte Ihrer Reise und vertrauen Sie darauf, dass sich in den ganz gewöhnlichen Momenten Ihre Selbst-Meisterhaftigkeit, Ihr Mut und Ihre Weisheit herausbilden. Sobald Sie die Lektionen gelernt haben, die Ihr höchstes Selbst benötigt hat, sind alle Schwierigkeiten Vergangenheit und bessere Zeiten stehen Ihnen bevor.

161

Ihr Herz ist klüger als Ihr Kopf

Wir befinden uns in einem ständigen Kampf zwischen unserem Egoistischen Selbst und unserem Heroischen Selbst. Zwischen unserem Geburtsrecht der Freiheit und der serienmäßig eingepflanzten Programmierung der Angst. Zwischen den Vorschlägen, die uns unser gutes Herz ständig zukommen lässt (wenn auch nur leise), und den unerbittlichen Anweisungen, die uns unser lärmender Verstand entgegenschleudert.

Ihr Egoistisches Selbst ist nicht Ihr wahres Selbst; es ist der Teil von Ihnen, der sich gebildet hat, als Sie das Leben durchliefen und Einflüssen um Sie herum ausgesetzt waren, die Ihnen sagten, wie Sie denken, was Sie sagen und wie Sie leben sollten. Es ist der Teil von Ihnen, der gebildet wurde durch die Verletzungen, die Sie erlitten haben, die Enttäuschungen, die Sie verkraften mussten, und die Rückschläge, die Sie nicht in Vorteile umwandeln konnten. Ihr Ego ist Ihre Schattenseite. Es ist misstrauisch, ängstlich und manchmal selbstsüchtig. Und es bemüht sich fast täglich, Sie davon abzuhalten, die beste Version Ihrer selbst zu werden.

Und Ihr Heroisches Selbst? Das ist Ihr wahres Ich. Es ist voller Fantasie und Einsicht, Kraft und Liebe. Es weiß, was Sie in der jeweiligen Situation tun sollten – zum Vorteil *aller* Beteiligten (also nicht nur zu Ihrem). Es weiß auch Bescheid über Ihre angeborene Größe und ist unbesiegbarer, als unser kleinmütiges Denken sich vorstellen kann. Und dieser brillante Teil von Ihnen versteht, dass alle Ihre Herzenswünsche deshalb nur Ihre sind, weil sie ausschließlich Ihnen angepasst sind; folglich haben Sie auch die Fähigkeit, sie zu verwirklichen.

Ich will damit sagen, dass es vielleicht nicht »normal« ist, in diesem technologisierten Zeitalter auf die Stimme des Herzens zu vertrauen, dennoch sollten Sie es tun. Es ist so viel weiser als alles, was die Vernunft einem einreden will. Es wäre gut, wenn wir anfingen, mehr darauf zu hören.

162

Lassen Sie sich nicht den Tag vergällen, nur weil jemand anders einen schlechten Tag hat

Sie stehen früh auf. In den Straßen herrscht absolute Stille. Die Welt gehört Ihnen. Verstehen Sie, was ich meine?

Sie machen einige Übungen, um Ihren Kreislauf in Schwung zu bringen. Sie hören Musik, bereiten sich einen Kaffee oder Tee zu. Dann schreiben Sie in Ihr Tagebuch, wofür Sie dankbar sind, um Ihren Tag fröhlich zu beginnen. Und Sie schreiben auf, wie Sie die kommenden Stunden nutzen wollen, um eine klare Vorstellung davon zu bekommen, wie alles am Ende aussehen soll.

Ihre Morgenroutine hat Sie in beste Stimmung versetzt. Sie denken positiv, fühlen sich superstark und nehmen sich vor, den Tag, der Ihnen geschenkt wurde, großartig zu gestalten. Dann treffen Sie einen anderen Menschen.

Vielleicht bei Ihnen zu Hause. Jemand ist schlecht gelaunt aufgewacht und möchte Sie mit seiner negativen Stimmung anstecken. Vielleicht ist es ein Mitreisender im Zug, der sein Videospiel viel zu laut gestellt hat. Vielleicht wollen Sie in der Bäckerei etwas Süßes kaufen. Sie grüßen die Person hinter der Theke freundlich. Doch die starrt Sie nur an, fragt, was Sie wollen, und reicht Ihnen das Gebäckstück ausgesprochen mürrisch.

Merken Sie sich: Selbst wenn so viele andere Menschen häufig schlecht gelaunt sind, sollten Sie sich nicht die Stimmung von ihnen verderben lassen. Lassen Sie sich nicht von ihnen anstecken und herunterziehen. Sie haben es in der Hand, gelassen zu bleiben, jeden Tag Ihre Vorhaben zu verwirklichen und das Leben nach Ihren Vorstellungen zu führen (und nicht so, wie es griesgrämige Menschen insgeheim für Sie wünschen). Elend sucht Elend, und Traumdiebe wollen Sie gern zu ihrer Jammerparty einladen.

163

Rezitieren Sie das »Genau wie ich«-Friedensgebet

Ich hörte einmal, wie die faszinierende Nonne Pema Chödrön von einem Gebet berichtete, das sie spricht, wenn eine andere Person sie nervt oder verärgert.

Sie sitzt schweigend da, taucht in Ihr Inneres und schwört, besagter Person das schlechte Benehmen zu vergeben, denn »sie ist genau wie ich«.

Ich bin mir nicht sicher, ob ich ihre Übung korrekt erklärt habe oder ihrer Weisheit gerecht geworden bin.

Ich will damit nur sagen, dass die Nonne in einem Augenblick des Kummers Gelassenheit findet, weil sie erkennt, dass vielleicht auch sie selbst das ungehörige Verhalten der anderen Person an den Tag legen könnte.

Und diese gemeinsame menschliche Schwäche und Unvollkommenheit erfüllt sie mit Ruhe, bewirkt, dass sie sich entspannt und für ihre Mitmenschen von noch größerem Nutzen ist.

Es ist für uns alle so einfach, von oben herab zu beurteilen und uns in Selbstgerechtigkeit zu suhlen, wenn wir sehen, dass eine andere Person etwas tut, was wir für falsch halten.

Doch wenn wir mehr Zeit mit Reflexion und Bewusstseinsbildung verbringen, stellen wir oft fest, dass wir uns genauso verhalten.

Vielleicht unterscheidet sich das schlechte Verhalten unserer Brüder und Schwestern auf diesem kleinen Planeten ein wenig von unserem eigenen, aber der Kerngedanke ist, dass auch wir regelmäßig das Verhalten an den Tag legen, das wir so störend finden.

In Anbetracht dessen sollten Sie eine gewisse Nachsicht mit dem Übeltäter üben. Wer weiß, was er erlebt hat oder durchmachen muss. Und seien Sie auch nachsichtig gegenüber sich selbst. Auch Sie haben einiges hinter sich.

Wenn wir offen dafür sind, um die Kraft zu beten, anderen Menschen zu vergeben, weil sie »genauso wie ich« sind, können wir uns entspannen. Wir atmen. Wir erden uns. Wir öffnen uns.

Und dann genießen wir inneren Frieden und eine äußere positive Einstellung, was uns dabei hilft, nützlicher für unsere Mitmenschen zu sein.

164

Betrachten Sie Alleinsein als das neue Statussymbol

Der berühmte weise Paramahansa Yogananda sagte einmal: »Zurückgezogenheit ist der Preis für Bedeutsamkeit.« Mir gefallen diese Worte.

Manchmal machen sich unser Ego und unsere Unsicherheiten, Ängste und Frustrationen so laut bemerkbar, dass wir nicht hören können, was unsere Seele sagt.

Es ist ein heiliger Akt, sich regelmäßig Zeit für die Abgeschiedenheit zu nehmen. Allein zu sein und in völliger Stille zu versinken, ist eine heilige Handlung. Warum? In der Stille verbinden Sie sich wieder mit Ihrem reinsten Selbst, das ehrlich ist, wenn andere lügen. Das mutig ist, wenn andere einen Rückzieher machen. Das Erfolg hat, während andere im Leerlauf verharren. Das liebevoll ist, wenn andere gehässig sind.

Ja, mein Freund (ich werde es vermissen, Sie betreuen zu dürfen): Begeben Sie sich viel öfter an abgeschiedene Orte. Und dort überlegen Sie dann, was für ein Leben Sie sich aufbauen wollen. Denken Sie darüber nach, welche Wertvorstellungen Sie haben. Und beten Sie um die Kraft, den Rest Ihres Lebens so zu verbringen, dass Sie das Leben derer in Ihrem Umfeld inspirieren, ermutigen und bereichern.

Und noch ein letzter Punkt: Wenn Sie sich niemals von der Welt zurückziehen, können Sie nicht dazu beitragen, sie zu einem besseren Ort zu machen.

165

Wenden Sie das Motto »Stets freundlich« an

Der Schriftsteller und Philosoph Leo Tolstoi (ich erzähle Ihnen in Kürze eine meiner Lieblingsgeschichten von ihm) erklärte, »dass nichts unser Leben oder das Leben anderer Menschen schöner machen kann als ständige Freundlichkeit«.

Wollen Sie all Ihre Sorgen loswerden und alle Probleme lösen? Dann widmen Sie sich der Aufgabe, anderen die Sorgen zu nehmen und deren Probleme zu lösen, indem Sie bei allem, was sie tun, Freundlichkeit ausstrahlen.

Einer der Hauptpunkte, die Menschen am Ende ihres Lebens bedauern, ist der: Sie wünschen sich, sie hätten ihre Familie, ihre Freunde, ihre Kollegen und auch Fremde mit mehr Liebenswürdigkeit, Sanftmut und Großzügigkeit behandelt.

Als ich in den Zwanzigern war, hatte ich das Glück, einen Mentor zu haben, der mich alles über ein erfülltes Leben lehrte. Er verfügte über tadellose Umgangsformen, zeichnete sich durch überragende Erfolge aus und war ein Vorbild für tiefe Demut.

Als ich diesen ungewöhnlichen Menschen bei unserer letzten Begegnung vor seinem Tod danach fragte, was am wichtigsten sei, um ein erfülltes Leben zu führen, entgegnete er: »Robin, seien Sie einfach *immer* gütig.«

Ich habe die weisen Worte meines Mentors nie vergessen und wünsche mir, dass auch Sie sie beherzigen.

166

Es kann nie schaden, etwas Gutes zu tun

Vor Kurzem war ich in einem sehr armen Teil der Welt. Mein Herz blutet, wenn ich Menschen sehe, die ums Überleben kämpfen. Auf dem Weg zur Stadt stieß ich auf ein paar Teenager, die auf einer Brücke herumhingen.

»Sir, bitte spendieren Sie mir was zu trinken«, sagte der größere von ihnen.

Ich setzte meinen Weg fort, blieb dann aber stehen, machte kehrt und ging zu den Teenagern zurück.

»Was verstehst du unter ›was zu trinken‹?«, fragte ich. »Doch keinen Alkohol, oder?«

»Nein, Sir, lediglich etwas zu trinken. Oder etwas zu essen. Bitte.«

»Komm mit«, erwiderte ich. »Wir gehen zusammen ins Lebensmittelgeschäft.«

Und so ging ich also mit dem Jungen zum Lebensmittelladen, der zu Fuß fünfzehn Minuten entfernt war. Unterwegs erkundigte ich mich nach seiner Familie, seinen Träumen und Sorgen.

Als wir bei dem Geschäft angelangt waren, blieb er vor dem Eingang stehen. Ich glaube, er befürchtete, dass man ihn nicht hineinlassen würde, weil seine Kleidung zerlumpt und seine Schuhe abgetragen waren.

»Komm einfach mit mir«, schlug ich höflich vor.

Er folgte mir zögerlich.

»Magst du Hühnchen?«, fragte ich.

Er nickte. »Ja, sehr.«

»Heute ist mein Glückstag«, murmelte er dann vor sich hin.

»Fünf gegrillte Hähnchenflügel, fünf Hähnchenkeulen und fünf große Salate bitte«, sagte ich zu der Frau hinter der Theke. Sie trug ein

Haarnetz und dicke Brillengläser, die ihre Augen größer wirken ließen, als sie waren.

Als ich die Kartons mit den Gerichten in Empfang nahm, reichte ich sie an den Jungen weiter. Er grinste übers ganze Gesicht.

»Danke.« Dann wollte er sein Glück erzwingen, wie es alle jungen Leute tun sollten. »Kann ich noch 'ne Limonade haben?«

»Nein«, erwiderte ich. »Ich werde dir etwas Gesundes kaufen.«

Zu seiner Bestürzung griff ich ein paar Flaschen frischen Orangensaft und eine große Flasche Wasser. Dann gingen wir zur Kasse.

Nachdem ich alles bezahlt hatte, nahm er die Einkäufe und wir gingen hinaus in die späte Morgensonne.

»Viel Glück noch«, war alles, was ich über die Lippen brachte.

»Danke«, erwiderte der Junge und ging beschwingt weiter.

Etwas später traf ich einen Freund, der in der Stadt lebt. Ich fragte ihn, ob ich das Richtige getan hätte, da mir die Kultur fremd war und ich mich erst kundig machen musste, wie die Bräuche in dem Land waren.

»Du hast gut gehandelt, aber jetzt werden sie dich jedes Mal, wenn du vorbeikommst, um Essen bitten, denn du bist jetzt eine leichte Beute«, sagte er, während wir auf der Straße standen und er an seinem Kaffee nippte.

Ich ging zum Mittagessen und kehrte dann zu meiner Unterkunft zurück. Als ich an einer Grünfläche vorbeikam, entdeckte ich den Jungen wieder. Er lachte laut und spielte mit seinen Freunden Fußball.

Als er mich sah, rief er: »Sir, danke. Danke für das Essen und den Saft. Danke. Heute war mein Glückstag! Auch meine Freunde waren sehr glücklich.«

Er hatte keine weiteren Wünsche, wollte nicht mehr, erweckte nicht den Eindruck, als sähe er in mir eine leichte Beute.

Er war lediglich ein dankbarer Mensch, der eine kleine Geste von jemandem, der sich um andere kümmert, zu schätzen weiß.

Wissen Sie, ich bin kein Guru und ganz bestimmt kein besonderer Mensch. Aber ich sage Ihnen Folgendes: *Es kann nie schaden, etwas Gutes zu tun.*

In all den Jahren meines Lebens, in dem es manchmal auch härtere Zeiten gab, waren fast alle Menschen, denen ich begegnet bin, grundsätzlich gut. Gewiss, die Menschen haben oftmals schlechte Tage (oder auch Jahrzehnte), und wir alle haben Schwächen (und Wunden), mit denen wir uns herumschlagen müssen. Doch die meisten Menschen haben ein gutes Herz und wollen Gutes tun.

Wann immer sich die Gelegenheit bietet, etwas Gutes oder Anständiges zu tun, ergreifen Sie sie. Vielleicht ist es eine einmalige Gelegenheit. Jemandem zu helfen, der in Not ist, ist nicht nur ein Geschenk, das man dem anderen macht, sondern auch ein Geschenk für sich selbst.

167

Denken Sie über das Gesetz des vergessenen Herrschers nach

Es gibt ein altehrwürdiges Gesetz, das ich Ihnen empfehlen möchte. Die Erinnerung an viele Könige, Königinnen, Präsidenten, Premierminister, Kaiser, große Krieger und ikonische Anführer in der Geschichte ist im Laufe der Zeit verblasst. Sie waren die Titanen ihrer Zeit. Die Koryphäen ihres Zeitalters, die von den Massen wie Götter verehrt und von Millionen Menschen bewundert wurden. Doch sie erwiesen sich als sterblich, als Futter für die Würmer.

Heutzutage kennen Sie und ich 99 Prozent von ihnen nicht mehr. Wir erinnern uns nur noch an einige wenige außergewöhnliche Ikonen. Und die Übrigen? Anonym. Vergessen. Irrelevant. Es ist fast, als hätten sie nie gelebt.

Das eröffnet uns eine gewisse Perspektive, nicht wahr? Selbst wenn wir nach den Maßstäben unserer Kultur unglaubliche Erfolge erzielen, ist es sehr wahrscheinlich, dass, abgesehen von einem langen Nachruf und einer Beerdigung, an der die Familie und ein paar Freunde teilnehmen, ein paar Monate später niemand mehr an uns denkt.

Im Hinblick auf diese Tatsache ist Ihre Aufgabe klar: Leben Sie *Ihr* Leben. Verwirklichen Sie *Ihre* Träume. Laufen Sie *Ihr eigenes* Rennen. Führen Sie kein Leben, das darauf ausgerichtet ist, sich anzupassen, es allen recht zu machen, ja nicht von der Masse abgelehnt zu werden (was meistens in die Irre führt). Die meisten dieser Helden der Geschichte sind in Vergessenheit geraten. Warum also sollte man das Bedürfnis, sich der breiten Masse anzupassen, so wichtig nehmen, dass man es versäumt, das Leben zu führen, das einem die Klugheit gebietet?

168

Denken Sie daran, dass Sie nur sechs Fuss brauchen

Früher habe ich bei meinen Vorträgen zum Thema Führung immer Leo Tolstois Erzählung *Wie viel Erde braucht der Mensch* erwähnt. Darin wird ein sehr gieriger Mann beschrieben, der davon besessen ist, in seinem Heimatort immer mehr Land zu erwerben, bis er irgendwann umzuziehen beschließt, um anderswo noch mehr Land zu kaufen.

Er hört von einer weit entfernten Gegend, in der das Land sehr fruchtbar und von hoher Qualität ist. Also reist er dorthin, überreicht den Anführern Geschenke und gewinnt den Ältesten für sich, dem er erklärt, dass er so viel Land wie möglich bekommen möchte. Der Älteste antwortet ihm, er könne so viel Land haben, wie er an einem einzigen Tag zu Fuß umrunden könne.

Der gierige Grundstückseigentümer findet diesen Deal etwas befremdlich, nimmt aber das Angebot an.

Der Älteste weist aber darauf hin, dass das Geschäft nur unter einer Bedingung abgeschlossen werden könne: Der Mann muss bis zum Sonnenuntergang zum Ausgangspunkt zurückgekehrt sein, sonst verliert er das Land, das er durchschritten hat.

Der Mann erklärt sich einverstanden und bricht am nächsten Tag frühmorgens auf. Er geht zügig los und steigert in seiner Gier sein Tempo zunehmend, um noch mehr Land beanspruchen zu können. Um die Mittagszeit bewegt er sich bereits im Dauerlauf, getrieben von dem Verlangen nach mehr. Am Spätnachmittag rennt er. Als sich am Himmel allmählich der Sonnenuntergang abzeichnet, ist der Mann beunruhigt, denn er befürchtet, dass er es bis zum Sonnenuntergang nicht mehr bis zum Ausgangspunkt schaffen und somit das gesamte Land verlieren könnte, das er abgelaufen ist.

Er eilt zurück zum Ausgangspunkt, erhöht sein Tempo noch mehr, während die Sonne immer tiefer sinkt. Bald geht ihm der Atem aus, und er erkennt, dass er sich in seiner Gier übernommen hat. Doch er will nicht aufgeben.

Als die Sonne fast am Horizont verschwunden ist, erblickt der Mann den Ältesten und seine Anführer auf dem Hügel. Sie winken ihm zu und treiben ihn an. Er rennt weiter und erreicht schließlich wieder den Ausgangspunkt. Der Älteste freut sich über die Leistung des Mannes, der ein riesiges Gebiet fruchtbares Land umrundet hat.

Aber aus dem Mund des Mannes rinnt Blut und er hat aufgehört zu atmen. Seine Augen sind geschlossen.

Es wird ein Grab für ihn ausgehoben. Sechs Fuß vom Scheitel bis zur Sohle, das war alles, was der Mann am Ende an Land benötigte.

Was will ich Ihnen damit sagen? Zu helfen ist wertvoller, als den Besitz zu vergrößern. Geben ist befriedigender als nehmen. Und nützlich zu sein ist befriedigender, als gierig nach etwas zu streben. In der Biografie der größten Persönlichkeiten der Geschichte habe ich eines festgestellt: Jeder von ihnen hatte eine so hohe Bewusstseinsebene erreicht, dass seine Bereitschaft zu dienen weit über sein Verlangen nach Reichtum hinausging.

Auf einer Reise besuchte ich Mutter Teresas Mission in Kalkutta. Ich wurde durch verschiedene Räume geführt und wir kamen auch zu dem Platz, wo sie nachts geschlafen hatte. Es war *verblüffend,* wie wenig diese Frau besessen hatte, die von der ganzen Welt verehrt wurde und Millionen von Menschen geholfen hat. Sie war überzeugte Minimalistin. Sie hatte lediglich ein schlichtes Bett und einen spartanischen Schreibtisch – das war alles. Ihr Zimmer war asketisch, doch ihr Herz war reich.

Mahatma Gandhi, ein weiterer Meister der asketischen Lebensweise, besaß bei seinem Tod lediglich *sechs* Gegenstände: seine Nickelbrille, eine Schale, einen Teller, Sandalen und seine Taschenuhr.

Materielle Besitztümer hatten für ihn keinerlei Reiz. Durch Meditation, Gebet, Fasten und das Engagement für die Freiheit seiner Landsleute hatte er einen Seinszustand erreicht, in dem ihn seine Berufung zu dienen mit weit mehr Befriedigung erfüllte als die Zurschaustellung eines protzigen Autos, das Tragen einer teuren Uhr und der Besitz eines Hauses in einem eleganten Viertel.

Ich wiederhole: Tun Sie, was Ihnen als das Beste erscheint. Dazu möchte ich Sie ausdrücklich ermuntern. Aber seien Sie sich auch bewusst: Echtes Glück, Frieden und dauerhafte persönliche Freiheit werden dadurch geschaffen, ein Segen für andere Menschen zu sein und Gutes zu tun, während Sie auf Ihrer Lebensreise voranschreiten. Und eines Tages in ferner Zukunft werden Sie nur noch sechs Fuß Erde brauchen.

169

Lösen Sie eine Revolution der Liebe aus

Ich möchte Sie gerne um einen Gefallen bitten, wenn Sie bereit wären, mir zuzuhören, und gerne etwas tun würden, das wohl Ihr Gefühl dafür erheblich steigern würde, leidenschaftlich und sinnerfüllt zu leben: Lösen Sie eine Revolution der Liebe aus – und tun Sie den ersten Schritt.

Mahatma Gandhis Salzmarsch, der sich zu einem Aufstand von Millionen ausweitete und eine große Rolle bei der gewaltlosen Befreiung seines Landes von der Fremdherrschaft spielte, begann mit einem einzigen Schritt von ihm allein. Dann folgte ihm eine zweite Person, dann noch ein paar weitere, dann Dutzende seiner indischen Brüder und Schwestern, dann Tausende – und schließlich waren alle daran beteiligt, Gandhis ursprünglich verrückten Traum zu erfüllen.

Rosa Parks war in der düsteren Zeit der Rassentrennung nicht bereit, im hinteren Teil des Busses Platz zu nehmen, der für schwarze Menschen vorgesehen war. Der Fahrer drohte ihr mit Verhaftung, wenn sie sich weigerte, die Anweisung zu befolgen. »Das können Sie gerne tun«, erwiderte sie leise und mit großer Würde. Ihre Trotzreaktion führte zu einem allgemeinen Busboykott, was wiederum Märsche und Protestaktionen zur Folge hatte, die schließlich die Bürgerrechtsbewegung hervorbrachten.

Ich wünsche mir, dass Sie Ihre eigene Revolution anzetteln. Ja, das wünsche ich wirklich. Eine Revolution, die auf Liebe beruht. (Der Gitarrenvirtuose Jimi Hendrix sagte: »Wenn die Macht der Liebe über die Liebe zur Macht siegt, wird die Welt Frieden finden.«) Und fangen Sie klein an, wenn Sie andere zu mehr Respekt, Höflichkeit, Fröhlichkeit und Vergebung anregen wollen. Machen Sie kleine Schritte und versuchen Sie, durch eine symbolische Geste noch mehr Anhänger zu gewinnen. Und hören Sie nicht auf, bis Sie Ihre Aufgabe, die Welt zu verändern, erfüllt haben.

170

DER GERADE WEG IST DER BESTE WEG

Heute Morgen habe ich ein kurzes Video gesehen, in dem ein Social-Media-Influencer rief: »Setzen Sie sich selbst an die erste Stelle, sonst werden Sie zum Verlierer, der ausgenutzt wird.«

Gestern erklärte ein Top-Experte, dass er seinen Erfolg an der Zahl der Trauergäste bei seiner Beerdigung messe.

Letzte Woche hörte ich Äußerungen einer Führungskraft über die Eigenschaften weltlicher Macht und über die Schritte, die man unternehmen müsse, um sie anderen zu entreißen, zudem über das Manipulieren von Menschen, mit denen man Geschäfte macht, um nach ganz oben zu kommen.

Ich möchte betonen: Das Großartige an einem Menschenleben ist, dass jeder von uns seine eigene Meinung vertreten darf. Und ich habe großen Respekt vor der freien Meinungsäußerung.

Und doch habe ich eine ganz andere Meinung über das Universum als viele andere. Sie vermutlich ebenfalls?

Ich muss hier meine Ansichten darlegen, damit Sie sie prüfen können, um dann Ihre eigenen Schlussfolgerungen zu ziehen und zu einer Erkenntnis zu gelangen, die am besten zu Ihnen passt.

Ein starker, weiser und großartiger Mensch ist jemand, der sich intensiv um das Wohlergehen seiner Mitmenschen kümmert. Natürlich sollten Sie kein Fußabtreter sein. Wenn Sie zulassen, dass andere Sie ausnutzen, werden es einige sicherlich auch tun. Das ist klar, also seien Sie bitte nicht naiv. Aber ich glaube, dass Sie nie die Selbstachtung, das Glück und die Gelassenheit erreichen werden, die Sie anstreben, wenn Sie sich nur um sich selbst kümmern. Wenn Sie ein guter Mensch sind, und jemand nimmt Ihnen etwas weg, dann sind Sie der Sieger – nicht der andere, denn Sie sind der Gute.

Und ...

Warum ist es wichtig, wie viele Menschen an Ihrer Beerdigung teilnehmen? Sie werden ja dann tot sein. Was ist, wenn keiner zu meiner Beerdigung kommt? Wen interessiert es? Warum gilt das als Maßstab für Erfolg? Vincent van Gogh ist wahrscheinlich ganz allein gestorben. Ist deshalb sein Leben als erfolglos zu bezeichnen?

Ganz im Gegenteil: Es war *außergewöhnlich*. Für mich war der Mann ein Held. Wie verhält es sich dann mit dem Gärtner oder dem Totengräber, der unauffällig und mit großer Integrität lebt, seine Arbeit mit Würde ausführt, ein Leben voller Höflichkeit, Weisheit, Mitgefühl und Ehre führt, aber am Ende nur von wenigen Trauergästen zur ewigen Ruhe begleitet wird? Diese Menschen sind für mich Gewinner, absolute Helden.

Und ...

Warum bedeutet Macht allzu oft, auf anderen herumzutrampeln, um sich den Weg nach oben zu bahnen? Ist das nicht bitter für Ihr Herz und äußerst schädlich für Ihre Seele? Geht es nur mir so oder sehen Sie es ähnlich? Geht es, wenn man eine echte Machtposition innehat, nicht im Grunde darum, andere Menschen aufzurichten, statt sie niederzumachen? Und den Menschen beim Entfalten ihrer Talente zu helfen, statt lautstark mit den Ihren zu prahlen?

Ich glaube nicht, dass Sie alles bekommen, was Sie sich wünschen, indem Sie den Ratschlägen dieser wohlmeinenden Gurus folgen. Stattdessen schlage ich vor, dass Sie sich folgender, nicht ganz so bekannter Fakten bewusst werden:

- Fürsorge ist cool.
- Höflichkeit ist im Trend.
- Verlässlichkeit ist stark.
- Demut ist schick.
- Sparsamkeit ist sexy.
- Geduld ist super.
- Selbstlosigkeit ist grandios.

Dazu möchte ich noch eine lehrreiche Geschichte erzählen. Es geht darum, immer den geraden Weg, den rechten Weg zu beschreiten, damit man ein wunderbares, fröhliches und wirklich erfülltes Leben führen kann.

Der spanische Leichtathlet Iván Fernández Anaya lag 2012 bei einem Cross-Country-Lauf im nordspanischen Navarra an zweiter Stelle.

Der Spitzenläufer Abel Mutai, der bei den Olympischen Spielen in London die Bronzemedaille gewonnen hatte, lag in Führung. Zur allgemeinen Verblüffung blieb Mutai, der siegessicher war, zehn Meter vor dem Ziel stehen, weil er irrtümlich annahm, er habe bereits die Ziellinie überschritten.

Statt an ihm vorbeizulaufen und sich den Sieg zu holen, blieb auch Fernández Anaya stehen und sagte zu seinem verwirrten Konkurrenten, er solle weiterlaufen, um den wohlverdienten Preis entgegenzunehmen.

»Ich habe den Sieg nicht verdient«, erklärte der vierundzwanzigjährige spanische Sportler. »Er war der rechtmäßige Sieger. Er hatte einen Vorsprung und ich hätte ihn nicht eingeholt, wenn er nicht einen Fehler begangen hätte.«

Es ist erfreulich, diese Art von Charakter zu erleben. So viel Selbstlosigkeit hat etwas Magisches.

Lassen Sie uns den geraden Weg feiern – und immer danach streben.

171

Nehmen Sie Ihr letztes Abendmahl schon heute zu sich

Um Ihrem Leben noch mehr Bedeutung zu verleihen, empfehle ich Ihnen, dass Sie Ihr letztes Abendmahl zusammenstellen – und dann verzehren.

Letztes Wochenende waren Elle und ich in Rom. Auf Reisen hab ich am liebsten ein köstliches Mittagessen und dann wenig oder gar nichts zum Abendessen. Dies sorgt für einen wirklich vergnüglichen Tag und einen gesunden, ruhigen Abend (was den Tiefschlaf fördert). Diese Essgewohnheit erleichtert es mir auch, am nächsten Morgen früh aufzustehen, um zu beten, zu meditieren, Sport zu treiben, ins Tagebuch zu schreiben und zu lesen. Damit besteht eine große Wahrscheinlichkeit, dass auch der Tag darauf wieder ein guter Tag wird.

Wir luden zwei unserer Freunde zum Mittagessen in eines meiner Lieblingsrestaurants ein. Es befindet sich in der Nähe vom Campo de' Fiori, einem Platz, auf dem der legendäre Denker Giordano Bruno (16. Jahrhundert) bei lebendigem Leib auf dem Scheiterhaufen verbrannt wurde, weil er revolutionäre Ideen verbreitete. Aber diese Geschichte erzähle ich Ihnen ein anderes Mal, vielleicht, wenn wir uns irgendwann in der Zukunft persönlich treffen sollten (was mir sehr gefallen würde).

Wir kosteten alle möglichen römischen Delikatessen. Oh, diese köstliche Burrata, ein italienischer Kuhmilchkäse, der aus Sahne und Mozzarella hergestellt wird. Er enthält Stracciatella, ein cremiges, klebriges, delikates Himmelshäppchen. Absolut göttlich und doch so ungemein einfach.

Im Laufe dieses Essens, das sich insgesamt über vier Stunden erstrecken sollte und bei dem wir lachten, tiefschürfende Gespräche führten und amüsant plauderten, fragte ich in die Runde: »Was würdet ihr eigentlich als eure letzte Mahlzeit bevorzugen?« Ich dachte, das sei eine interessante Frage, um für weiteren faszinierenden Gesprächsstoff zu sorgen.

Mein Freund, ein bekannter DJ, war sofort Feuer und Flamme und schwärmte von seiner Lieblingspasta, von Fleisch, das über offenem Feuer gegrillt wird, und von köstlichen Beilagen.

Wir amüsierten uns prächtig. Alle zählten wir eine Vielzahl von Speisen auf. Als ich an der Reihe war, erklärte ich, dass ich als Erstes den Nachtisch essen würde (Ricotta mit Naturhonig beträufelt).

»Robin, worauf wollen Sie damit hinaus?«, möchten Sie vielleicht Ihren engagierten, aber alternden Mentor fragen.

»Ruhig Blut«, würde ich sanft erwidern. »Je mehr Ihnen die Kürze des Lebens bewusst wird und je mehr Sie sich mit Ihrer Sterblichkeit verbinden – in einer Kultur, in der Sie ununterbrochen beschäftigt sind –, desto leichter wird es Ihnen fallen, jede Einladung abzulehnen, die Sie nicht wirklich dem Ziel näher bringt, das Sie an Ihrem Lebensende erreichen wollen. Und umso besser wird es Ihnen gelingen, die wesentlichen Leistungen und Chancen auszuwählen, die Sie an einen atemberaubenden Ort bringen werden.«

Sie können schon einmal damit anfangen, Ihr letztes Mahl zusammenzustellen und sich dann daran gütlich zu tun, und zwar gleich heute Abend.

172

Tun Sie dreimal etwas Gutes, im Mantel der Anonymität

Gehen Sie in unsere übersättigte, krisengeplagte und allzu oft egoistische Welt hinaus und erweisen Sie drei Menschen, die nicht erfahren werden, dass Sie es waren (allein anonyme Großzügigkeit ist von Bedeutung), eine einfache, aber wertvolle Tat der Mitmenschlichkeit. Anne Frank schrieb in ihr Tagebuch: »Noch nie ist jemand durch Geben arm geworden.« Und der Schriftsteller Neil Gaiman stellte fest: »Ich hoffe, dass du gefährlich und ungeheuerlich träumst, dass du etwas schaffst, was es vorher nicht gab ... und dass du immer freundlich sein wirst.«

Ich weiß nicht, welche drei gute Taten Sie am meisten ansprechen und welche Sie noch heute in die Tat umsetzen wollen. Ich weiß jedoch genau, dass Anstand einen Dominoeffekt hat, der die Empfänger dazu veranlasst, künftig liebevoller zu sein. Ja, *Sie* können die Welt wirklich besser machen.

Neulich unterhielt ich mich in einem Hotel in Barcelona mit einem stets freundlichen Portier namens Alberto. Ich rechnete ihm Folgendes vor: Wenn er dank seiner positiven Ausstrahlung an einem Tag hundert Gäste und Passanten als bessere Menschen zurücklässt, wären es nach fünf Tagen fünfhundert Menschen, die er beeinflusst und aufgerichtet haben wird. Ich fuhr fort: »Alberto, das sind zweitausend im Monat und vierundzwanzigtausend Menschen in einem Jahr.« Schweigend blickte er zum Himmel hoch.

Ich fuhr mit meiner Berechnung fort: »Nach zehn Jahren wird Ihre Güte und Ihre Freundlichkeit fast eine Viertelmillion Menschen berührt haben.« Albertos große blaue Augen füllten sich mit Tränen.

Genau hier vor mir, auf dieser eleganten Straße in Barcelona.

Denken Sie über Folgendes nach: Wenn Sie drei Menschen täglich etwas Gutes tun, werden Sie neunzig Menschen in einem Monat, eintausendachtzig in einem Jahr, zehntausendachthundert in einem Jahrzehnt und fast eine Million Menschen bei normaler Lebenserwartung (ich wünsche Ihnen jedoch noch ein viel längeres Leben) positiv beeinflussen können.

Sie können die Menschen um so vieles besser machen. Auf vielfache Weise tun Sie das bereits, auch wenn es Ihnen vielleicht gar nicht bewusst ist.

173

Sie sind wichtiger, als Sie glauben

Kein einziger derzeit lebender Mensch ist unwichtig. Jeder von uns besitzt Talente, wunderbare Gaben und erstaunliche Kräfte. *Jeder Mensch ist wichtig.* Jeder hat Einfluss auf die Welt. Und das betrifft auch Sie in hohem Maße.

In unserer Gesellschaft werden Milliardäre, Sportstars und Prominente auf ein Podest gestellt. Viele sind in Autokolonnen unterwegs, werden als VIPs behandelt und von Bewunderern gefeiert, die ihnen auf Schritt und Tritt folgen, um Selfies mit ihnen zu machen. Doch wie verhält es sich mit der Sensationslust um alleinerziehende Mütter, die drei Jobs nachgehen, um ihre Kinder zu ernähren, und trotz dieser Überforderung immer freundlich bleiben und ihren Kindern stets als gutes Vorbild dienen?

Oder wie verhält es sich mit dem Bibliothekar, der Lehrerin, dem Pfleger im Pflegeheim oder dem Straßenkehrer, die unbeachtet zum Wohle vieler arbeiten und die keinen Ruhm, kein Vermögen und auch keinen Beifall erhalten, aber trotzdem das Leben der Menschen im Stillen beeinflussen?

Sollten wir nicht ihre Namen ins Licht rücken, uns Autogramme geben lassen, uns über ihre Leistungen freuen und erhabene Denkmäler für ihr Engagement errichten?

Ich will damit nur sagen, dass wir in einer Zeit leben, in der meistens die falschen Dinge hochgelobt werden.

Und damit kehre ich zu Ihnen zurück. Ich weiß nicht, wo Sie gerade in Ihrem Lebensprozess stehen – ob weit oben oder ganz unten. Aber ich möchte Sie mit Nachdruck daran erinnern, dass Sie einen Zauber in sich tragen, ein Potenzial, das zur Geltung gebracht werden muss, und eine sehr reale Fähigkeit, die Menschen auf eindringliche und mutige Weise zu beeinflussen. Oder vielleicht auch nur in geringem Maße, was aber genauso wertvoll ist.

174

Begehen Sie ein Begräbnis zu Lebzeiten

Es bringt Ihnen nichts, wenn die Menschen erst nach Ihrem Tod über Ihre Überzeugungen, Ihre Erfolge und Ihren Mut sprechen.

Sie werden sechs Fuß unter der Erde liegen oder in einer Urne aufbewahrt werden, sodass Sie die Huldigungen der Trauernden nicht mehr zu hören bekommen.

Ich schlage Ihnen daher Folgendes vor: Organisieren Sie eine Beerdigung zu Lebzeiten. Ja, es ist kein Scherz, ich meine wirklich *eine Beerdigung zu Lebzeiten.*

Legen Sie ein Datum fest. Verschicken Sie die Einladungen. Kaufen Sie den Kuchen (am besten einen Schokoladenkuchen) und verzieren Sie ihn vielleicht mit frischen Gänseblümchen, auch wenn das etwas seltsam aussehen mag.

Weihen Sie Ihre Lieben in Ihr Experiment ein. Dass Sie so leben wollen, als würden Sie bald sterben. Dass Sie sich darauf freuen, lebendiger, kreativer und enthusiastischer zu leben, indem Sie dieses Ritual durchführen, um nicht zu vergessen, dass das Leben im Nu vorüber sein kann.

Erklären Sie Ihren Lieben, dass Sie so tun müssen, als ob Sie tot wären, um sich selbst an das Leben in all seiner vergänglichen Pracht und Erhabenheit zu erinnern.

Erläutern Sie ihnen dann, dass Sie die Menschen, die Ihnen am wichtigsten sind, zusammenbringen wollen, um zu erfahren, was sie an Ihnen am besten finden. Um ihnen zu sagen, wie Sie für sie empfinden. Um über die Lektionen zu sprechen, die Sie gelernt haben, über die Prüfungen, die Sie überstanden, und die Erfolge, die Sie errungen haben. Um über die Liebe zu sprechen und darüber, wie viel Ihnen die Menschen, die sich hier versammelt haben, bedeuten. Und um jedem Einzelnen für all das Gute zu danken, das er Ihnen hat zukommen lassen.

Dabei fällt mir eine Geschichte ein, mit der ich mich vor vielen Jahren befasste, als ich *Der Mönch, der seinen Ferrari verkaufte* schrieb.

Es war einmal ein berühmter Maharadscha, der ein höchst seltsames Morgenritual praktizierte: Er inszenierte sein eigenes Begräbnis, umrahmt von Musik und Blumen. Und dabei sang er: »Ich habe ein reiches und leidenschaftliches, wunderbares Leben geführt, das ich immer in den Dienst des Nächsten gestellt habe.«

Als ich meinen geliebten Vater fragte, warum dieser Mann dieses Ritual bei Sonnenaufgang praktizierte, antwortete er mit einem weisen Lächeln: »Robin, das ist ganz einfach. Dieser Mann hat ein Ritual entwickelt, um sich zu Beginn jedes neuen Tages daran zu erinnern, dass dies sein letzter sein könnte. Der Maharadscha dachte sich diese Methode aus, um sich mit seiner Sterblichkeit zu verbinden. Und um sich selbst zu gemahnen, dass dieser Tag sein letzter sein könnte, damit er ihn voll auskostete.«

Feiern Sie eine Beerdigung zu Lebzeiten, vielleicht könnte sie sich als Ihr neuer Geburtstag erweisen.

175

Leben Sie in der Fülle, denn Sie können nichts mitnehmen

Sie werden mir fehlen. Danke, dass ich Ihnen bei der Gestaltung eines Lebens voll echter Reichtümer und echten Wohlstands zur Seite stehen durfte – eines Lebens, auf das Sie am Ende sehr stolz sein werden.

Während ich Ihnen diese letzte Botschaft schreibe, befinde ich mich in unserem alten Bauernhaus, das ich bereits erwähnt habe. Ich bin sehr dankbar für meine Zeit mit Ihnen. Der Morgen ist recht kühl. Die Vögel zwitschern fröhlich und meine müden Augen sehen in der Ferne Nebel über die Hügel schweben, auf den Olivenhain zu. Mein Gefühl sagt mir, dass große Gaben auf Sie zukommen und Ihre Zukunft sehr vielversprechend aussieht. Ich beglückwünsche Sie. Sie verdienen das Beste von allem, mein besonderer Freund in der Ferne.

Ich werde jetzt nicht länger Ihre Zeit in Anspruch nehmen. Ich hoffe, dass unsere gemeinsame Reise Sie inspiriert, bereichert und bereit gemacht hat, all das, was ich Ihnen angeboten habe, so anzuwenden, dass es Teil Ihres Alltags wird, Ihre neue Lebensweise.

Mein Wunsch für Sie lässt sich leicht zusammenfassen: *Leben Sie in der Fülle, denn Sie können nichts mitnehmen.*

Dabei fällt mir ein Zitat von George Bernard Shaw ein:

> Dies ist die wahre Freude im Leben, gebraucht zu werden für einen Zweck, den man selbst als einen höheren erkannt hat. Eine Kraft der Natur zu sein, statt eines fiebrigen, selbstsüchtigen kleinen Bündels von Unpässlichkeiten und Beschwerden, sich beklagend, dass die Welt sich einfach nicht dem Zweck verschrieben hat, dich glücklich zu machen. Ich bin der Meinung, dass mein Leben der Allgemeinheit gehört, und solange ich lebe, ist es mein Privileg, alles für sie zu tun,

> was in meinen Kräften steht. Ich will völlig verbraucht sein, wenn ich sterbe, denn je härter ich arbeite, desto mehr lebe ich. Ich erfreue mich am Leben um des Lebens willen. Für mich ist das Leben kein »kurzer Kerzenstummel«. Es ist eine Art wunderbare Fackel, die ich für einen Moment halten darf, und ich möchte sie so hell wie möglich brennen lassen, bevor ich sie an die nächsten Generationen weitergebe.

Nochmals herzlichen Dank dafür, dass Sie Zeit mit mir in meinem chaotischen Arbeitszimmer verbracht haben, zusammen mit meiner kleinen Hündin SuperChum (die jetzt direkt neben mir liegt und darauf wartet, dass ich mit ihr Gassi gehe). Ich danke Ihnen auch, dass Sie mich auf meinen Reisen quer über diesen letztlich schönen, außergewöhnlichen Planeten begleitet haben, der es wert ist, gerettet zu werden. Ich hoffe, Sie irgendwann und irgendwo zu treffen, damit wir unsere Unterhaltung über den Reichtum, den man mit Geld nicht kaufen kann, fortsetzen können.

Bleiben Sie, wie Sie sind. Glauben Sie weiterhin an Ihre Träume und seien Sie selbst Ihr größter Fan. Was vor Ihnen liegt, ist wunderbar. Und machen Sie sich keine Sorgen: Auch wenn ich vielleicht nicht in Ihrer nächsten Nähe bin, werde ich Sie als Mentor aus der Ferne dabei begleiten, während Sie wachsen und gedeihen und die Fülle Ihres Lebens auskosten.

SCHLIESSEN SIE SICH DER *REICHTUM, DEN MAN MIT GELD NICHT KAUFEN KANN*-BEWEGUNG AN

Schließen Sie sich anderen Menschen an, die ein reich erfülltes Leben führen und etwas in der Welt besser machen wollen, indem Sie ein kurzes Video oder ein Foto von sich erstellen, in dem Sie den Reichtum erleben, den man mit Geld nicht kaufen kann. Die besten Beiträge werden online gestellt.

Dazu gehört zum Beispiel, wie Sie ...

- ... Ihre Morgenroutine durchführen
- ... in der schönen Natur spazieren gehen
- ... besondere Momente mit Ihrer Familie genießen
- ... eine Leidenschaft entdecken, die Sie inspiriert
- ... eine große Herausforderung bewältigen
- ... eine köstliche Mahlzeit genießen
- ... in Ihrem Beruf großartige Arbeit leisten
- ... die Angst überwinden, indem Sie etwas wagen
- ... an einen Ort reisen, den Sie lieben
- ... eine deutliche Verbesserung erreichen

Sie können Ihr Video auf thewealthmoneycantbuy.com (in englischer Sprache) einstellen, Zugang zu ausgezeichneten Lernressourcen bekommen und sich der Bewegung von Menschen wie Ihnen anschließen, die sich vorgenommen haben, ein optimal erfülltes Leben zu führen.

Befeuern Sie Ihre persönliche Weiterentwicklung mit den Weltbestsellern von Robin Sharma

Egal ob Sie bereits Ihren persönlichen Gipfel erreicht haben oder den Anstieg gerade erst in Angriff nehmen, das eine steht fest: Lesen ist eine der besten Angewohnheiten für echten Erfolg und dauerhaftes Glück. Anbei finden Sie eine komplette Liste der beliebten Bücher des Autors, um Sie auf Ihrem Weg nach oben zu unterstützen, sodass Sie ein durch und durch erfülltes Leben führen können:

- *Manifest eines Alltagshelden*
- *Der 5-Uhr-Club*
- *Der Mönch, der seinen Ferrari verkaufte*
- *Jeder kann in Führung gehen*
- *Der Weg zu deiner wahren Größe*
- *Der Weg zu deiner wahren Größe – Band II*
- *365 tägliche Inspirationen*
- *Wer wird um dich weinen, wenn du nicht mehr bist?*
- *Über die Kunst zu führen*
- *Das Vermächtnis meiner Familie*
- *Finde deine Bestimmung*
- *Die geheimen Briefe des Mönchs, der seinen Ferrari verkaufte*
- *The Mastery Manual*
- *The Little Black Book for Stunning Success*
- *The Saint, The Surfer, and the CEO*

Für kostenlosen Zugang zum *Reichtum, den man mit Geld nicht kaufen kann*-Assessment und eine komplette Video-Masterclass für ein optimales Leben besuchen Sie: thewealthmoneycantbuy.com.

Über den Autor

Robin Sharma ist ein weltweit angesehener Verfechter des Humanitätsgedankens und Gründer einer gemeinnützigen Organisation, die Kindern in Not hilft, ein besseres Leben zu führen. Seine besondere Sorge gilt Kindern, die an Lepra und der Ausbreitung dieser Erkrankung leiden.

Er gilt als einer der weltbesten Experten auf dem Gebiet der Führung und der persönlichen Weiterentwicklung. Zu den Kunden dieses Wegbereiters gehören viele Fortune-100-Unternehmen, berühmte Milliardäre, Profisportler, Musiklegenden und Mitglieder von Königshäusern.

Namhafte Organisationen haben Robin Sharma als Vortragsredner engagiert, um sie dabei zu unterstützen, Mitarbeiter mit Führungsqualitäten aufzubauen, die außergewöhnliche Arbeit leisten und den Wandel in diesen schwierigen Zeiten meistern, darunter: Nike, FedEx, Microsoft, Unilever, Expedia, GE, HP, Starbucks, PwC, IBM Watson, die Yale University und YPO.

Die phänomenalen Bestseller des Autors, insbesondere *Der 5-Uhr-Club, Manifest eines Alltagshelden, Der Mönch, der seinen Ferrari verkaufte, Der Weg zu deiner wahren Größe* und *Jeder kann in Führung gehen*, wurden in über 92 Sprachen übersetzt und verkauften sich millionenfach, was Sharma zu einem der einflussreichsten Schriftsteller der Gegenwart macht.

Um Robin Sharma als Redner zu buchen, besuchen Sie robinsharma.com/speaking.

Um mit Robin Sharma in Kontakt zu bleiben, besuchen Sie robinsharma.com und folgende Social-Media-Plattformen:

Wer wird um dich weinen, wenn du nicht mehr bist?

Robin Sharma

Gefangen in unserer schnelllebigen Welt, jagen wir dem Erfolg hinterher, doch dabei bleibt vor allem eines auf der Strecke: die Gelegenheit, ein bedeutungsvolles Leben zu führen. Viele Menschen haben das Gefühl, dass das Leben zu schnell an ihnen vorbeizieht, ohne dass sie die Chance haben, es mit Bedeutung, Glück und Freude zu füllen. In diesem Buch vermittelt Robin S. Sharma, wie jeder den komplexesten Problemen des Lebens mit einfachen Lösungen begegnen kann. Dieses Buch ist ein Wegweiser zu einem Leben mit tiefer Bedeutung gemäß dem alten Sanskrit-Sprichwort: »Als du geboren wurdest, hast du geweint, während die Welt sich freute. Lebe dein Leben so, dass, wenn du stirbst, die Welt weint, während du dich freust.«

256 Seiten | Softcover | 18,00 € (D) | 18,60 € (A) | ISBN 978-3-95972-612-2

Über die Kunst zu führen

Robin Sharma

Robin Sharma erzählt die Geschichte von Peter Franklin, einem frustrierten Inhaber eines angeschlagenen digitalen Softwareunternehmens. Gerade als die Dinge für Peter hoffnungslos scheinen, steht ein junger Mönch vor seiner Tür und bietet ihm einen todsicheren Rat, wie er das Schicksal seines Unternehmens wenden kann. Peter ist erstaunt, als er erfährt, dass es sich bei dem Mönch um seinen lang vermissten Freund handelt, der von seiner außergewöhnlichen Indien-Odyssee zurückgekehrt und bereit ist, seine zeitlosen Weisheiten für visionäre Führung zu teilen. Dieser inspirierende und erhellende Leitfaden, der auf einem einfach zu handhabenden Acht-Schritte-System praktischer Lektionen basiert, ist ein unentbehrbarer Wegweiser für visionäre Führung, der zeigt, wie Sie Vertrauen, Engagement und Glauben in Ihrer Organisation wiederherstellen und dabei gleichzeitig Ihr Leben verändern können.

304 Seiten | Softcover | 18,00 € (D) | 18,60 € (A) | ISBN 978-3-95972-645-0

Das Vermächtnis meiner Familie

Robin Sharma

Auf der Suche nach Erfolg wird oft vernachlässigt, was uns wirklich den Weg zu einem erfolgreichen Leben ebnet: das Leben zu Hause. Denn echter Erfolg beginnt genau dort – in den eigenen vier Wänden. Die Familienweisheit des Mönchs, der seinen Ferrari verkaufte, verhilft den Menschen dazu, ein glückliches, gesundes und außergewöhnlich lohnendes Leben zu Hause zu führen und dabei bemerkenswerte Kinder aufzuziehen. Die richtige Balance zwischen Arbeit und Familienleben gestaltet sich im Alltag oft schwierig. Robin Sharma hat in diesem Buch inspirierende Werkzeuge und Denkanstöße gesammelt, die einem dabei helfen, sein Potenzial voll auszuschöpfen und das Leben wirklich zu leben und nicht nur dem Erfolg hinterherzujagen. Mithilfe von fünf Meisterschaften vermittelt Robin Sharma das richtige Mindset, um unser Leben klüger, glücklicher und erfüllter zu leben.

224 Seiten | Softcover | 18,00 € (D) | 18,60 € (A) | ISBN 978-3-95972-641-2

365 tägliche Inspirationen

Robin Sharma

Wir alle brauchen jeden Tag aufs Neue Inspiration. Um in der Arbeit, die wir verrichten, und in dem Leben, das wir führen, herausragend zu sein. Um unsere Träume verwirklichen zu können und um uns zu dem Menschen zu entwickeln, der wir sein wollen. Wir brauchen aber auch Inspiration, um schwere Zeiten im Leben zu überstehen und die besten Zeiten genießen zu können. In diesem Werk destilliert Sharma die kraftvollsten Ideen aus seinen internationalen Bestsellern in ein leicht zu lesendes, immerwährendes Kalenderformat, das jeden Tag zu einem Geniestreich macht. Die 365 täglichen Inspirationen zeigen, wie exponentieller Erfolg, die Überwindung von Widrigkeiten und Enttäuschungen sowie der Aufbau bemerkenswerter Beziehungen funktionieren können. Es ist gleichsam ein lebenslanger Begleiter auf Ihrem Weg, ein außergewöhnlicher Mensch zu sein – um ein Leben zu führen, auf das Sie stolz sein werden.

384 Seiten | Hardcover | 22,00 € (D) | 22,70 € (A) | ISBN 978-3-95972-611-5

Der Weg zu deiner wahren Größe

Robin Sharma

Jeder von uns ist zu Großem berufen. Wir alle können einen bedeutenden Einfluss auf die Menschen in unserem Umfeld haben – wenn wir es nur wollen. Robin Sharma – weltweit bekannter Leadership-Experte – hat mit seinen Büchern bereits Millionen Menschen zu einem besseren Verständnis von Führung und Erfolg verholfen. Mit diesem Buch zeigt er, wie jeder seine wahre Größe findet und das in ihm liegende Potenzial freisetzt.
Robin Sharmas Gedanken helfen, die persönlichen Praktiken wirklich erfolgreicher Menschen zu entdecken, leistungsfähige Werkzeuge für die Vereinbarkeit von Beruf und Privatleben zu erlernen und ein außergewöhnliches Leben zu führen.

288 Seiten | Softcover | 18,00 € (D) | 18,60 € (A) | ISBN 978-3-95972-643-6